日本食の文化

原始から現代に至る

編著者：江原 絢子

著者

荒尾 美代・阿良田 麻里子・石川 尚子・伊藤 有紀・大久保 洋子
宇都宮 由佳・竹内 由紀子・東四柳 祥子・福留 奈美

アイ・ケイ コーポレーション

はしがき

　日本人の食生活に定着している食は「日本食」でもあり「和食」といいかえることも可能である。しかし，一般的に「和食」は，やや狭いイメージをもたれている。

　農林水産省のアンケート（2015年）では，ハンバーグ定食を和食と思うと回答した比率は15％であり，醤油ラーメンでも24％にすぎなかった。いずれも日本に定着した食といえるが，伝統的な食を「和食」と思う人が多いためのようだ。

　そこで本書は，各時代に日本の食生活に定着した食を「日本食」とし，その形式と変化のあゆみを扱うこととした。しかし，ユネスコ無形文化遺産に登録された「和食」も同意のため，必要に応じ「和食」と称する場合もある。

　食文化の既刊本『日本の食文化－「和食」の継承と食育』は，『日本の食文化－その伝承と食育』を見直し，2013年にユネスコ無形文化遺産に登録された「和食」の特徴を加え，すべての内容を再検討し「新版」として刊行したものである。同書は，日本の食生活を主食，副食，調味料，菓子，食器，外食文化などのテーマ別に分類し，それぞれの食文化の形成と変化を扱っている。

　これに対して本書は，原始から現代まで歴史をたどりながら，「日本食」が形成され変化する過程を描いている。特に，現代の「日本食」に影響を与えたと考えられる事項を扱うことにつとめ，近世以降に多くの頁を割いている。また，現代の食の課題，将来の食など進行中の課題も取り上げた。また，これらの歴史的流れとは別に自然環境などの視点から「日本食」の特徴となった背景について調理文化・郷土食をテーマに著述した。

　さらに，各頁下欄に囲みを設け，本文に関連した内容を発展させたもの，本文の内容の具体例をコメントし，豊富な写真，図表などを加えて，興味を広げる助けとなるよう配慮した。

　各時代および調理文化・郷土食の特徴は，次のとおりである。

原　始	狩猟採集民の文化，稲作伝来時期の見直し，遺物の科学分析による食の新たな発見など最近の研究による知見を紹介し，「日本食」の形成について考える。
古　代	大陸の食文化を受容しながら，日本に合う形で定着する様子，多様な発酵食品や乾物など加工食品の発達と流通などを通して，この時期の「日本食」を理解する。
中　世	禅宗と精進料理の特徴，武士の儀礼食として成立する本膳料理，料理革命といわれる懐石料理の特徴などを通して発展する「日本食」の特徴を知る。

　本書は，主として大学・短期大学，専門学校などの教科書・参考書として，「日本食」の形成と発展の基礎を得るために利用していただくことを意図しているが，食文化に関心のある方々にも広く活用され，「日本食」に込めた人びとの思いとその魅力を感じとっていただければ幸いである。

　既刊の『日本の食文化』の姉妹編として役立てられることを願っている。

　最後に，本書の構成等に関し，ご意見，議論をいただいた大久保洋子氏，編集および編集に関わるアドバイスなどでお世話になりました　株式会社アイ・ケイコーポレーションの森田富子氏，担当の信太ユカリ氏にお礼申し上げる。

2021 年 5 月

編著者　江原　絢子

目　　次

5章　近　代(明治・大正・昭和初期時代)

♣ 執筆者分担一覧

章・時代区分／執筆者名	1章 原始	2章 古代	3章 中世	4章 近世	5章 近代	6章 現代	1調理文化／2郷土食
荒尾 美代			4, 5, 6	12			
阿良田麻里子						10	
石川 尚子					11		
伊藤 有紀						4, 5, 6	
宇都宮 由佳						7, 8, 9, 12	
江原 絢子	1, 2, 3	1, 2, 3		1, 2, 3, 4, 5, 8, 9	10	2	1
大久保 洋子						3, 11	2
竹内 由紀子			1, 2, 3				
東四柳 祥子				6, 7	1, 2, 3, 4, 5	1	
福留 奈美				10, 11	6, 7, 8, 9		

（五十音順）

原　始

三内丸山遺跡出土土器の展示
（撮影　江原）

1章　原　始（縄文・弥生時代）

　最近の研究によると，世界の狩猟採集民は，比較的高い豊かな文化を築いており，遺跡の人骨の科学調査により，飢えや栄養不足が比較的少なかったとされている。その要因は食物の多様性にあり，日本の縄文時代も同様の高い文化が築かれていたという。

　また，水田稲作農耕が広がる弥生時代は，従来紀元前5〜4世紀とされたが，紀元前10〜9世紀の可能性があることが最近発表された。このような研究の変化と現在につながる食生活の特徴および調理について解説する。

三内丸山遺跡：縄文時代前期〜中期（約5900〜4200年前）の大規模な遺跡。大規模な竪穴建物跡，大人や子どもの墓，多量の土器や石器などが出土しており，現在研究が進められている。

♣キーワード：ホモ・サピエンス，狩猟採集生活，縄文時代，三内丸山遺跡，里浜貝塚，真脇遺跡，粟津湖底遺跡，木の実とあく抜き

1. 狩猟採集民が築いた文化

（1）　人類のはじまりと狩猟採集生活

　　①　人類のなかで文化を築いたホモ・サピエンス

　　　最近，ユヴァル・ノア・ハラリ『サピエンス全史』にみられるような人類史研究が盛んになっている。これらを参考に，狩猟採集民の食生活の特徴を概観する。

　　　火を初めて使ったとされるホモ・エレクトスやホモ・ネアンデルターレンシス（ネアンデルタール人）の人類のなかから，私たちの祖先の現生人類（ホモ・サピエンス）が生き残って文化を築いてきた。ホモ・サピエンスが思考と意思疎通の方法を獲得してきたためとされ，「認知革命」ともよばれている。ホモ・サピエンスは，客観的現実の生活と神などの想像上の世界をもつことができたために，会ったこともない人びととつながり，大きな集団をつくることができ，文化を形成することになった。

　　　ホモ・サピエンスは，およそ10万年前からアフリカを出て世界の各地域に移動した。彼らは，狩猟採集民として，周囲の自然環境にあるものを食べ物として生き延び，長い時をかけて，それぞれの土地で文化を築いていった。

　　②　狩猟採集生活の特徴

　　　人びとは，周辺にある動植物に切る，洗う，さらす，加熱するなどの何らかの手を加えることで食べ物にした。食料を得るために，周囲の環境について幅広く，深く多様な知識を獲得し，石のナイフをつくり，わなの仕掛け方を習得した。

　　　周囲に食料資源が豊かにある場所で，定住する場合もあった。そこで，得られた食料を乾燥させ，燻製にするなど貯蔵の技術を発達させた。狩猟を成功させるためには仲間で力を合わせる必要があり，得られた獲物は仲間たちで分配して食べた。

　　　このような暮らしは，厳しさもあったが，農耕社会に比べて，多様な食料を摂取しており，狩猟採集社会は，これまでに考えられてきた以上に豊かな社会であったとされている。もちろん，すべてがよいことばかりではなく，子どもの死亡率が高かため，平均寿命は30～40歳とされ，病気になれば，移動の際に放置されることもあったという。

●現代の狩猟採集民

　現在，狩猟採集民といわれる人びとは世界にどのくらいいるのだろうか。

　熱帯，温帯，寒冷の各地にみられる狩猟採集民は，南アフリカのブッシュマン，コンゴ共和国のアカ・ピグミー，オーストラリアのアボリジニ，極北アメリカのイヌイット，日本のアイヌなどが知られている。少なくとも40民族が暮らし，推定人口は約71万人という（尾本　2016）。

●自然を壊さず「いのち」をいただいた狩猟民

　アフリカに誕生した人類が，グレートジャーニーとよぶ旅をして世界各地に移動した足跡の逆を8年以上かけて旅した関野吉晴氏によると，極北のおいしさの源は肉の脂であり，脂のおいしさを逃さない調理は，煮ることだった。

　何千年もの間必要なものは，すべて自然のなかから獲ってきて，自分たちでつくる生活をしながら，狩猟民は自然を壊してこなかったという（関野　2013）。

(2) 再評価される縄文時代

① 縄文時代のイメージの変化

　日本の縄文時代も狩猟採集による暮らしであったが，研究が進むことで，その時代が以前とは異なる特徴をもっていることが明らかになっている。

　日本独自の縄文・弥生の時代区分が積極的に採用されるようになるのは，1960年代のことである。1980年代の高校の教科書では「縄文時代は狩猟，漁労，採集の段階で生産力は低かった。人びとは不安定で，厳しい生活を送っていた」などの記述がみられたが，2013年の教科書では「まめ・えごま・ひょうたんなどの栽培も行われたらしい。一部にこめ・むぎ・あわ・ひえなどの栽培もはじまった可能性が指摘されている」と記され，かなり変化している（山田　2015）。縄文時代は自然の恵みを受け入れるほか，自然に積極的に働きかけ，管理や栽培なども行っていたことが解明されつつある。さらに，高い精神性をも発達させ，日本人の生活の基盤ともなる文化（基層文化）を形成していたことも明らかになりつつある。

② 縄文時代の食生活

　ホモ・サピエンスがアフリカを出て，約4万年前に日本列島に現れたことが，石器の出土により明らかにされ，旧石器時代とよばれる。その後，氷期を経て約15000年前には，温暖化が進み，旧石器時代から縄文時代へと移行する。

　縄文時代は，草創期（15000～11500年前）から晩期（3200～2300年前）までの長い期間を指しているが，各期の区分の年代には諸説がある。人びとは狩猟，採集，漁労による食生活を基本としたが，日本列島の各地域は，それぞれ自然環境も異なり，その生活は一様ではなかった。東日本では，ぶなやならの落葉樹林が，西日本では，しいなどの照葉樹林が広がった。貝塚の存在により，比較的早くから定住生活をしていたとされるが，地域により季節ごとに移動をしたところもある。自然環境の違いによる主な食料の違いは，後述の遺跡に残る人骨の科学分析により，最近少しずつ明らかにされている。

　北海道の遺跡では，たんぱく質食品のほとんどを海産哺乳類や魚介類から摂取していたこと，長野県など山間部では，どんぐりなどの堅果類を摂取し，関東の貝塚遺跡では，海のものと山のものを両方摂取していた（山田　2015）。また，狩猟，採集等に必要な技術と道具の開発や獲得した食品をそのまま乾かす，加熱して乾かすなど保存技術の発達により，各地域に特有の生活形態が確立された。人びとは食料獲得を効果的に行うために集落を築き，共同作業によって，より高度な技術を磨いたと考えられる。

●三内丸山遺跡を訪ねて

　青森県の同遺跡を訪ねたのは真夏のこと。見渡す限り広い遺跡の広場に，高さが14.7mに及ぶくり材を用いた大型掘立柱建物の復元がそびえ，長さ32m，幅約10mもある大型竪穴建物の復元などが点在している。また，くりなどの食料が貯蔵されたと思われる深さ2mもある貯蔵穴なども残っている。くりの生産量からの試算では，年間2,000人近くを扶養できたのではないかと推測されている。

大型掘立柱建物

大型竪穴建物

（撮影　江原）

（3）　遺跡にみる食生活

①　青森県　三内丸山遺跡

　　青森県の三内丸山遺跡は，縄文時代前期半ばから中期末までの大規模な遺跡である。広い敷地には大型の竪穴建物跡などが復元されている。また，くり，くるみ，とちなど多種類の堅果類の殻，えごま，ひょうたん，ごぼう，まめなどといった栽培植物も出土した。また土器には，煮炊きした焦げ跡も残されている（図1-1）。

図1・1-1　三内丸山遺跡出土土器の焦げ
（撮影　江原）

　　一般的な遺跡には，いのししや，しかが 多いが，この遺跡には，野うさぎ，むささびなどの小動物が多く，魚類は，まだい，ひらめ，かつお，ぶり，さめ，にしんなど海魚が中心である。DNA分析により，くりの管理栽培が行われていた可能性が高いとされている。一方で，農耕社会のはじまりも考えられる（岡田　1996）。

　　その後の研究で，ヒエ族の種子が検出され，栽培種と思われるササゲ属アズキ型種子も検出された。

②　宮城県　里浜貝塚

　　宮城県東松山市宮戸島の里浜貝塚は，日本最大規模の貝塚で，縄文時代前期から縄文時代を通して続いた貝塚である。この地で展開された食生活についての研究（岡村　2018）から，1年の食料を表1-1にまとめた。

表1・1-1　里浜貝塚にみる縄文時代の食料

季　節	植物性食料	海産物	獣類・鳥類	加工作業
春	わらび，せり，ぜんまい，ふきのとう，のびる，こごみ	ひがんふぐ，まいわし，あいなめ，せいご，まだい，かき，あさり，ひじき，わかめ，あらめ		干し貝，塩わかめ，干し海藻，干し山菜
夏	保存した木の実を食べる	うに，すずき，ぶり，めばる，あいなめ，うなぎ，あじ，さば		塩づくり，製塩土器づくり，うるし林の育成・管理
秋	とち，くるみ，くり，はしばみ，ゆり根，やまいも，きのこ	あじ，さば，わたりがに		骨・角器づくり　干しきのこ，堅果類加工，魚類燻製
冬	保存食料を食べる	保存食料を食べる	しか，いのしし，がん，かも	石器づくり

岡村道雄『縄文の列島文化』より，筆者作成

●植物調理用石器

　石皿・磨石は，どんぐりなど堅果類をすりつぶす植物調理用石器として製粉に関わってきたと考えられている。

　しかし，新潟県の岩野原遺跡では，クッキー状の炭化物が小型石皿に詰まった状態で出土した。

　このことから石皿が単に製粉だけでなく，こね鉢として使用された可能性があるとしている。さらに赤色顔料の製造も指摘されている（斎藤　2000）。

●屋代遺跡とさけ・ます論

　東日本の縄文文化は遺跡数や規模，文化内容が西日本に比べて優勢である。その理由に東日本の河川に産卵のため海から戻るさけ・ます類があげられたが，貝塚で骨が出土する例が少なく否定的であった。

　しかし，長野県千曲市の縄文時代・中期の屋代遺跡では，さけ・ます類の焼けた歯や骨の破片が大量に発見され，燻製小屋と思われる小屋の遺構もあることがわかった（松井　2013）。

この表によると，春から秋にかけて採れる山菜や木の実，きのこ，海からの魚類，海藻類を加工して冬に備え，比較的豊かで安定した食生活を送っていた様子がうかがえる。

③　石川県　真脇遺跡

縄文時代前期から晩期の遺跡である。遺跡の地層から大量のいるかの骨が出土している。能登半島・富山湾沿岸のいるか漁が重要な生業であっただけでなく，縄文人の定住化とも密接な関連をもっていた。この狩猟方法には，いるかを追い込む入り江が必要で，多人数の人びとが協力して実施しなければ成立しない。その集団にはリーダーが存在し，祭祀などの儀礼も行われるなど，地域特有の狩猟形態が成立していった(西本　1996)。

④　滋賀県　粟津湖底遺跡

縄文時代早期から中期前葉までの縄文貝塚として知られる遺跡である。中期前葉の第3貝塚は，主に，せたしじみの貝層，いちいがし，とちのき，ひし層の植物遺体が，水中で保存されていたため発見された(伊庭　1999)。植物遺体のほとんどが堅果類で，ほかにひょうたん，えごま，ササゲ属，あわ・ひえ近似種の栽培種もわずかにみられた。貝類の殻の成長線から，せたしじみは約88％が5〜10月に採集されたことが確認された。出土魚類は，淡水魚のこい，ふな類が多くを占め，ほかにすっぽん，いのしし，にほんじかの出土もみられた。

（4）　木の実とあく抜き

208か所の縄文時代の遺跡の調査をした渡辺誠は，39種の植物遺体をあげ，そのうち，くるみ，どんぐり，くり，とちの順で出土率が高いと指摘している(渡辺　2000)。これらの堅果類は，くるみやくりのようにあくのないもの，とちやどんぐりの一部のようにあく抜きの必要なものがあるが，その分布には地域差がみられる。東日本では，くるみ，くり，とちの占める割合が84％，近畿地方以西では，かしなど，どんぐり類の割合が高く，脂質を多く含むくるみは，東日本の食料資源として価値が高かったとの指摘もある(松山　1982)。

とちの実のあく抜き方法は，江戸時代には，日本の豊富な水を利用して水さらしや茹でるなどによる方法がとられている。しかし，縄文時代初期には，水さらしをしたかどうかわかっていない。とちの実の粉のエネルギーは100 g当たり約370 kcal，おにぐるみは672 kcalと，現在の精白米(356 kcal)と比べても高いエネルギーである(松山　1982)。カルシウムなど無機質も豊富で，堅果類が主要な食料だったことがわかる。

●日本の遺跡はいくつあるのか

2013年文化庁が発表したデーターによれば，日本全国の総遺跡は，465,021か所あり，都道府県別に種類別遺跡数，時代別遺跡数の詳細が示されている。

旧石器〜近世までの時代ごとの集落遺跡数を右にまとめた。この表からみると，縄文時代は最も多く，表にはないが，貝塚も約2,400と最も多い。これらの遺跡の場所を示した「遺跡分布図」は，各地の教育委員会が公表している。

時代別にみた集落遺跡数　　　(計295,787)

時　代	遺跡数	時　代	遺跡数
旧石器	7,565	古　代	61,683
縄　文	90,531	中　世	31,940
弥　生	34,825	近　世	13,215
古　墳	42,232	不　明	13,796

文化庁(2013)より，筆者作成

♣キーワード：弥生時代，水田稲作，土器による炊飯，ちまき状炭化米，さといも栽培の可能性，ぶた飼育の可能性

2. こめを選んだ人びと

（1）　弥生時代の水田稲作伝来時期による年代の見直し

　『日本古代史年表』(吉川弘文館　2006)によると，「紀元前400年頃には，北部九州で水稲耕作が本格化する。渡来人による技術伝達。弥生時代始まる（縄文時代晩期後半とみる見解も）」と記されている。しかし，もう少し以前に出版された『日本史年表』(歴史研究会　1966)によると，「紀元前300年頃，弥生式土器がつくられ，水稲栽培が広がる。北九州地方より近畿，中国，四国地方へ農耕技術伝わる」と記され，弥生時代の始まりに100年の違いがみられる。

　これに対し，2001年より国立歴史民俗博物館の研究グループにより始まった研究では，弥生時代の開始時期はさらに早まるとし，九州北部における水田稲作の始まりは約500年遡るとする結果を2003年に発表し話題となった。

　この研究は，かなり複雑で専門的なものであるが，大枠について，いくつかの国立歴史民俗博物館関係の論文，解説(藤尾他　2005)からまとめてみると，次のようなものと考えられる。

　測定に用いたのは，弥生時代のはじまりと関連の深い韓国の無文土器の付着炭化物（焦げ，ふきこぼれ，すすなど）および九州で出土した縄文時代後期〜古墳時代前期までの土器に付着した同様の炭化物など計190点ほどである。測定方法は，炭素14年代測定法をさらに発展させた，加速器質量分析法（AMS）とよぶ方法(p.11参照)が用いられた。その結果，九州北部の水田稲作は，紀元前10世紀後半にはじまったとされた。

　しかし，その後この発表について，様々な議論が続いている。測定法の精度のみならず，試料そのものの汚染の除去方法，試料の種類など，細かな操作の違いによっても値の変動がみられるとされている。研究者によって，従来と同年の430年頃だとする説，600年，700年，770年などの説がみられる(新井　2013)。弥生時代の時代区分は，前・中・後期の3区分，早期を加えた4区分，または土器の編年に合わせた5期の区分などもある。ちなみに前述の『日本古代史年表』では，4区分であるが，『日本史年表』では，3区分であるが前期前半，前期後半など，各区分をさらに2分している。

　文献のない時代では，このような議論は，たえず続くと考えられるので，注目してみていく必要がありそうだ。

●弥生時代前期の最大級の水田跡発見

　2019年奈良県立橿原考古学研究所は，奈良県御所市の中西遺跡で新たに3500㎡の水田跡が発見されたと発表した。今回の成果により中西遺跡，秋津遺跡の調査で検出した弥生前期の水田跡の面積は，延べ約43,000㎡となり，これまで発見されている水田跡では全国最大規模とみられている。

　今後調査が進むと，水田は100,000㎡を超える可能性があるという(奈良県橿原考古学研究所　2019)。

●弥生時代最北の水田跡

　青森県弘前市の砂沢遺跡は，弥生時代前期の遺跡とされている。発見された水田跡は，日本最北水田跡で，大きな水田でも200㎡，小さなもので70〜80㎡と，奈良県中西遺跡に比べれば規模が小さい。

　水田やその周辺からは，土器，炭化米なども出土しているが，石器，土偶の出土があり，縄文時代の要素も残している。

（2）　稲作の受容と広がり

①　水田稲作と生産性

　弥生時代の大きな特徴は，水田稲作の伝来により，稲作が全国に広がりをみせることである。稲作伝来の時期や水田稲作と陸稲との関連については，古くから様々な説が展開されている。

　稲作の拡大によりこめをどの程度収穫し，どの程度食べることができたのだろうか。弥生時代の稲作農耕遺跡である登呂遺跡（静岡県）で田植えが行われた場合の収穫量と扶養可能な人口について試算した研究がある（田崎　2000）。それによると，上田では約60石2斗（約9,000kg），中田で48石2斗（約7,200kg），下々田の実質収量は18石程度（約2,700kg）と，水田の程度で収量は異なる。登呂遺跡には，12軒の住居跡があり，1軒平均5人として約60人となる。登呂遺跡の水田が弥生時代の収量に近い中田クラス以下と考えると，約18～48人を扶養できることになる（毎日平均3合を米食として算出）。

　この試算は，水田の全域を使うことを想定しているが，必ずしも全域を使用できたとはいえないため，扶養力はさらに低下し，全員がこめを常食にできたとは考えられないとしている。同遺跡には，くり，おにぐるみ，とちの炭化種子が出土しているため，こめの不足を補っていたともみられる。その後，登呂遺跡の再発掘調査が行われ，洪水などで埋没した建物などを含めた遺構上にさらに遺構がつくられ，洪水で再び埋没するなど，複雑な変遷が明らかにされた（岡村　2002）。このため，収量の算出についても単純には考えられない。

②　土器による炊飯方法

　縄文時代から弥生時代への移行期の煮炊き用土器の容量の変化について，東北地方を対象とした遺跡の研究によると，縄文時代では容量10L以上の大きな土器が40～60％と高い割合であるという。しかし，弥生時代には大きな土器が10～20％と変化しており，2～5Lの容器が増えているという。これは，水稲農耕の広がりによる食生活の変化と関係していると考えられている（佐藤　2002a）。

　弥生時代のこめの調理は，土器に炭化米の付着がみられることやこめが十分供給されなかったため，水で増量した粥や雑炊が食べられていたとするのが定説となっている。また，土器の焦げの頻度の検討によって，3～4Lと7～10Lを境に小型，中型，大型の土器に分けられ，中型は炊飯用，小型はおかず主体，あく抜き，茹でるなどの加工用には大型が使用されたと考えられている。機能の分化が進んでいることが想定されると述べている（小林他　2002）。

●弥生人はちまきを食べたのか

　石川県鹿島郡の弥生時代のチャノバタケ遺跡から，ちまき(粽)状の炭化米のかたまりが出土している。現在のちまきは，もち米をそのまま蒸すこともあるが，もち粉，上新粉を水で溶き笹の葉に包んで蒸している。

　この炭化したものは，ほぼ正三角形で底辺約5cm，他の辺が約8cm，厚み3.5cmとかなり小さい。これは蒸したのち焼かれたと考えられているが，ちまきなのか，おにぎりなのかはっきりしないだけでなく，食用ではなく，厄よけ用だったともいわれている。

チマキ状炭化米塊
（石川県埋蔵文化財
センター保管資料）

その後，同氏らの研究によれば，土鍋の形・つくり方や，スス・コゲから復元される使い方から，次のことを推察している。弥生時代〜古墳時代中期までの炊飯方法は「吹きこぼれ直後に鍋を傾けて湯を取り，置き火の上を転がす側面加熱蒸らしによる湯取り法が用いられ粘り気の弱い米品種が使われた。しかし，中世には粘り気の強い米品種は炊き干し法で炊かれるようになる。古代は「粘り気の弱い米品種から粘り気の強い米品種への交代・並存期だったために，蒸し米だった」という仮説が示された (小林他 2013)。

(3) 雑穀類・いも類などの栽培作物

縄文時代中期の遺跡，長野県諏訪市荒神山で，あわ状穎果(えいか)の炭化物が出土したと報告されたが，走査電子顕微鏡の鑑定結果では，しそ科のえごまとされた。しかし，その後，さらに，あわ状の炭化物であると変更されるなど，正確な判定は簡単ではないという (宮坂 2000)。

しかし，弥生時代には，雑穀の出土が明らかになる。遺跡に出土した種子遺体のうち，224遺跡から298種の植物遺体を確認し，そのうちの175種(59%)が食用と判断された (寺沢 2000)。この研究から雑穀類をはじめ，主な食用植物について具体的にみてみたい。

畑作物として栽培されたと思われるものは陸稲としてのいねを含む37種で，主なものは，いね，あわ，ひえ，きび，もろこし，むぎ類，そば，はとむぎなど，豆類(だいず，あずき，えんどう，そらまめなど)，かぼちゃ，すいか，ひょうたん類，メロン類などうり科植物，果物類(もも，すもも，うめ，あんず，かき，なし)，ごま，しそ，えごま，ごぼうなどがみられる。同研究のデータから堅果類，穀類，豆類などに分類して植物遺体の出土遺跡数を図2-1にまとめた。

最も多くの遺跡で出土したものは，どんぐり(168遺跡)であり，次がいね(128)，もも(95)，豆類(51)と続く。こめは弥生時代に広がったことがうかがえるが，堅果類も依然として重要な食

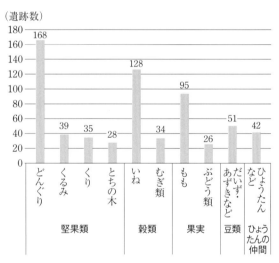

図1・2-1　出土遺跡数からみた弥生時代の植物遺体
寺沢薫「畑作物」(寺沢 2000)より，筆者作成

●さといもの渡来時期・経路

日本では，やまいも(自然薯)は自生していたが，さといもは原産地をインドとする説や東南アジアとするものなど諸説あり，中国南部で栽培化され，それが日本に伝播したものと考えられている。

日本への渡来時期や経路は，縄文時代中期に半栽培の原始型さといもが伝来し，その後広がったとされている (青葉 1983)。また，古代には「いえいも」として使われている。

現在，さといもの品種は非常に多く全国で栽培され，茎も利用されるが，南方系植物のため，北海道では栽培されない。旬は10〜11月。

栽培の様子

収穫したさといも
(撮影　江原)

料だったといえる。しかし，量的なことはわからないので，引き続き新しい研究を注目する必要があろう。

　穀類を中心にみると，最も多くの遺跡での出土はいねで，出土遺跡の約65%，次がむぎ（約17%），ひえ（約6%），あわ（約5%）と続く。

　また，いも類は稲作の前に食べられていたとされるが，長い間証拠がみつからなかった。しかし，縄文時代前期（約6500年前）のやまいもの仲間である，むかごの存在が土壌のでんぷんの分析により確認された（松井　2013）。分析方法が進み，さといもの栽培についても明らかにされることが期待される。

（4）　弥生時代の動物性食料

　稲作農耕が積極的に受け入れられたと推定される北九州から濃尾平野までの西日本の弥生遺跡を取り上げ，弥生時代の動物性の食料について検討した研究（西本　2002）により，その特徴について考えたい。

　縄文時代と弥生時代の違いを知るために各時代の主要な遺跡における哺乳動物の出土をみると，弥生時代は，ぶた・いのしし・しか・いぬが量的に多く，野うさぎ，きつね，たぬきなどの小型獣は少ない。特に弥生時代の西日本の遺跡では，ぶたが飼育されたと推測されている。狩猟活動については，縄文時代ほどの生業活動はなかったのではないかとされている。また，鳥類ではがん，かも類が多い。

　その後，動物の骨の安定同位体（次項参照）の値を測定する方法で琉球諸島の遺跡のいのししと思われていた骨を測定したところ，具志原貝塚では，あわ，ひえなどC4植物（p.10参照）を食べて育ったぶたが発見された（松井　2013）

　一方，漁労については，研究者により議論が分かれるが，縄文時代のような大きな貝塚は少ないという。縄文時代の遺跡に多く出土した，はまぐり，あさり，まがき，やまとしじみなどは，弥生時代の遺跡ではあまりみつかっていない（西本　2002）。しかし，漁労用具の釣針の変化，ヤスなどの進展で発展したのではないかとみられている（剣持・西本　2000）。

　従来の考古学と次々開発される分析法や分析機器の開発，歴史学者や自然科学者など多様な分野の議論により，新たなことが次々明らかにされることが期待される。

● 今に続く日本の狩猟・採集

　ぶたなどが家畜化される弥生時代にも狩猟は続けられていたが，田や野を荒らす，いのししやくまなどの狩猟は，現在に至るまで継承されてきた。江戸時代後期の飛騨国（現岐阜県）の山間部では，ひえなどの雑穀がとれない地域も多く，狩猟採集生活が続けられた。

　村人たちは動物の生態などの知識を得て，わなを仕掛け，やりなどの道具を使い，皆で力を合わせて狩猟を行っており，縄文・弥生時代の狩猟民が想像される。

くま狩り　　　　　　いのしし狩り
　　　　　　　　『斐太後風土記』（国立公文書館所蔵）

❖キーワード：遺物の科学分析の発展，炭素安定同位体，土器残存脂質分析，骨のたんぱく質の分析，DNA 分析

3. 科学分析による食の新たな発見の可能性

（1）　進歩する科学分析による考古学の研究

　考古学は，遺跡などに残る土器，骨，歯，動植物などの遺物を手がかりとして当時の状況を推察する学問である。研究が進むなかで，自然科学的な分析方法や分析機器が次々に開発され，多くの事実がわかるようになってきた。研究論文，解説をもとに分析例の概要を示す。

①　安定同位体による食性分析

　自然界には，原子量 12 の炭素 12C（約 99％），原子量 13 の炭素 13C（約 1％），炭素 14C の 3 種類の同位体が存在している。植物や動物の種類によって，それを構成する炭素や窒素の同位体比率が異なる。これを利用して遺跡に残る骨などの成分を調べることで，その食生活を推定する手がかりとする分析が同位体分析である。また，窒素にも 14，15 の同位体が存在する。

　植物は，光合成に使われる酵素の違いにより C3 植物（くり，どんぐり，いね，むぎなど）と C4 植物（あわ，ひえ，きび，とうもろこしなど）に分けられる。窒素 15 は，魚類，それを食べるより大きな魚，その魚を食べる，いるかなどの海獣類など食物連鎖を通して，次第に窒素同位体比率が上昇する。分析はかなり複雑だが，これを遺跡の骨に応用して分析する（松井　2013）。

　例えば，縄文時代の遺跡から北海道と東北地方の人骨を分析した研究がある（米田　2008）。出土した両方の土器には，ほとんど違いがみられず，ヒスイや黒曜石など海峡を越えてすでに交流が行われていたことがわかる。しかし，人骨からたんぱく質，コラーゲンを抽出して，炭素と窒素の同位体を比較した結果，北海道の縄文人たちは，オットセイやアシカなどの海生哺乳類を多く摂取していたのに対し，東北地方では，陸上の一般的な C3 植物を中心に，水産物を摂取していたことが推定された。つまり物資の交流は行われているが，食生活については，地域の食習慣が維持されていたことを意味している。

②　残存脂質分析法

　土器に残存する動植物を構成する有機物は微量でも比較的安定した状態で残ることがわかってきた。なかでも脂質は水に溶けにくく，相対的に強固なため，残存有機物分析では多く用いられてきた。それは，土器に限らず，炉の石，糞石，貯蔵穴など様々な遺物や遺跡か

●大臼歯の核ゲノム分析

　東京大学総合博物館に所蔵されていた 3000 年前の縄文人の骨から大臼歯を取り出し，これまでの DNA 解析より詳細な核ゲノム分析を行った結果，縄文人は東ユーラシアの集団と遺伝的に一番近いと判明した。縄文人は，今まで考えられていたより古い時代に他のアジア人集団から孤立して，独自の進化を遂げた集団である可能性が出てきたという（神澤　2015）。

●同位体分析による縄文・弥生人と現代人の差

　炭素と窒素の同位体比を用いた分析により，縄文・弥生の人びとは，各地の生態系に適応した多様な食生活を営んでいたことが明らかになった。

　一方現代人の頭髪の同位体比分析の結果，個体差がなく生態系から隔絶された人為的環境に適応し，文化的多様性を失っていると指摘された。将来も日本列島に住み続けるためには，意図的に食文化を継承する必要があるとしている（米田　2015）。

ら分析が可能で，空白であった食生活が明らかにされつつある。しかし，日本ではかつてその扱い方を誤り，捏造問題を引き起こしたことから，しばらく，その分析は低調となっていた。その間，海外の脂質分析は，次々と改良され成果を上げてきている（庄田　2017）。

　脂質は分解の過程で変化するが，飽和脂肪酸は長期間残存する可能性が知られている。特に調理に用いられた土器には，脂質が吸収され残存する可能性が高く，しかも汚染を受けにくいので分析には有用であるという（庄田　2017）。

③　その他の分析

　従来から行われていた炭素14年代測定法による測定は，自然界に微量に存在する放射性同位体14Ｃが，放射崩壊により5730年を経過すると半減することを利用した測定法である。遺物の炭素14Ｃを測定して標準物質と比較し，その減少率を調べることで生成から何年経過しているかを計算できる。その測定過程には，より複雑なことがあり誤差が生じることもあったという。そこでより発展させた測定法が加速器質量分析法（AMS法）といわれる方法で，6頁に示した弥生時代の水田稲作時期などの年代の測定方法として用いられている（新井　2013）。さらに，出土品を傷つけずに分析しようとする方法もとられつつある。エネルギーをもつＸ線を照射する分光分析法により，土器の焦げ部分が何かを分析する実験などが行われている（大道他　2017）。

（2）　骨の分析による摂取食品の推定

　縄文時代の8地域の遺跡および弥生時代の7地域について，人骨に残存するたんぱく質コ

表1・3-1　縄文時代の遺跡の人骨分析による食性の推定

遺跡名	場　所	研究結果による食性概要
北黄金貝塚（前期）	北海道伊達市	海産物に強く依存
里浜貝塚（晩期）	宮城県東松山市	海産物　関東とは重要性に違いあり
上高津貝塚（後期）	茨城県土浦市	海産物　向台貝塚との相違は認められない
向台貝塚（中期）	千葉県市川市	海産物
粟津湖底遺跡（中期）	滋賀県大津市	淡水生魚介類が重要なたんぱく源であった可能性
大谷寺洞穴（早期）	栃木県宇都宮市	C3植物とそれを摂取した動物に依存
北村遺跡（中・後期）	長野県安曇野市	同上
栃原岩陰遺跡（早期）	長野県南佐久郡	同上

米田穣「古人骨の化学分析からみた先史人類集団の生業復元」（米田　2002）より，筆者作成

●製塩土器の科学分析

　土器を用いた日本の最古の製塩方法は，海水を土器で濃縮する方法（素水法）である。縄文時代から平安時代まで各地で製塩土器が出土しているが，製塩に使われていたのかどうか不明な部分が多いという。

　しかし，土器に塩化物イオンが残留することが明らかにされ，古代土器が製塩用かどうかを知ることが可能になった。また，素水法と藻塩法を識別するために，ケイ藻に含まれるステロール類を調べる方法が有効であることが明らかにされた（堀内他　2011）。

製塩土器の出土と地域　（出土数多◎・中○・少△）

地　域	縄文	弥生	古墳	奈良・平安
青森・岩手・宮城	○	△		△
茨　城	○			
能登・若狭		△	◎	○
渥美・知多・和歌山・大阪南部		○	◎	○
淡路・備讃瀬戸		◎	◎	○
山口・九州			◎	○

備讃瀬戸は瀬戸内側。古墳時代の利用が盛んになる。

たばこと塩の博物館の図より，筆者作成

ラーゲンを抽出し，その炭素および窒素の安定同位体比を測定し，縄文時代と弥生時代の食生活に変化がみられたのかどうかを検討した研究を紹介する。

　表3-1は，縄文時代の遺跡の食性に関する結果について論文では文章で記されているが，それを遺跡名，遺跡の場所，食性の特徴概要についてまとめたものである。

　表により，各遺跡の特徴をみると，縄文時代の貝塚遺跡は海産物に依存し，山間部の北村，栃原岩陰遺跡などでは堅果類など植物性食品を主としていたといえよう。

　一方弥生時代については，北海道の有珠10遺跡群では，海産物に依存していた縄文時代より集中的にオットセイを利用した可能性があるという。太平洋沿岸に立地する遺跡では縄文時代の貝塚と同じく海産物であるが，日本海沿岸に立地する大境遺跡については，海産物の利用の程度に個人差が認められるという。さらに内陸部の遺跡では，縄文時代の北村遺跡や栃原岩陰遺跡のように極端にくり，どんぐりなどのC3植物に依存した証拠は見いだせなかったという。この研究による分析では，縄文時代に引き続き，地球環境に適応した生業活動が弥生時代も継続されたとしている。それと同時に地域によっては，水稲が植物性食物として重要であった可能性が明らかになったという。

（3）　土器に残存する脂質からみる食料の識別

　前述した石川県真脇遺跡(p.5参照)の出土土器の痕跡は，いるか漁による肉類を煮炊きした痕跡と考えられてきたが，科学的に証明されていなかった。分析の詳細は省略するが，脂質分析により土器に残る有機物を測定した結果，油脂を採取するために海産哺乳類を土器で煮炊きしていたという従来の考古学的な仮説が立証された(宮田他　2019)。

　また，縄文時代晩期に東北で栄えた亀ヶ岡文化圏のなかの3つの遺跡から出土した土器片について，残存脂質の分析を行ったところ，今津遺跡(青森県外ヶ浜町)の土器から検出された成分から，陸生動物と海洋性動物が一緒に調理された可能性があるという。一方内陸の杉沢遺跡(青森県三戸町)からは，木の実などに含まれる植物性脂質が，陸生動物性脂質と同時に検出され，脂質性含量の高い，高カロリーの陸生動植物が調理されたと推察されている(堀内　2014)。

　宮城県王子遺跡の縄文時代草創期の土器の炭素・窒素安定同位体分析によると，あくのあるどんぐり類を土器で単独で煮炊きしたとする結果は得られず，むしろ炭化類は動物性食材の可能性があるという。土器のなかで，どんぐり類と脂のある肉類を煮炊きすることでどん

●プラント・オパール分析によるこめの品種
　植物が土壌中のケイ酸を吸収して細胞内に蓄積し，ガラス質に変化したものをプラント・オパールという。植物により形が異なり，いねに多い。植物は枯れても焼けても土壌中に残り続けるため，古い地層からプラント・オパールとその形を分析すると遺跡にいねが植えられていた可能性を知ることができる。また，プラント・オパールの形を検討することにより，いねの品種がインディカかジャポニカか区別をすることも可能である(佐藤　2002 b)。

●DNA分析でみるジャポニカの区別
　いねにはジャポニカとインディカの2つのグループがあるが，ジャポニカにも熱帯ジャポニカと温帯ジャポニカがある。植物の葉緑体にあるDNAの配列を検討することにより，2つのジャポニカをある程度区別できることが明らかにされている。炭化米にもこれを応用し，他の分析も加えると，弥生時代のいねは，温帯ジャポニカのみならず熱帯ジャポニカを含むことが推察されている(佐藤　2002 b)。

ぐりの渋みを軽減した可能性があるとの報告もみられるが，この研究では，使用された分析方法の見直しと残存脂質分析を合わせるなど，さらに詳細な検討の必要性も指摘されている（庄田　2017）。

　このように，科学分析はその扱い方，算出の仕方，データの読み方などますます複雑に専門化していくが，私たちはそのような研究の進展と多くの専門家たちの議論によって，当時の食生活がより解明されることを期待しつつ注視していく必要があろう。

（4）　これからの食生活解明に向けて

　これまでみてきた考古学の新しい自然科学的研究方法は，イギリスやアメリカなど欧米を中心に行われ，分析科学の手法を取り入れた研究分野は考古科学とよばれ，上記に紹介したのは，主に考古生化学とよばれる。庄田慎矢「考古学の新しい研究法」『食文化遺産の世界』（1〜4）を参考に，新しい研究方法の概要をみると，次の通りである。

　最近では，DNA分析の新しい装置の開発により，歯石に含まれる微生物叢の遺伝子情報を分析することが可能になり，多くの事実が明らかになることが期待される。歯石には骨や歯よりDNAやたんぱく質の残存率が高いために，より高精度な情報を得る可能性が高いとされるからである。微生物叢を明らかにすることで古い時代の人びとの食生活をより明らかにできる可能性があり，ネアンデルタール人の歯に，虫歯や歯周病の痕跡が発見されたのも最近のことである。

　歯石から得られる情報は，特定の個人の食生活や病気の状況を調査できるだけでなく，生前にどのような環境で活動していたのかなどの手がかりを得ることの可能性が期待でき，重要な研究として今後さらに発展すると考えられる。

　また，人が乳製品を消費しているかどうかを古代人の歯石から質量分析計を用いた方法で乳製品由来のたんぱく質を取り出して分析することで明らかにできないかという研究がドイツで進行中という。乳中のラクトースを分解する酵素ラクターゼの有無は，地域・民族でも異なるとされるため，現代の乳糖不耐症の分布を参考にしながら過去にはどうであったのかについて，研究が進められている。

　このように，考古学の研究は，科学的分析法や分析機器の開発が進んでいる。さらに新たな遺跡が発掘されると，新しい事実が次々に明らかにされる可能性が高く，私たち祖先のくらしをさらに詳しく知る日がくることが期待される。

●縄文土器で調理された食材は？

　縄文土器の表面に残っている黒色の付着物は，調理された食材が炭化したものとされている。この土器付着物を用いて，最近の科学的分析方法を駆使して，縄文時代の土器で調理した食材を推定し，装飾，形，容量など土器の種類による使い分けの有無を明らかにすることを目的とした研究が行われている（吉田他　2019）。

　煮炊きした食材に由来した有機物成分を確認するための科学分析の手順には，複雑な工程がみられる。研究の成果を期待したい。

「大船遺跡他出土土器」
（画像：函館市教育委員会提供）

青葉高：『日本の野菜　葉菜類・根菜類』八坂書房（1983）

新井宏：「考古学における新年代論の諸問題」「愛媛大学東アジア古代鉄文化研究センター第13回アジア歴史講演会」
　　（2013）

伊庭功：「粟津湖底遺跡から見た縄文時代の生業と環境」『国立歴史民俗博物館研究報告』81（1999）

岡田康博：「縄文遺跡と生業の特性　青森県三内丸山遺跡」『季刊考古学』55（1996）

岡村道雄：『縄文の列島文化』山川出版社（2018）

岡村渉：「静岡登呂遺跡の再発掘調査」『日本考古学』9 - 13（2002）

尾本恵市：『ヒトと文明―狩猟採集民～現代を見る』筑摩書房（2016）

加藤三千雄：「石川県真脇遺跡」『季刊考古学』55（1996）

神澤秀明：「縄文人の核ゲノムから歴史を読み解く」『生命誌　つむぐ』84 - 87（2015）

剣持輝久・西本豊弘：「狩猟・漁撈対象物」『縄文人・弥生人は何を食べたか』雄山閣出版（2000）

小林正史他：「形・作りとスス・コゲからみた縄文・弥生土器と土師器による調理方法」『科学研究費助成事業　研究
　　報告書』（2013）

小林正史・柳瀬昭彦：「コゲとススからみた弥生時代の調理方法」『日本考古学』9 - 13（2002）

斎藤基生：「植物調理用石器」『縄文人・弥生人は何を食べたか』雄山閣出版（2000）

佐藤由紀男：「煮炊き用土器の容量変化からみた本州北部の縄文／弥生」『日本考古学』9 - 13（2002）

佐藤洋一郎：『稲の日本史』角川書店（2002）

庄田慎矢：「土器残存脂質分析の成果と日本考古学への応用可能性」『日本考古学』43（2017）

関野吉晴：「料理の原姿―極北と熱帯の狩猟民の食から」『料理すること　その変容と社会性』ドメス出版（2013）

大道公秀他：「土器片の分光分析からの古代食解明へのアプローチ」『東京医療保健大学紀要』12 - 1（2017）

田崎博之：「コメ」『縄文人・弥生人は何を食べたか』雄山閣出版（2000）

寺沢薫：「畑作物」『縄文人・弥生人は何を食べたか』雄山閣出版（2000）

奈良県立橿原考古学研究所：「御所市中西遺跡第31次調査現地説明会資料」奈良県立橿原考古学研究所（2019）

西本豊弘：「縄文時代の狩猟と儀礼」『季刊考古学』55（1996）

西本豊弘：「弥生時代の動物質食料」『国立歴史民俗博物館情報リポジトリ』（2002）
　　https://rekihaku.repo.nii.ac.jp/（2020.12.20閲覧）

藤尾慎一郎・今村峯雄・西本豊弘：「弥生時代の開始年代 − AMS - 炭素14年代測定法による高精度年代体系の構築」
　　『文化科学研究科』（1）（2005）

文化庁：「平成24年度周知の埋蔵文化財包蔵地数」（2013）
　　https://www.bunka.go.jp/seisaku/bunkazai/shokai/pdf/maizobunkazai.pdf（2021.4.8閲覧）

堀内晶子他：「製塩土器の科学的解析」『科学研究費助成事業　研究報告書』（2011）

堀内晶子：「土器残留脂質分析からみえてくる古代人の食生活」『日本地球化学会年会要旨集』（2014）

松井章：「食文化研究の現状と課題」『愛知大学綜合郷土研究所紀要』58（2013）

松山利夫：『木の実』法政大学出版局（1982）

宮坂光昭：「縄文農耕論の再検討」『縄文人・弥生人は何を食べたか』雄山閣出版（2000）

宮田佳樹他：「真脇遺跡出土土器の脂質分析」『第7回日本動物考古学会』（2019）

山田康弘：『つくられた縄文時代　日本文化の現像を探る』新潮社（2015）

吉川弘文館編集部：『日本古代史年表』吉川弘文館（2006）

吉田邦夫他：「縄文土器で煮炊きしたものと土器の使い分けについての研究」（2019）『科学研究費助成事業　研究報告
　　書』（2019）

米田穣：「古人骨の化学分析からみた先史人類集団の生業復元」『国立民族学博物館調査報告』33（2002）

米田穣：「人骨やミイラを化学的に分析　人類の進化のプロセスを探る」『学問図鑑』6（2008）
　　https://www.keinet.ne.jp/magazine/guideline/backnumber/08/07/zukan.pdf（2020.8.20閲覧）

米田穣：「同位体分析からみた家畜化と日本人の食」『食の文化フォーラム33　野生から家畜へ』ドメス出版（2015）

歴史研究会：『日本史年表』岩波書店（1966）

渡辺誠：「採集対象物の地域性」『縄文人・弥生人は何を食べたか』雄山閣出版（2000）

古　代

乾飯を食べる旅人たち『伊勢物語』
（国立国会図書館デジタルコレクション）

2章　古　代（飛鳥・奈良・平安時代）

　律令国家が成立し，大陸の食文化が伝来した。貴族を
中心に大陸文化が取り入れられ，日本の食文化形成に大
きな影響を与えた。そして多くが次世代に変化しながら
継承され，日本独自の食文化が形成される。

　中国から暦が伝来し，年中行事と行事食が受容され，
中国の食事形式を模倣した大饗料理が貴族の饗応食とな
る。そこでは，箸と匙がセットで使われたが，やがて，
箸のみを使う日本独自の食事形式に進展する。甑で蒸し
た「強飯」が貴族の正式な飯とされたが，次第に軟らか
い「姫飯」に変化する。発酵調味料など加工品，調理の
発展，京の市場などに全国各地から集まった食材・加工
品も増えていく。

乾飯：『伊勢物語』の東国（遠国）に旅に出る男の話に，旅の途中，かき
つばたの咲く水辺で乾飯（糒）を食す箇所がある。乾飯は飯を乾燥させ
た保存食であった。軽いので旅の携帯食として，そのままでも食べら
れるが水を加えて軟らかくして食べた。

♣キーワード： 中国の律令制度，朝鮮半島，年中行事，日本書紀，続日本記，母子草，ちまき，神饌，延喜式，箸と匙，大饗，肉食禁止令，牛乳，蘇

1. 大陸の食文化の伝来と受容

（1） 大陸文化を取り入れた年中行事と行事食

① 大陸との文化交流

　646年に発布された大化の改新の詔（みことのり）により，天皇を中心とした統一国家が出現し，701年，大宝律令が完成すると中央集権的支配が高まっていった。このように法律を基本とした古代国家を（古代）律令国家とよぶ。それは中国の制度をもとに定められ，こめを中心として税が課された。また中国，朝鮮半島の百済や高句麗などとの交流，とりわけ600年にはじまった遣隋使，630年にはじまった遣唐使などを通し，様々な文化が伝来した。本項では，中国の年中行事を取り入れた古代の貴族を中心とする年中行事・行事食について述べる。

　中国，朝鮮半島からの伝来により日本で初めて暦がつくられたのは604年で，百済から僧を呼んでつくられたとされる。『日本書紀』には680年頃から毎年1月7日に節会として諸臣に酒がふるまわれる記事がみられるようになり，700年代には，1月1日に元日朝賀の儀の記事，3月3日の曲水の宴など年中行事の記事が多くなる（宇治谷　1992）。

② 中国の年中行事・行事食の受容

　古代に伝来した中国の行事の書『荊楚歳時記』（せいそさいじき）（581～624年成立・以後中国の書とする）は，当時の貴族社会の年中行事に影響を与えた（宗　1978）。その中からいくつか例をあげ，貴族の年中行事・行事食との関係を考えたい。

　中国の書に元日には屠蘇酒を飲むとあるが，日本の元日の節会でも屠蘇がふるまわれた。続く1月7日の人日（じんじつ）は，中国の書では「七種の菜を以て羹（あつもの）（汁物）を為（つく）る」とある。中国の民間行事には，この日に野草を摘む風習があり，邪気を除く行事だったようだ。日本でも冬の間の不足しがちな菜類をまだ雪の残る早春の野で摘む若菜摘みの行事があり，万葉集にも詠われ，平安時代には宮中でも行われた。若菜の羹を食する行事は，やがて，中国を倣って七種の羹を食する行事として定着した（森田　2010）。

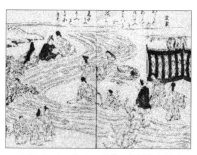

図2・1-1　曲水の宴『日本風俗図会』
（国立国会図書館デジタルコレクション）

● 今に伝わる神饌−下鴨神社

　京都の下鴨神社（賀茂御祖神社（かもみおや））は，紀元前に社があったとされるが，『続日本紀』の698年には，賀茂祭（葵祭）に大勢の人を集めて騎射（馬上から矢を射る）することを禁止した記事がある。かなり古い歴史をもつ神社である。その神饌は，内陣神饌，外陣神饌などがあり，後者は，「箸，飯，塩，酒，魚・鳥」など30種以上を供える。魚には，鱠（塩鯖（さば））（なます），潮煮（鱓魚（えい））などがあり，小さな土器（はじき）に盛られている。

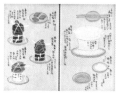

外陣神饌『葵御祭供進之神饌諸品目書』（1870）
（国立国会図書館デジタルコレクション）

葵　祭
（撮影　江原）

中国の書では3月3日の上巳の儀式は、「流杯曲水の飲をなす」とある。日本では、『続日本紀』の701年3月3日に「王親や群臣を東安殿に集めて、曲水の宴を催した」とあり、曲水に杯を浮かべ、流れている間に歌を詠む行事となった（図1-1）。

一方、3月3日の上巳の日に中国では黍麹菜という植物の汁で汁物をつくった。粉と合わせて蜜にまぶすと邪気を払い、熱を去る効果があるという。日本では、『日本文徳天皇実録』の849年の記事に、3月3日に母子草の草餅をつくった記事がある。後にはよもぎ餅に変化するが、母子草は後の春の七草の一種の御行のことで、邪気を払うと信じられた。そのほか、日本の5月5日には、しょうぶ、よもぎなどで邪気を除き、ちまきを食べた。一方、中国の書では、ちまきは夏至節の日の行事食とある。

このように中国の行事や行事食を取り入れてはいるが、すべてを模倣するのではなく、日本に合う形で取り入れている様子がうかがえる。これらは、内容を少しずつ変化させながらもその後に継承されたものが多く、江戸時代の五節供にも続いている（p.85参照）だけでなく、現代の年中行事に継承されたものが多い。

(2) 食事の原点「神饌」

自然の神に豊作を祈り収穫を感謝するなどの祭祀が原始時代からあったことは、出土遺物などから推察されるものの、その内容を知る史料は残されていない。これまでの研究から古墳時代には祭祀体系がつくられ、5世紀後半から6世紀前半には神祭りの形式を整備させる機関も存在したと考えられる。

神への供え物は、現在神饌というが、古代には御食とか御贄などとよばれた。神の依代と考えられたために、その内容は非公開で記録されることが少なかったようだ。『延喜式』*には、神饌として安房（現　千葉）、志摩（現　三重）、隠岐（現　島根）、阿波（現　徳島）などからあわびを貢納させていたことが記されている（清武　2020）。

＊『延喜式』：平安初期以降、宮中で行われる年中行事などや制度を定めて集大成した書で平安貴族の様子や地域からの貢納品などを知る貴重な史料である。

また、平安時代の伊勢神宮の神への供え物は、「御水、御飯、御塩、御贄等」とあり、御贄には、魚介類や野菜などがあったという。現在も古くからの伝統を守っている伊勢神宮では、約1500年前から朝・夕二度の神饌を供えており、甑で蒸した強飯、塩、水、かつお節、鯛、海藻、野菜、果物、清酒三献が用意されている（矢野　2008）。さらに、年間千数百も行わ

●強飯と姫飯

強飯は、貴族の正式な大饗にも使われる蒸した飯のことで高盛にした。甑でこめを蒸す調理は、古墳時代から盛んになった。平安時代末期の成立とされる『病草紙』には歯周病を病む男が高盛飯を食べている絵がある。折敷の飯の周囲に汁、菜がみられる。蒸した飯が固いために歯の痛みに耐えかねている様子である。

一方、こめを軟らかく煮た飯を姫飯といい、しだいに日々の食は姫飯に変化する。

（国立国会図書館デジタルコレクション）

高盛飯と汁と菜『病草子』

れる祭りのうち，最大の祭りである神嘗祭は収穫感謝の祭りであり，その神饌は30品目ある。基本は，水，御飯，塩で，これに海・川・山・野の食材と酒が加わる。なかでもあわびは，重要な神饌の一つである。のしあわびは，あわびをひも状にむき，乾燥したもので，婚礼などの儀礼食にも使われた。

神饌を供え，儀式が終わるとそれを下げて，人びとで分け合って食べた。これを直会といい，共に食べること（神人共食）により神の加護を受けられると信じてきた。年中行事の多くは，神饌からはじまるものが多く，様々な祈りがこめられている。

（3）貴族の大饗と箸・匙

3世紀の中国の書『魏志』倭人伝に，日本人は手で食べると記載されている（石原　1951）が，その後，箸と匙が中国より伝来したとされている。藤原宮（694〜710年）跡で食事用のひのきの箸と匙が出土しているほか，東大寺境内跡からも出土しており，職人などの食事用に使用されたとみられる。これらから奈良時代には，箸の利用が広がっていたと考えられている。正倉院には，銀の箸と匙が残されているが金属製のものは貴族などのもので，一般には竹製，木製が用いられた（向井・橋本　2001）。

貴族の饗応料理には大饗とよぶ料理がある。1116年（永久4）に催された藤原忠通の大饗の様子が『類聚雑要抄』（塙　1932）に図入りで記されているので，箸と匙，料理内容などについて，その特徴をみてみよう。料理の種類数もその内容も身分により異なるが，いずれも，原則偶数の料理が配置されており，塩，酢など調味料の器がある。さらに，いずれにも箸と匙がセットで置かれていることなど共通した特徴がみられる。

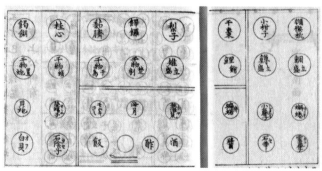

図2・1-2　大饗料理(正客)『類聚雑要抄』
(国立国会図書館デジタルコレクション)

●大饗の唐菓子と石華

本文の大饗の図の最上左は「餲餬，桂心，黏臍，饆饠」と記されている。これは唐から伝来したくだものという意味で唐菓子とよばれる。小麦粉や米，あわなどの粉をこねて様々に成型し，揚げる，焼くなどした加工菓子だが詳細は明らかではない。四種器の右の石華は，「ところてん」と解釈する説と「かめの手」の異名ともされる。かめの手は，甲殻類の一種で沿岸の岩などで採取され，現在も味噌汁などに使われる。

(国立国会図書館デジタルコレクション)

大臣大饗『年中行事絵巻』

図1-2は，正客の食卓である。ほかに，公家，弁官・大納言，主人の食卓があった。正客には28種の料理が置かれ，公家には20種，弁官には12種だが，主人は8種と身分により料理数が異なるが，いずれも偶数である。また，手前の調味料は，図では文字が欠けているが正客には塩，酢，酒，醤があり，四種器という。しかし正客以外は塩と酢のみである。

　料理は魚介類や鳥類の薄切り，干物，それらの発酵食品に加え，唐菓子とよぶ中国の加工菓子などが出されている。飯は，強飯を高盛りし量も多く，米飯を中心とした料理といえる。しかし，料理といっても調味したものはほとんどなく，調味料をつけて食べる形式であった。大饗では，箸と匙がセットで使われたが，その後，匙を使用しなくなり，料理も奇数が基本となり独自の日本食の形へと移行していった。

（4）　肉食禁止令と稲作，仏教の浸透

　675年（天武天皇4），肉食禁止令が出されたが，肉食の種類や期間は限定的なものであった。食用が禁止された動物は，「牛，馬，犬，猿，鶏」で，しかも4月1日～9月30日の稲作の期間の禁止で，その間狩猟も制限された。しかし，これには，人びとの重要な食用とされていた鹿や猪，熊などは含まれていない。

　稲作を重視した古代国家では，稲作の期間に肉食をすると稲がうまく育たないと考えていたようで，禁止令は稲作の推進を目的としたものと考えられている（原田　1993）。一方，6世紀に伝来した殺生戒を教えとした仏教の浸透も，肉食を避けることに拍車をかけることになり，さらに肉食への穢れの思想も加わった。

（5）　牛乳・乳製品の利用

　奈良の長屋王の屋敷跡から出土した木簡に「牛乳」の文字がみられ，奈良時代に牛乳が利用されていたことが明らかになった。平安時代には，牛乳の記事が多くなり，健康飲料として貴族の間で飲まれるようになった。生乳を利用するために乳牛院という機関がつくられ，牛が飼育され毎日搾乳が行われた（佐藤　2012）。

　また，『延喜式』によれば，牛乳を10分の1に煮詰めたものを「蘇」とよび，薬用，食用，供物などとして利用された。全国45か国から季節と量を定めて，蘇を壺で貢納させていたこともうかがえる。しかし，牛乳や乳製品の利用は，次第に記録されることがなくなり，一般に普及するまでには至らなかった。

●貴族の食事から次第に消える獣肉食
　右の図は，宮中の正月に行われた健康長寿を願う歯固めの膳である。仏教が上流階層に普及し，肉食を避ける考え方が次第に浸透した。また，仏教のみならず獣肉に対する穢れの思想も醸成されていく。食卓には，鏡餅，酒，押鮎などが並んでいるが，右上の「猪宍代用雉」，「鹿宍代用鴫」と記された皿に注目したい。猪や鹿を食べていたが，鳥を代用にするようになったことを示しており，貴族の食の変化がうかがえる。

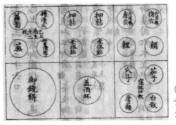

（国立国会図書館デジタルコレクション）

獣肉の代用に鳥を用いた図『類聚雑要抄』

古代（飛鳥・奈良・平安時代）

❧キーワード：発酵食品，調味料，藻塩法，塩，醤，末醤，酢，儀礼と酒，なれずし，魚醤，漬物，納豆，乾物，堅魚煎汁，熬海鼠

2. 多様な発酵食品と乾物

（1）日本食の発酵調味料の基礎となる醤，末醤，酢

① 醤と末醤

海水からの製塩は，原始時代から土器製塩が行われていた。土器には海藻が付着しており，藻塩法とよばれ，万葉集などにも藻塩を焼く様子を詠ったものがあり，淡路島で製塩が行われたことがうかがえる。これらの塩は，調として全国から貢進させ，こめと共に労働の報酬，給与としても利用された（図2-1）。

図2・2-1　塩づくり『三草紙絵巻』（文正草子）
（国立国会図書館デジタルコレクション）

この塩を使い，日本の気候を利用して各種の発酵食品が誕生した。すでに伝来していた大豆やこめ，麦などに塩を加えて発酵させた醤は『延喜式』にその材料が記されている。「大豆三石，米一斗五升，糯米四升三合三勺二撮，小麦，酒各一斗五升，塩一石五斗」とあり，この材料から「一石五斗」製造できるとある。「醤滓」と醤のかすの記述もあるため，醤の製造では，これを搾っているとみられ，醤が液状であったことが推察される（関根　1969）。

一方，未醤（または末醤）は，同じ『延喜式』には，その材料として「醤大豆一石，米五升四合，小麦五升四合，酒八升，塩四斗」から「一石五斗」を得るとある。醤の方は材料が多い割に収量が少ない。それは搾る工程があるためで，醤はその後の醤油に，未醤は味噌へと発展すると考えられる。

② 酢

酢は酒と共に4〜5世紀に朝鮮半島よりその製造方法が伝わったとされ，最も古い調味料ともいえる。平安時代中期の辞書『和名類聚抄』には，酢は酸味があり「須」と称すが，「苦酒」（加良佐介）ともいうと記されている。『延喜式』には，「米，もやし（こうじ），水」を原料とし，発酵期間は約40日ほどであった。酢は，宮中の酒を造る担当部「造酒司」でつくられ

●『万葉集』にみる調味料

万葉集の歌に「醤酢に蒜搗き合てて鯛願ふ我れにな見えそ水葱の羹」がある。蒜をつぶし，醤と酢を加えた調味料で鯛を食べたいと願っている私に，まずい水葱（みずあおい）の汁物などを見せないでほしいとの意味であろう。大饗にあったように，調味した料理は少ないためか，料理らしい歌は少ないが，「春日野に煙立つ見ゆ娘子らし春野のうはぎ（よめな）摘みて煮らしも」と煮物の歌がある。調味料は何だったのだろう。

●発酵甘味料「糖」

『延喜式』に「糖料」として「糯米，萌小麦」とある。これは，糯米の飯に小麦麦芽を加えて発酵させてつくる「糖」である。砂糖は奈良時代に中国から伝来し，蜂蜜も「蜜」として輸入されていた。いずれも薬として扱われ，調味料となるのは後のことである。糖は読経僧の供養料などとしても支給されていたとされる（三舟・橋本　2018）。醤や未醤などに比べると高価なものだったようだ。

ていた。酢は，大饗の食卓にも欠かせない調味料となり，中世以降は，儀礼食の中心である「なます・さし身」の調味料として重要な役割を果たすことになった。このほか，醸造しない柑橘類などの果実酢も用いられた。

(2) 酒

　　日本の酒についての早い例では，中国の『魏志』倭人伝に「人性酒を嗜む」（人は酒を好む）と日本人について記されており（石原　1951），早くから酒を楽しんでいた様子がうかがえるが，日本の資料のうえで明確になるのは，古代国家による酒造り以降であろう。4，5世紀，中国，朝鮮半島からの帰化人などにより酒の製造技術が伝えられ，古代律令国家の体制が整ってくる6世紀末以降，宮中の酒造りが行われるようになる。

　　『延喜式』によると，酒8斗造るのに1石のこめに「米のもやし」（米こうじ）4斗，水9斗が必要としている。蒸したこめに，こうじ，水を仕込み，もろみをろ過することを繰り返して造るという（柚木　1975）。ここで用いられた米こうじは，中国や朝鮮半島にはない日本の風土で生まれた日本独自のものである。『延喜式』の酒には，各種の種類がみられ，醴酒（甘酒），白酒，黒酒などもみられる（皇典講究所他　1992）。

　　酒は，儀礼食には欠かせないもので，神饌にも必須のものであった。しかし，現在の清酒につながる酒は，中世の技術開発を待たなければならない。また，中世以降に酒は，調味料の役割としても重要になる。

(3) 魚介類の発酵食品－すし，魚醤

　　先述した大饗の食卓のほとんどは魚介類のなます，干物や塩辛などの発酵食品や鳥類であり，調味料も塩を除けば発酵食品である。特に上流階層にとって魚介類の発酵食品は，重視されていた。

　　魚を発酵させたものを現在なれずしというが，古代から江戸時代初期まで，すしといえば発酵した魚介類を指した。魚類に塩と飯を加えて重しをして乳酸発酵させると，酸味の強い「すし」（なれずし）ができる。飯に酢や塩を加えた現在のすしは，江戸時代以降に発展したもの（p.69参照）で，古代のすしは魚介類や鳥・獣肉類の保存食品であった。『延喜式』には，「鮨年魚，鮨鰒，胎貝鮨，鮒鮨，鮭鮨，鹿鮨，猪鮨」など多くのすしがみえる。これらは飛鳥藤原宮，奈良平城宮などから出土した木簡にもみえ，各地から貢納されたものも多い。

● 魚介類の発酵食品〈なれずし類〉

『延喜式』にあるすしの貢納国をみると「五畿内」（現奈良・京都・大阪・兵庫）には，ふなずし，雑魚ずし，あわびずし，胎貝ずしなど各種のすしがみられる。また，紀伊，豊前では猪や鹿のすし，川のある地域ではあゆずしなど原料の産地と関連している。しかし，ふなずしの名産地の近江にふなずしの指定はみられない。近江からは，ふなを京に送っており，宮中ですしに漬けたと考えられている（篠田　1970）。

釣瓶ずしづくり（あゆずし）
『五畿内産物図会』
（東京家政学院大学附属図書館大江文庫所蔵）

ふなずし（撮影　江原）

また，いかやいわし，その内臓などに塩を加えて発酵させ長い期間置くと醤油状になる。その汁を汲み取ったものは，魚醤といわれる。魚醤は，『和名類聚抄』には，肉醤（ししびしお），魚醤（うおびしお）として記されているが，日本では大豆を原料とした醤が主流となり次第に使われなくなった。

（4）漬物，納豆

① 漬　物

　野菜類の漬物は，古代以前にもあったようだが，記録にも遺跡などにも残ることがないため，資料のうえで明確になるのは古代のことである。最も多いのは塩漬である。うり類の塩漬，なす，せり，かぶ，わらび，しょうが，さんしょう，みょうがなど野菜類だけでなく，かきやなしの漬物もある。漬料と分量について表2-1にまとめた。

表2・2-1　奈良・平安時代の野菜・果物の漬物

種　類	漬菜名	漬料・分量	種　類	漬菜名	漬料分量
塩　漬	うり	塩6合	酢　漬	かもうり かぶ	酢　配合不詳
	なす	塩2〜6合	糟　漬	うり	塩・汁糟各2合・淬醤・醤各3升
	せり	塩4〜5合			
	かき	塩4升		なす	塩2升・汁糟9升
醤　漬	うり	塩2升2合・醤・淬醤・末醤各4升2合	酢糟漬		
	なす	塩2升・汁糟・味醤・淬醤各3升	須々保理漬	青菜	塩にこめや豆を入れた漬物

分量：漬菜1斗に対する量　『奈良朝食生活の研究』（関根　1969）・『延喜式』より作成

② 納　豆

　納豆には，塩辛納豆，唐納豆，浜納豆など糸をひかない納豆と糸ひき納豆とがある。前者は，中国から伝来した豉（くき）がその原型とされ，『延喜式』には，大豆と海藻で豉をつくるとあるが製法ははっきりしない。納豆の文字は，平安時代後期の『新猿楽記』（しんさるがくき）に出てくるのがはじめてとされている。酒好きの女が好むものとして，鯛の中骨，黄色くなったきゅうりなど変わった食品が羅列してあるなかに「塩辛納豆油濃」（納豆の油濃きもの）とある（藤原　1983）。この納豆は塩辛納豆を油で炒めたと解釈されているが，糸ひき納豆とする解釈もあり，はっきりしていない。

　糸ひき納豆も古くから存在したとされるが，いつかは明確ではない。室町時代の辞書『撮壤集』（さつじょうしゅう）には，両方の納豆があるとされている（市毛　1988）。東南アジアからヒマラヤ地域に

●『枕草子』にみる甘味料「甘葛煎」（あまづらせん）
　『枕草子』の「あてなるもの」（高貴なもの）に「削り氷の甘葛に入りて，あたらしき鋺（かなまり）に入れたる」とあり，甘葛入りの削り氷が新しい金属製わんに入った様子を描いている。長屋王邸跡に出土した木簡の削屑に甘葛の文字があり，邸内でつくられていた可能性もあるという（山辺　2018）。氷も甘葛煎も貴族階層などが楽しめる高価なものだったようだ。甘葛煎は，落葉樹の幹にからまるつたの樹液を煮詰めてつくる。

●甘葛煎再現の取り組み
　2011年，奈良女子大学において古代の甘味料「甘葛煎」の再現実験が行われた。同大学構内には大きな木が茂り，そこに太いつたがある。つたの樹液「みせん」は，1〜2月に糖度が増すという。つたの切り口から口で空気を送るとみせんが出てくるが，人手と労力がいる仕事である。貢納品のための量を確保するのは大変だったようだ。みせんを煮詰めた甘葛煎は，淡い上品な甘みだった（山辺　2018）。

も古くから納豆があり，多くは麹菌の塩辛系納豆であるが，日本の納豆菌の糸ひき納豆に類似した糸をひく納豆がタイにある。ゆでた大豆をいちじくの葉に包んで発酵させるという(横山 2014)が，日本の糸ひき納豆との関係は，はっきりしない。

(5) 多様な乾物類

① 植物性食品の乾物

食品を保存する方法のうち，乾物は最も早くから行われている方法であるが，古代の乾物には単純に乾燥するものから，かなり手間をかけているものも多い。

縄文・弥生時代に伝来したごぼう，しそ，うり類，もも，かき，うめなどの果物類に加え，古代には，かぶ，だいこん，みょうが，なす，ねぎなど現在日本食の主要な食材となっている野菜類，わらび，ぜんまい，海藻類なども加わった。これらは，そのまままたは皮をむき乾燥させたものが多い。干し柿は，竹串に刺して市場などで販売され，なつめは乾燥して貯蔵し，解熱強壮剤などに用いられた。搗栗（かちぐり）は，くりの実を乾かして臼で搗き殻や渋皮を除いたもので，出陣の際や婚礼など儀礼食に用いられた。

② 動物性食品の乾物

たんぱく質を含む動物性食品は，通常そのまま乾燥させると腐敗しやすいものが多いので，乾物にする際には工夫が必要である。

魚介類の内臓を取り，開いて乾燥したものは，「乾鰯（ほしいわし），鮫臓（さめのほしさかな），久恵臓（くえほしさかな），乾鮪（ほしたこ），乾螺（にし）」などがあり，丸のまま干したものには「小鯛膳（こだいのきたひ），蠣膳（かきのきたひ），雑魚膳（くさくさのきたひ），鮪膳（たこのきたひ），小鰯膳（こいわしのきたひ）」，干し肉は「鹿脯（かのほしし），猪脯（いのほしし），鯛脯（たいのほしし）」，細長くさいて干す「鮫楚割（さめのすわやり），鮭楚割（さけのすわやり），鯛楚割（たいのすわやり），雑魚楚割（くさくさのすわやり）」に加え，加熱して干すものも多かった(市毛 1988)。

ゆでて干したなまこ「熬海鼠（いりこ）」は儀礼食には古代以降も欠かせない重要な食材となった。蒸して干した「蒸鰒（むしあわび）」なども重用された食材である。さらに焼いて干す「火干年魚（ひほしのあゆ）」，煮て干す「煮堅魚（にかつお），煮塩年魚（にしおのあゆ）」などもあった。煮堅魚は，その後のかつお節につながるものでもあり，調味料として使われた。かつおの煮汁を煮詰めた「堅魚煎汁（かつおいろり）」と共に，日本食のうま味，だしの基本となっていく。

このような乾物は，保存性があることはもちろんだが，軽くなるため，流通させるにも便利であり，全国各地から税として貢納させる食品ともなった。

その地域性などについては次項で扱う。

● 儀礼食として重視された熬海鼠（いりこ）

なまこを乾してつくる熬海鼠は，貢納品として重視され，『延喜式』では，伊勢神宮の神嘗祭や節会の膳に利用されている。それは，その後も儀礼食には重要な食材であった。なまこの内臓を取り除き，海水などで煮て乾燥させた熬海鼠は，中世，近世には，戻して雑煮などに使われた。本草学では百病によいとされたことも珍重された要因であろう。近世には，右図のように重要な産業になった。

(撮影 国文研／味の素食の文化センター所蔵)

いりこ製造『日本山海名産図会』

3. 地域の物産と市の賑わい

（1） 税と地域の物産

① 税の種類と木簡

　大宝律令により，公民には租・庸・調などの税が課された。租は稲の収穫から税として納めるもので，庸は，労役の代わりに絹や布，こめや塩，わかめなど海産物を納める税制である。また，調は，絹や布，特産物で納める税である。710年，平城京に遷都し，717年に17歳以上20歳までの男子に中男作物として制定された税にも，海産物，果実などの食品があった（鬼頭　2004）。このほか，神饌や天皇の食事である御贄についても貢納品となった。

　全国の産物を税として納める際，品名，量，地域を木簡に墨書し荷札とした。木簡は，薄い木片の記録用具で，中国では古くから使われてきた。紙が貴重でもあり，木簡は表面を削れば再利用でき，水にも強かったことなどから荷札に限らず，様々な用途に使われた。藤原宮や平城京跡などで多数の木簡が発掘されたことで，各地域の産物もかなり明らかになった。

表2・3-1　木簡にみる各地域の主な貢納食品

地　方	国　名	動物性食品	塩・植物性食品
東　北	陸　奥	干　物	
関　東	常陸・上野・下野・下総・上総・安房・武蔵	あわび・あゆ・蘇・ふな・くろだい・鹿・猪	わかめ・くき（茎）・油
中　部	甲斐・駿河・伊豆・遠江・参河・尾張・美濃・能登・越前・越中・若狭・信濃・加賀・佐渡	かつお・蘇・あゆ・たい・すずき・干物・雑魚・赤魚・さけ・さめ・いわし・いりこ・さば・かます・貽貝・うに・たいすし・鹿・雉	こめ・塩・わかめ・くるみ・酒米・もちごめ・甘子・だいず・わかめ・ふのり・油・くり・あずき
近　畿	近江・伊勢・志摩・紀伊・丹後・山背・大和・河内・摂津・和泉・伊賀	あわび・あゆ・たい・あじ・生蘇・くろだい・たい・いか・ふな・あゆ・干物・いわし・いりこ・たいずし	こめ・酒・酒米・塩・わかめ・小麦・くり・しょうが・油・醤・だいず
中　国	丹波・但馬・因幡・伯耆・美作・隠岐・出雲・石見・播磨・備前・備中・備後・安芸・淡路・周防・長門	あわび・いわし・さけ・干物・いか・たい・すずき・あゆ・いりこ・さざえ・たこ	こめ・わかめ・塩・赤米・のり・醤・麦・だいず・ごま油
四　国	伊予・讃岐・阿波	たい・あわび・さば・たこ・あじ・つぶ貝・かつお・うに・すし・鹿	わかめ・こめ・塩・あずき・うり
九　州	筑前・筑後・肥前・肥後	あわび・あゆ・干物・たい・すし	わかめ・こめ・醤

『木簡の社会史』（鬼頭　2004），『飛鳥・藤原京展』（奈良文化財研究所　2002）を参考に著者作成
地方：現在の区分　食品の文字表示は現代の表示

●わかめの採取時期と貢納時期
　わかめの収穫時期は春から初夏である。一方，調や庸の品物は8月半ばから輸送を開始し，遅くとも年内に納め終わる必要があった。そのため，通常乾燥したわかめが貢納されたと考えられる。しかし，志摩国（現三重）のわかめの荷札には「養老二年四月三日」と納入の日付がある。志摩から京へ運ぶには，5日ほどかかったが急げばもっと早く届けられるという。このわかめは生に近いものだったと推察される（東野　1983）。

●現在に継承されるわかめの神事
　古代から現在まで続いている「和布刈神事」は，日御碕神社（島根），住吉神社（山口），和布刈神社（福岡）が確認されている。いずれも1300～1600年以上続くが，神社により方法が異なる。日御碕神社では昼に行われ，住吉，和布刈神社は，正月の夜中に行われる。わかめを刈り神前に供え，豊漁，無病息災などを祈るという。住吉神社では今も一般の人には非公開であるが，その後の祭りは公開されている（濱田　2007）。

② 各地域の主な貢納食品

　各地域の物産について表3-1にまとめた。北は陸奥国（現　福島・宮城・岩手・青森）から，南は肥後（現　熊本）まで各国から食品の貢納がある。多くの地域から貢納されている食品のうち，わかめ，あわび（鰒），こめ，塩などは各地域から広く貢納している食品であることがわかる。これらはいずれも神饌としても重要だった。なまこを蒸して乾燥したいりこ（熬海鼠）は，能登（現　石川），隠岐（現　島根）にみられる（鬼頭 2004）。また，塩についてみると，全国各地の海岸付近で製塩が行われたが，次第に瀬戸内沿岸の比重が大きくなる。

　『延喜式』には，隠岐の調，中男作物として「鰒，熬海鼠，鮹䏽（たこのきたひ），紫菜（むらさきのり），海藻（にぎめ）」などがあげられている。鮹䏽はたこを丸のまま干したもの，海藻はわかめのことである。さらに，あわびは新嘗祭，春日祭などの神饌としても使われているなど重用されていたことがうかがえる。

（2）　市の賑わいと食材

①　平城京の東西市

　藤原宮跡で出土した木簡には，市が設けられていたことを知ることができるが，その場所は確定されていない。しかし，奈良時代，平安時代になると市の様子は，発掘に加えて史料に残されるようになる。

　710年，藤原京から奈良盆地北部に遷都した平城京には，10 〜 15万人が暮らしていたと考えられている。貴族，官人などが約1万人，残りがその家族と平城京に本籍をもつ庶民であった。碁盤目状に区切られた平城京の北端に平城宮があり，そのすぐ前に長屋王の邸宅があったことが発掘により明らかにされている。邸宅跡では（3）に示したように3万5,000点以上の木簡が出土したことにより，様々なことが明らかになった。

　東西の市は，平城京の南に位置しており，東の市には中を運河が通っていることが確認された。運河は，物資を運ぶためであったとされ，各地の産物は，諸国から東西市に運ばれた。また，貴族や官人たちは，給与をこめや塩，布などで支給されたため，その一部を東西の市場で売り，生活に必要な物資を購入した。市の運営管理者は，市司（いちのつかさ）とよばれ，「廛（みせ）」の経営は登録して認可されている市人（いちびと）とよぶ人びとであった。市は，正午に開かれ日没前に太鼓を合図に閉じた。

　市における売買品は，糸や布，食料品，土器などから紙，筆や墨，櫛や針などもあった。食料品については次のようなものがあった（奈良市　1990）。

●熨斗（のし）あわびの製造と貢納

　あわびの旬は5 〜 7月に集中する。8月以降になると質が落ち，貝をむく場合やつるし乾燥の際に切れるという。熨斗あわびは，生のあわびをかつらむきのように一定の厚さでむき，これを乾燥し，あわび自身の重みでより長く引き伸ばしたもの。古代の加工の再現実験によると，乾物は生の30％まで減少した。また，京まで運ぶ際に折れないよう水戻しの後，6つ折りなどにして再乾燥する必要があったと推察されている。

熨斗をつくる図
「伊勢の海士長鮑制ノ図」（1860）
（東京家政学院大学附属図書館大江文庫所蔵）

東　市	：胡麻油，白米・黒米，小麦，塩，荒醬（さくべい），索餅（こころふと），心太（にぎめ），海藻（あわび），鰒（ぬのり），布乃利（みそ），末醬， 堅魚（かつお），大根（おおね），青菜，茄子（なすび），水葱（なぎ），瓜
西　市	：米，糖（あめ），茄子，瓜，生薑（せうが），大豆，菁（かぶら）
両方もしくは いずれか不明	：胡麻油，白米・黒米・糯米，小麦，塩，醬，索餅，海藻，干柿子（ほしかき），栗子（くり）， 桃子（もも），末醬，糖，大根，茄子，水葱，大豆，小豆，芥子（からし），芋，茸，酢

『延喜式』によれば，「凡毎月十五日以前，東ノ市ニ集，十六日以後ハ西ノ市ニ集」と規定しており，一か月を東西で交代して開いていたといえる。そのため，生活必需品については両市で扱う必要があったと考えられる。心太や鰒，堅魚などは東市のみで扱われているが，多くが共通である。心太は，てんぐさの異名であるが，後にところてんを指した。油は食用ばかりではなく，燈火用もあったと考えられる。

索餅（さくべい）は，『倭名類聚抄』では「むぎなわ」とあり，小麦や米粉に塩を入れて練り，縄状にしたものとされ，麺類の一種といえる（関根　1969）。

② 平安京の東西市

794年，桓武天皇が平安京に遷都し，東西市も京都の新京に移った。平安京は，左右対称を原則として造られており，市も平城京同様，南側に設置された。市は東西に配置され，堀川も設置され，整然と掘立柱建物が配置されていたことが発掘調査でも確認されている。出土した木簡から，平安宮の造営完成以前に市が整備されたと考えられており（菅田　2004），市が重要な位置づけであったことがうかがえる。

前述した『新猿楽記』に，伊予のいわし，河内の味噌，信濃のなし，丹波のくり・わかめ，尾張のおこし，近江のふな・もち，周防の鯖，伊勢のこのしろ，隠岐のあわび，山城のなす，大和のうり，飛騨のもちなどが京の役人のもとに集まる様子が描かれている（藤原　1983）。市で扱われたかどうかは明らかではないが，これらも京都の町に集まったことは確かである。

（3）　長屋王の食

1986年，平城宮に近いところにあった長屋王の邸宅跡から大量の木簡だけでなく，木簡の再利用のために削って，次の文字を書く際に反古となる削り屑も多く出土した。これによりそれまで明らかにされなかった多くのことが明確になった。その報告（渡辺　2009）をもとに，長屋王の食についてみてみたい。

長屋王は，天武天皇の孫であったが，王位継承候補からは外され，官人として歩むことに

●平安京の市と町屋の人びと

『扇面法華経』の下絵とある図には，平安京の市の風俗が描かれており，市女が魚や果物とみえるものなどを売っており，当時の雰囲気がわかる重要な資料である。また，平安期の様子を描いた『年中行事絵巻』には，町屋とよぶ小さな家が，庶民の衣食住をまかなう店になっていた様子が描かれている。正面の家は，魚を商っている様子がみえる。各家には門松が飾られ，新年の風景であるという（倉田　2013）。

平安京の市
『扇面法華経』の下絵

平安京の町屋
『年中行事絵巻』

『日本商業史』（1910）所収
（国立国会図書館デジタルコレクション）

なる。しかし，俸禄として租のすべてを受け取れる天武の子世代の親王たちに匹敵する待遇を与えられた。邸内の機関で食に関するものは，大炊司（穀類の管理），膳司（食膳の調理），菜司（蔬菜の管理），酒司・主水司（酒，水の管理）がある。食以外にも多くの機関があり，そこで働く人びとは数百人に及んだと推察されている。

　長屋王の木簡は，710年から717年頃までの生活を記しており，全国37か国から届く荷札の木簡があり，さらに長屋王の私有地御園から得られるものもある。食に関するものをあげると，次のようなものがある。

諸国からの食料

　　こ　め：近江，越前，讃岐
　　魚介類：塩漬鯵（摂津），塩漬鮎（美濃），荒堅魚（伊豆），鯛（紀伊・讃岐）
　　　　　　鮒鮨・鯛醤漬（筑前の親戚関係者）
　　獣　類：猪（阿波）
　　種実類：荏油（上総），菱実（武蔵），栗（越前）
　　塩　　：若狭，周防

御園からの食料

　　こめ，大根，菁，蘘，芹，葵（わさびなど），奴奈波（じゅんさい），筍，蓮葉，漬物類，毛瓜（とうがん）・茄子の粕漬，毛瓜・茗荷の醤漬

　御園から平城京までは，往復小一日の飛鳥周辺にあり，新鮮な蔬菜類は毎日のように運ばれていたという。さらに，現在の奈良市・天理市に氷室があった。氷室は天然氷を貯蔵した場所で，冬に切って貯蔵した氷を夏には毎日馬で運んでいた。

　さらに，牛乳を煮詰めて「蘇」に加工する人にこめを支給した「牛乳煎人」に「米七合五勺」と記した木簡がある。このことから長屋王の御園で乳牛を飼育していた可能性があり，邸宅内の料理人に蘇をつくらせていたと考えられている。このようにみると，長屋王のような上流階層の食生活は，かなりの美食を楽しむことができたと思われる。

　一方で，各地の庶民の食については詳しいことはわかっていないが，貴族の正式な食事が朝，夕二度食であったのに対して，庶民や宮中に勤務していた職人など，仕事によっては三食食べていた。下欄にあるように内容の詳細ははっきりしないが，飯，汁，菜が食事の組合せであったようだ。

●庶民の食事
　『枕草子』の記述に「たくみの物食ふこそ，いとあやしけれ（中略）。汁物取りてみな飲みて，土器はついすえつ（無造作に置き），次にあはせ（おかず）をみな食ひつれば，おもの（御飯）は不用なんめりと見るほどに，やがてこそ失せにしか（すぐなくなった）」とある。一皿ずつ食べきる食べ方を描いているが，「飯，汁，菜」を組合せて食べていたと推察され，貴族は二度食だが大工など仕事によっては，昼食を摂っていたといえる。

『春日権現記』大工の食事風景
（国立国会図書館デジタルコレクション）

石原道博編訳：『魏志倭人伝　他三編』岩波書店（1951）

市毛弘子：「税として納められた古代動物性加工食品」『食生活と文化』弘学出版（1988）

宇治谷孟：『続日本紀』上中下　講談社（1992）

鬼頭清明：『木簡の社会史』講談社（2004）

清武雄二：「『延喜式』と諸国の物産―食材貢納と特産品の視点から―」『総合書物論　国文学研究資料館第5回テキスト』国文学研究資料館（2020）

倉田実：「第7回『年中行事絵巻』「毬杖」を読み解く」『三省堂 WORD ― WISE　WEB』（2013）
　　　https://dictionary.sanseido-publ.co.jp/column/emaki7（2020.12.20閲覧）

皇典講究所・全国神職会校訂：『延喜式』上下　臨川書店（1992）

佐藤健太郎：「古代日本の牛乳・乳製品の利用と貢進体制について」『関西大学東西学術研究所紀要』45号（2012）

篠田統：『すしの本』柴田書店（1970）

菅田薫：「東西市」『平安京提要』角川書店（2004）

関根真隆：『奈良朝食生活の研究』吉川弘文館（1969）

宗　懍著・守屋美都雄訳注・布目潮渢：『荊楚歳時記』平凡社（1978）

奈良市史編集審議会編：『奈良市史』吉川弘文館（1990）

奈良文化財研究所・朝日新聞社事業本部大阪企画事業部編：『飛鳥・藤原京展―古代律令国家の創造―』朝日新聞社（2002）

塙保己一編：『類聚雑要抄』『群書類従』第26輯雑部　群書類従完成会（1932）

濱田仁：「和布刈神事」『藻類』55号（2007）

原田信男：『歴史のなかの米と肉―食物と天皇・差別―』平凡社（1993）

東野治之：『木簡が語る日本の古代』岩波書店（1983）

藤原明衡著・川口久雄訳注：『新猿楽記』平凡社（1983）

藤原明衡著・川口久雄訳注：『新猿楽記』平凡社（1983）

三舟隆之・橋本梓：「古代における「糖（飴）」の復元『国立歴史民俗博物館研究報告』第2009号（2018）

向井由紀子・橋本慶子：『箸』『ものと人間の文化史』102法政大学出版局（2001）

森田潤司：「季節を祝う食べ物　新年を祝う七草粥の変遷」『同志社女子大学生活科学』44号（2010）

矢野憲一：『伊勢神宮の衣食住』角川学芸出版（2008）

山辺規子：『甘葛煎再現プロジェクト（奈良女子大学文学部叢書）』かもがわ出版（2018）

柚木学：『日本酒の歴史』雄山閣出版（1975）

横山智：『納豆の起源』NHK出版（2014）

渡辺晃宏：『平城京と木簡の世紀』講談社（2009）

中　世

本膳料理『酒飯論』
（国立国会図書館デジタルコレクション）

3章　中　世（鎌倉・室町・安土桃山時代）

　武士の台頭により，食生活が変化する時代である。公家や武士に仕える包丁人や精進料理を扱う調菜人などが成立し，切る技術を発展させた。前代とは異なり包丁人たちにより，調理・調味法が発展する。

　武士の饗応食として成立する本膳料理形式は，江戸時代後期には，農村部の婚礼などにも広がり，現代まで継承されている。利休による茶の湯と共に発展する懐石料理は，精進料理の精神性を引き継ぎ，さらに季節感を大事にして温かなものを温かく供する料理で，現代の日本料理の精神に継承されている。ポルトガル人のもたらした食文化もその後に影響を与えた。

本膳料理：絵に描かれている2つの膳に載せた食事は，武士の饗応食として成立した本膳料理である。膳の数や食材，料理の内容などにより，ステータスを示す儀礼食として，その後長く継承された。

1. 武士の台頭と食文化

　　古代から中世への移行は緩やかで画期は定めにくい。律令制による天皇中心の統合力が弱
まるなかで，「承平天慶の乱」*などを契機として，下級貴族の中に家業として軍事を請け
負う武士があらわれ，武士団の長となった。また，在地領主たちも土地争いや，治安の維持，
反乱の鎮圧のために武装化し，武士団を形成していった。

　　武士の内実は多様だが，下級の貴族，貴族の従者などであった武士が力を蓄えて台頭して
いく時代が中世である。鎌倉幕府が開かれたことで「武士の時代」と称されることもあるが，
当初から全国的に武士による支配が行き届いたわけではなく，貴族・寺院の旧来の権力と拮
抗しつつ，次第に武家の力が他を圧倒していく。中世という時代は，公家・寺社・武家のい
ずれの勢力も，社会・文化に影響力をもち，食文化の形成にも深く関わっている。

　　＊承平天慶の乱：承平・天慶年間(931〜947年)に起こった，平将門の反乱と藤原純友の反乱

（1）　鎌倉幕府の飲食儀礼「垸飯」と質素な食生活
　　① 　貴族文化の形式を模倣した「垸飯」

　　武士の食文化の多くは，他の生活文化同様に貴族文化の影響が大きい。鎌倉幕府は，年頭
に将軍が有力御家人から供膳を受ける「垸飯」を重要な飲食儀礼として位置づけた。その垸
飯は，貴族文化に起源がある。垸飯は椀飯とも書き，飯を器に高盛りにしていることからそ
の名がある。後に「大盤振る舞い」の語源となった。

　　平安時代の垸飯は，宮中の行事の際に出される軽食的な膳で，正式なものではなかったが，
内裏の警護に当たる瀧口の武士*たちにも振舞われた。『世俗立要集』(鎌倉時代の史料)には，
公家には数膳出された垸飯の機会に，蔵人所の瀧口の武士には図1-1のような膳がマチザ
カナとして出されたことが記されている。これに続けて同書は承久年間(1219〜1222年)以
降の武士の垸飯を記している(図1-2)。両者を見比べると，鎌倉幕府の垸飯は貴族文化の伝
統をひいていることがわかる(原田　2005)。

　　＊瀧口の武士：役所の一つ蔵人所に属し，宮中の警護や雑役にあたった武士

●財産目録の備蓄食料
　財産目録の備蓄食料から食生活をうかがうことがで
きる。1291年(正応4)9月紀伊国(現 和歌山県)荒川
荘の有力武士で在地領主の法心為時はこめ37石余を
確保していた。1450年(宝徳2)4月若狭国(現 福井県)
太良荘の上層農民，泉大夫はこめ1石，1425年(応永
32)4月山城国(現 京都府)上野荘の一般農民，兵衛二
郎は豆・粟各1俵でこめの記載がない。こめを徴収す
る領主層はこめを食べていたが，下層は雑穀類が多
かった(原田　2010)。

●中世の畑作・裏作
　中世の勧農策やこめの徴収は，荘園や郡郷などの地
域単位で行われた。領主層により検注帳などがつくら
れ，水田の総面積は全国レベルで把握されていたが，
畑地に関しては把握されずに，水田からのこめの徴収
が基本だった。1264年(文永元)の鎌倉幕府追加法は，
二毛作を行っている水田に対して，領主が裏作の麦を
徴収することを禁じており，畑地や水田裏作の麦は，
農民に許されていたことがわかる(原田　2010)。

図3・1-1　警護の瀧口の武士のマチザカナ

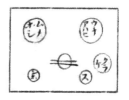

図3・1-2　承久年間以降の武士の垸飯
『世俗立要集』　　　（宮内庁書陵部所蔵）

② 質素・倹約を重視した武士の食事

　鎌倉時代初期の武士の食生活が質素だったことは，様々な史料にみることができる。貴族にとってはありふれた食品だった楚割（鮭などの魚を細く切って干したもの）を源頼朝がとても喜んだ話が『吾妻鏡』に，北条時頼（第5代執権）が味噌を肴に酒を飲んだ話が『徒然草』にある（石川　2009）。

　鎌倉幕府は，将軍に垸飯を献ずる役を「垸飯沙汰人」と称し，幕府内の実質的な権力者がこの任に当たったのであるが，垸飯の内容すら質素だった。『吾妻鏡』1181年（治承5）正月元日，源頼朝に千葉常胤が献じた垸飯は鯉一品のみ記されている。また将軍家政所別当の足利義氏が5代執権北条時頼を家に迎え，打ち鮑，海老，カイモチの三献の簡素な肴で饗応したという記事が『徒然草』216段にある（原田　2010）。

　しかし，後になると倹約の念が緩んだようで，1283年（弘安6）に制定された『宇都宮家式条』では，正月元日や三日の酒宴をやめ，来客以外は二重の衝重に盛った菓子や酒肴を用いてはならず，魚鳥についても三品以下とするよう引き締めが図られている（原田　2014）。

(2)　中世の肉食の位置づけ

① 武家・公家・庶民の肉食

　古代の律令国家では，稲作に支障がなければ，肉食は容認されていた。僧侶でさえ，病気の場合には，酒や肉は薬になるので申請すれば期限つきで認められていた。ところが，7世紀頃に稲作の成功のためには肉食が妨げになるという思想が生まれ，9世紀頃には肉食が穢れとされるようになり，11世紀頃には仏教の殺生戒の影響で，肉食を罪悪として忌避する観念が社会に浸透していった。年貢収入がありこめが潤沢に食べられる貴族たちの間では，平安期以来，肉食の忌避が守られていた。しかし，貴族以外の人びとは肉食を行わなければ食生活が成り立たない現実があった。

●往来物にみる肉食の実態

　当時の往来物（往復書簡の形式をとった模範文例集）から肉食の実態がうかがえる。室町時代初期の『庭訓往来』には，鳥類として雉・兎・鵠・鶉・雲雀・水鳥・山鳥のほか，干鳥・干兎・干鹿・干江豚・豚焼皮・熊掌・狸沢渡・猿小取・鳥醤がみられる。また，『尺素往来』には美味な食品として，猪・鹿・羚・熊・兎・狸・獺などの獣肉があげられており，多種の獣肉が流通していたことが示されている（原田　2010）。

●獣肉を供給するシステム

　平安時代末期の説話集『今昔物語集』には，出産で体力が衰えた妻に鹿肉を食べさせようとする男の話や，京都から丹後（京都府北部）に嫁いだ女性が鹿肉の味を知っている話が収載されており，農村から都市への獣肉の供給システムが想定される。鎌倉時代の公家の日記などを抜粋・編集した『百錬抄』には，京都市中で武士たちが集まって鹿肉を食べようとしたところ，これを貴族である摂政の九条道家が不浄だからと止めたという記事が収められている（原田　2010）。

元来，武家にとって狩猟は武力の象徴でもある。1193年(建久4)に源頼朝が富士の裾野で巻狩を行っている。しかし，1203年(建仁3)に北条政子が主導して諸国地頭への狩猟停止令が出される。これは，鎌倉幕府が狩猟集団的在地領主としての性質を手放して，都市領主へと転換したことを示しているとの指摘がある。その一方，鎌倉の中世期遺跡からは，鹿や猪などの動物の骨が発掘されており，12世紀後半頃とされている『粉河寺縁起絵巻』には鹿肉を食べる猟師家族が描かれ(図1-3)狩猟による獣肉食が継続していたことがわかる(原田　2010)。

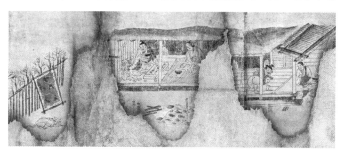

図3・1-3　猟師の家　12世紀作『粉河寺縁起絵巻』
(粉河寺所蔵)

② 仏教と肉食

　平安時代の仏教は真言宗・天台宗が主流で，救済には多くの財を投じる必要があった。これに対し，誰もが平等に成仏できるとする法華思想や，念仏を唱えることで成仏できるとする浄土思想に基づいて，貧しい中・下層の人びとを救済の対象とする，法然・親鸞・一遍・日蓮などによる新しい仏教が生まれた。

　これらの仏教は，肉食する人びとも救済対象とした。浄土宗の宗祖，法然は，魚鳥や鹿を食べることについて，食べない方がよいがやむを得ないといい，肉食は念仏に支障がないと明言している。浄土真宗の宗祖，親鸞の「善人なほもて往生をとぐ，いはんや悪人をや」という思想は，『歎異抄』に著わされているが，ここでいう悪とは猟師や屠者など殺生に関わることであり，肉食せざるを得ない多くの人びとがいたことがわかる(原田　2010)。

③ 肉食と「穢れ」

　肉食が否定的に位置づけられたのは，仏教的な殺生禁断だけでなく，肉食が「穢れ」とされたからである。穢れは，死穢・産穢・食肉穢に整理される。基本的に神道の観念であるが，仏教の殺生禁断思想などからの影響も大きい。多くの神社で鹿や猪が神饌として供えられていたことから，元来は穢れの対象ではなかったが，天武期以来の稲作のために肉を排除する

●『延喜式』にみる触穢
　『延喜式』は，平安時代中期の927年(延長5)に完成した律令の施行細則である。そこには触穢(穢れに接触して汚染されたとすること)についての規定が示されている。人間の死は30日間，出産が7日間，六畜(馬・羊・牛・犬・豚・鶏)の死が5日間，六畜の産が3日間，その肉を食べた場合が3日間となっており，その穢れに触れた者は，規定の期間，仕事や祭祀に関わることが禁じられていた(原田　2010)。

●強化される肉食の穢れ
　触穢思想は11世紀頃から強化される。大江匡房の談話を筆記したとされる『江談抄』には，肉食した者は宮殿に入れず，正月三が日に朝廷で行われる歯固めの儀式も，鹿と猪の代わりに雉を使うようになったと記されている。特に馬は，農耕に必要とされていたことから忌避する意識が強く，その肉には毒があるとされ，馬肉を食べさせる刑罰「馬肉の刑」があった(原田　2010)。

政策の下で，徐々に形成されたと推測される(原田　2010)。

(3)　市・問・座の成立

　　従来，13世紀までは自給自足が基本と推測されていたが，中世遺跡の発掘などにより，11世紀後半から13世紀までに，すでに日本各地で活発な交易・流通が展開していたことが明らかになった。各地域で流通・交易の結節点として都市的な場所が形成され，漁撈，製塩，炭焼，採薪，苧麻の栽培と織布，養蚕・製糸・織絹，製油，製鉄，採金，多様な木器・焼物の生産，牛馬の飼育等を見ることができる(網野・横井　2003)。

　　これらを流通させるシステムとして座，問丸(問ともいう)などが発生し，人口が集中する都市，交通の要衝，寺社の門前などに市が設けられた。定期市も開かれ，十日ごと月三回の三斎市，五日ごと月六回の六斎市などが催された。

　　畿内を中心に海港・河川港で発達した問丸は，商品の運搬・管理・中継取引などを行い，年貢の輸送なども請け負った。京・大坂の境である淀(現 京都市伏見区西南部)，木津(現木津市)，桂(現 京都市西京区桂)には以前から問丸が設置されていたが，鎌倉時代になると鳥羽(三重県)，大津や坂本(共に滋賀県大津市)，敦賀(福井県)などにも広がった。

　　商人や職人は，特権的同業者団体である座をつくり，朝廷，貴族，社寺などに座役を払うことで，独占販売権と課税免除を獲得した。初期の座としては，山城大山﨑石清水八幡宮の油座，京都北野神社の酒麹座，坂本日吉神社の塩座，福岡の酒座，奈良興福寺の塩座などがあり，蛤座，煎雑魚座，相物座(塩魚)などの海産物を扱う座も生まれた。こうした座は商品ごとに分化して，多くの座が発生していった(石川　2009)。『一遍聖絵』には，布やこめ，魚，鳥などを売る姿が描かれている(図1-4)。

図3・1-4　備前(岡山県)福岡の市『一遍聖繪　〔4〕』
(国立国会図書館デジタルコレクション)

注〕　岡山県瀬戸内市長船町福岡は，国宝の一遍上人聖絵に描かれている「中世福岡の市」で有名。九州の福岡の名は，ここ備前福岡に由来している。

　　多彩な商品の交易には，西国では主にこめ，東国では絹と布が貨幣の役割を果たし，農具，鍋・釜・金輪，焼物・漆器，衣類，武器，魚貝・鳥・精進物，酒，薪炭などが買い求められた(網野・横井　2003)。

● 中世に活発化した地域間の商業活動

　周囲を海で囲まれ，山がちで河川の多い日本列島の交通・流通は，船による海上・河川の水上交通が中心であった。こうした商業活動が中世において著しく活発化したことを中世考古学が示した。例えば，知多半島の常滑焼が東西を問わず全国に分布し，また肥前(現佐賀県・長崎県)西彼杵半島で生産された滑石製の石鍋が，南は沖縄諸島，東は関東一円に広がっている(網野・横井　2003)。

● 中世の女性商人

　古代以来，天皇に贄(p.24参照)を貢進する代わりに河海での漁の特権を保障された人がおり，その本拠地を御厨といった。11世紀後半，御厨の主だった人びとが「供御人」とよばれた。和泉国(現　大阪府南西部)網曳御厨では，漁撈に携わると共に海上交通・運輸に従事した。供御人のなかに「精進唐子」(精進物の麩)を交易する閦女という女性商人の存在が認められ商業・金融・流通に大きな役割を果たしていた(網野・横井　2003)。

❖キーワード：精進料理の伝来，典座教訓，赴粥飯法，喫茶文化，喫茶養生記，寺院の酒

2. 精進料理の成立と調理

（1） 精進料理の伝来

　　古代に成立した大饗料理は，中国の影響を受け台盤に箸・匙と共に多種多様な食物を並べたものであるが，その調理方法をみれば，生物や干物を四種器（塩・酢・酒・醤）の卓上調味料によって食べ手が調味して食べるというもので，複雑な調理がされていなかった（p.18参照）。一方，平安時代に仏教寺院では「さうじもの」（精進物）が供されていたが，たんに獣肉・魚鳥を使用しないというだけで，独自の料理体系や食事体系はもたなかった。

　　鎌倉時代になると，仏教を学ぶため中国（南宋）へ留学する僧たちがいた。当時，南宋では内観・自省によって心性の本源を悟ろうとする禅宗が興隆していた。禅宗は掃除や食事づくりなどの日常行為（作務）を修行として位置づけており，調理法や食事作法，喫茶文化などの生活様式も伝わることとなった。禅宗を日本に伝えた代表的な僧に栄西（1141〜1215年）と道元（1200〜1253年）がいる。栄西は喫茶文化，道元は精進料理に大きな功績を残した。

　　往復の手紙の形式をとった模範文例集『庭訓往来』（南北朝末〜室町前期成立）の十月状に記された精進料理の代表例を以下に記す。

●点心：水繊　温糟　糟鶏　鼈羹　猪羹　驢腸羹　笋羊羹　砂糖羊羹　饂飩　饅頭　索麺 碁子麺　巻餅　温餅	
●菓子：柚柑　柑子　橘　熟瓜　沢茄子　伏菟　餬　煎餅　粢　興米　索餅	
●汁：豆腐羹　雪林菜　薯蕷　豆腐　笋　蘿蔔　山葵寒汁	
●菜：繊蘿蔔　煮染　牛房　昆布　烏頭布　荒布煮　黒煮蕗　苆　蕪　酢漬茗荷　薦子蒸物 茹物　茄子酢菜　胡瓜　甘漬　納豆　煎豆　茶　菖　蘭豆　芹　薺　差酢若布　青苔 神馬藻曳干　甘苔　塩苔　酒煎松茸　平茸雁煎	
●以後菓子：生栗　樢栗　串柿　熟柿　干棗　花梨子　枝椎　菱　田烏子　覆盆子　百合草	

　　以上の特徴としては，穀物粉を用いたものや，様々に味付けられた野菜類・きのこ類，種実・果実類が多い。また，精進にも関わらず，スッポン・いのししなどといった動物名がみられるのは，植物性食品を使って鳥獣肉に見立てた料理だからである。精進料理の調理には，

●精進料理を伝えた道元

　道元は栄西の開いた建仁寺で栄西の弟子である明全に師事し，1223年に明全と共に南宋に渡り1227年に帰国した。その後は生涯をかけて87巻にのぼる仏教思想書『正法眼蔵』を著し，教導活動を行った。1247年には北条時頼の招請で鎌倉へも訪れている。1244年には越前（現　福井県）に大佛寺（1246年に永平寺と改称）を開いた。この永平寺は曹洞宗の大本山とされ，今日まで道元の系譜をひく精進料理が供されている。

●『庭訓往来』にみる精進料理

　この中の「水繊」は，くず粉を固めて細かく切ったもの，「温糟」は，いろいろなものを入れた粥，「鼈羹」は，やまいも・小麦粉・小豆粉などに甘味を加えて蒸し，鼈甲型に切ったもの，「碁子麺」は，小麦粉で生地をつくり碁石のように押切りしたもの，「巻餅」は，小麦粉の生地を油鍋で焼き，くるくる巻いて輪切りにしたものとある。ほとんどが中国伝来の粉食文化に由来する（石川　2009）。

麩・豆腐・油などを用いて，こうした料理をつくる高い技術力が必要とされた(原田　2005)。

(2)　道元の『典座教訓』，『赴粥飯法』

　　日本における曹洞宗（禅宗の一派）の宗祖とされている道元は，日本では雑役とみなされ軽視されていた食事をつくるという仕事がいかに重要であるかを，中国の典座たちとの出会いから学び，『典座教訓』(1237年ごろ)を著した。典座とは，禅宗寺院において調理・座具をつかさどる僧侶の役職名である(石川力山　1991)。

　　道元は，料理をつくるための姿勢を『典座教訓』で示し，どう食べるべきかという心得を『赴粥飯法』(1246年)で示した。「粥」は朝食，「飯」は昼食のことで，朝昼の食事と，これに伴う儀礼などが詳述されている。『赴粥飯法』の冒頭で，道元は「まさに法をして食と等ならしめ，食をして法とならしむ」と記し，仏法と食は一体だと説いたうえで，食器の扱い方，給仕の仕方，食べ方，食後の唱え事などについて記した(石川力山　1991)。

　　以下に食事をする心得を記した「五観の偈」を示す（「偈」とは経典中で仏の功徳をほめたたえる言葉）。

候聞遍槌，合唱揖食，次作五観（遍槌を聞くを候ち，合掌し揖食して，次に五観を作す）
　　一　計功多少量彼来処（一つには功の多少を計り，彼の来処を量る）
　　二　忖己徳行全缺應供（二つには己が徳行の全欠を忖って供に応ず）
　　三　防心離過貪等為宗（三つには心を防ぎ過を離るることは，貪等を宗とす）
　　四　正事良薬為療形枯（四つには正に良薬を事とするは，形枯を療ぜんが為なり）
　　五　為成道故今受此食（五つには成道の為の故に，今此の食を受く）

（道元　1991）

〔訳〕食事が行き渡った合図の遍食槌がしたら，合掌し頭を下げ，五つの事を心に描き反省する。
　　一　目前の食事ができ上がるまでの手数を考え，それぞれの材料がここまできた経路を考えよ。
　　二　この食事は人びとの供養であるが，これを受けるに足る行ないができているか反省していただく。
　　三　迷いの心が起きぬよう，過ちを犯さぬよう心掛け，その際，貪りの心，怒りの心，道理をわきまえぬ心の三つを根本として考える。
　　四　食事をいただくことは良薬をいただくことであり，それは自分を良くしようとすることである。
　　五　今こうやって食事をいただくのは，仏道を成就するという大きな目標のためである。

●茶園の広がり
　栄西は1191年(建久2)に茶の種子を筑前(現　福岡県西部)瀬振山に植えている。また，栄西から茶の種子を送られた明恵上人は，山城の栂尾・深瀬，宇治に植樹して茶園が広がるきっかけとなった。茶の生産は全国に拡大し，栂尾，仁和寺，醍醐，宇治，葉室，般若寺，神尾寺，大和室尾，伊賀八島，伊勢河尾，駿河清見，武蔵河越などが知られるようになった(石川2009)。

●『喫茶養生記』にみる茶
　『喫茶養生記』には，茶について「朝の間に摘みとった茶葉を早速蒸し，その日のうちに乾燥しはじめ，焙棚で緩急よろしく，徹夜して翌暁までに焙り終える。これを上等の茶瓶に入れ，竹の葉で密封すれば，何年も変質しない」と記されている。また，「茶は非常に熱い白湯で服用するのがよい。その量は一文銭大の匙で二，三匙であるが，多少は随意である」と書かれており，抹茶であったことがわかる(村井　1979)。

(3) 喫茶文化の興隆

　文献における茶の初出は，嵯峨天皇が近江（現　滋賀県）の梵釈寺で大僧都永忠から献茶を受けたという815年（弘仁6）の記事である（『日本後記』）。ほかに天台宗の開祖，最澄が805年（延暦24）に帰国した際に茶の種を持ち帰ったといういい伝えがある（『山王神道秘密記』）（石川　2009）。9世紀頃は，内裏に茶園を設けたり，畿内近国に茶樹が植栽されるなど，茶が受容されたが，10世紀に入ると，ほとんど消滅した。この時代の茶は，団茶といわれる後発酵茶で味と臭気が独特な固形茶であった（熊倉　2002）。

　一部の特権階級の人びとの間に流通しただけで，すたれた茶は，栄西によって再度もたらされる。栄西がもたらした茶は，浙江省でつくられた不発酵の緑茶で，現在の抹茶とほとんど変わらない製法のものであった（熊倉　2002）。

　当時，茶は単なる飲料ではなく，薬効のある飲み物として取り入れられている。栄西が著した日本初の茶書『喫茶養生記』（1211年〔建暦元〕）は，冒頭に「茶は養生の仙薬なり。延齢の妙術なり。山野之を生ずれば，其の地神霊なり。人倫之を採らば，其の人長命なり。天竺唐土同じく之を貴重す。我朝日本も曾て嗜愛せり。古今奇特の仙薬なり。摘まざるべからず」と茶を養生や延命の薬としている。この書では，喫茶法と共に茶の効能が紹介され，中風・食欲不振・脚気病などに効能があるとあげている（石川　2009）。栄西の孫弟子である道元は，茶を修行の一環と位置づけ，喫茶・行茶・大唐茶湯などの茶礼を制定した（有馬　1999）。

　精進料理と共に禅宗文化として伝わった喫茶の文化は，鎌倉時代末期には寺院外でも広く受容され，茶を契機として人びとが会合する「茶会」が成立した（原田　2005）。

(4) 寺院の酒

　平安時代初期までは，朝廷の造酒司などが酒造りを担っていたが，郡衙（郡の役所）の衰退で技術や人の流出が起こった。代わって各地の大寺院が酒造の中心となった。

　寺院には，荘園から徴収され，貴族から寄進されるこめが集積し，留学僧・渡来僧によって酒造の技術・知識に関する情報も入手しやすかった。本来，酒は寺院内にある神社への供進や，正月などで自家消費するためにつくられたが，やがて商品として製造されるようになっていった。天野山金剛寺では，「天野」という酒が醸造され，「天野比類なし」と評判をとった。他にも，河内（現　大阪府東部）の観心寺，奈良の興福寺，菩提山正暦寺，近江の百済寺などが有名だった（石川　2009，吉田　2019）。

●一服一銭

　人びとが茶を飲む機会が多くなっていき，室町時代頃から，人が集まる社寺の門前などで一服の茶を売る茶店が現れた。当時は店舗を構えるのではなく，茶道具を持参して「一服一銭」とよばれる営業形態で茶を提供していた。京都　東寺の南大門の前にも，こうした商売人が集まっており，「東寺百合文書」の中にも，1403年（応永10）4月に東寺が茶売り人たちに出させた請文（誓約書）などの文書がある（有馬　1999）。

『職人尽歌合』
（国立国会図書館デジタルコレクション）

僧形の「一服一銭」二十四番

鎌倉幕府は酒に対して厳しい態度をとり，鎌倉の町では酒の販売を禁じて，4万個近い酒壺を破壊させたことが『吾妻鏡』に記録されている(吉田　2019)。こめを浪費する酒造りを抑制するための措置であったと考えられるが，反面，酒が盛んにつくられていたことの証ともいえる。

酒造技術の重要な史料として，15世紀初めに成立したとされる佐竹家文書『御酒之日記』がある。ここには天野，練貫，菩提泉，菊酒，および酢などの醸造法が記されている。冒頭の一般酒の醸造法をみると，白米1斗，麹6升，水1斗を混ぜて酛をつくり，白米1斗を掛けている。これは段掛法，または段仕込みとよばれるもので，蒸米，米麹，水を数回に分けて仕込む手法である。一度に多量の蒸米・麹・水を入れると，酵母がこれを利用できないので，数回に分けてこれを加えていく方法である。酒桶の中で，麹によるでんぷんの糖化と，酵母によるアルコール発酵が並行して進むことになる。この時期にこの醸造法がすでにあったことがわかる。

また，『多聞院日記』(奈良興福寺の塔頭である多聞院で1478年から1618年まで書き継がれた日記)には，「酒ニサセ　了」との記載があり，「酒を煮る」という火入れ法が取り入れられていたことがわかる。当時は夏場に「火落」という現象が起き，醸造した酒が劣化してしまうことがあった。火落は，アルコールの中でも生育が可能な火落菌(乳酸菌の一種)によって起こる変敗である。この火落菌は熱に弱く60℃前後で死滅するのだが，当時の人びとはそれを経験的に会得して，火入れという低温殺菌を行うようになった。ヨーロッパでワインに火入れが行われるようになるのは300年ほど後のことであり，画期的であったことがわかる。火入れ法が取り入れられたことで，酒の保存性は一段と向上した(吉田　2014)。

このように寺院で酒造りの技術が磨かれたが，次第に僧坊での飲酒による風紀の乱れが問題視され，僧侶の本業は仏に仕えることであるとして，本業専念を決議する寺院も出るようになった(石川　2009)。

『尺素往来』(室町時代後期に一条兼良によって編纂されたといわれる往来物)には，良酒の産地として河内・南都(奈良)・摂津・西宮・越前豊原・加賀宮越などがあげられている(石川　2009)。

1500年頃に成立した『職人尽歌合』には，「酒作」の姿がある(図2-1)。その口上には，「先ずさけめせかし。はやりて候。うすにごりも候」とあり，清酒と濁酒の中間的な酒「うすにごり」があったことがわかる(吉田　2019)。

図3・2-1　酒作『職人尽歌合』
(国立国会図書館デジタルコレクション)

●京都の酒屋
　京都に室町幕府が開かれた14世紀の終わり頃から，戦国時代末期頃まで，京都には多くの酒屋が営業し，一時は300軒以上もの酒屋が軒を並べていた。柳酒屋という酒屋が室町幕府に納めた税金が年間720貫になり，幕府の年間収入の10分の1に相当したという(『蔭涼軒日録』1466年7月4日条)。このように，室町幕府は酒造りを奨励し，酒屋から税金を徴収する政策を取った(吉田　2019)。

　『職人尽歌合』には，酒造りに関連した「麹売」も描かれている。こちらの口上は「殿方どのご覧じてよだれながしたまふな」とあり，麹が酒造りを連想させるものと認識されていたことがわかる(吉田　2019)。

麹売りの女『職人尽歌合』
(国立国会図書館デジタルコレクション)

♣キーワード：包丁さばき，包丁流派，包丁人，調菜，調理用刃物としての包丁，煮物と調味，さし身，二毛作，飢饉

3.　切る文化と調味の文化

（1）　包丁人と調菜人

①　饗応としての包丁さばき

　古代官僚制の中の膳部をはじめとする，宮中の調理を担当する役職の者たちとは別に，平安時代末頃から身分の高い貴族のなかに「包丁」を得意とする者たちがあらわれる。

　例えば『今昔物語集』（平安時代末期に成立した説話集）には，保延年間（1135〜41年）頃藤原家成という貴族が崇徳天皇の強い勧めで鯉料理を披露した際，あざやかで見事な包丁さばきに一同が見入った話がある。『古事談』（鎌倉時代初期の説話集）には，藤原家長という者が，『台記』（藤原頼長の日記）には源行方という者が，いずれも包丁が得意で，客の前で料理をしてもてなしたことが記されている。調理された料理を出すだけではなく，高位の者が自ら客の面前で包丁さばきを見せることが接待の一つであった（原田　2014）。

　このように，調理の過程のうち包丁さばきを重視する価値観は，現代の日本料理において厨房内の職人のうち，さし身を引く者が「板長」，「花板」といって，最高位かつ責任者であることと通じている。

②　包丁流派の誕生

　包丁さばきをはじめとする作法が衆目を集めるなかで，室町期に複数の包丁流派が成立した。複雑化した飲食作法が「秘事口伝」として伝えられ，その一部が『世俗立要集』『厨事類記』などのなかに著されている（原田　2014）。

　なかでも四条流は他の流派より先に成立したと考えられ，宮廷および公家社会で広く受容された。四条流は，高位の公家である藤原山蔭を流派の祖としている。藤原山蔭は，光孝天皇（830〜887年）の命により，宮中の料理人である膳臣の高橋氏とは別に，料理の新式を定めたとされる（原田　2014）。流派を生むような包丁作法の約束ごとが10世紀には生まれていたことがわかる（熊倉　2007）。

　四条流が公家の料理流派であるのに対し，武家の料理流派である大草流，進士流，生間流などが室町期に生まれた。大草流は『大草殿より相伝之聞書』において，魚鳥の扱い方，食事の進め方，飲食の作法などを詳細に記している。また，流派は不明だが当時の料理書に『山

●「能」としての包丁

　桃山時代に来日したロドリゲスの『日本教会史』には，武士の学芸には「芸」と「能」の二種があり，書道や音曲・相撲などの「芸」は職業となるものなのであまり上品とはいえないが，武家・貴族の間で「能」はそれ自体が名誉とされ重んじられると記されている。能の中で第一に評価されるのは弓法，第二に蹴鞠，第三が包丁で，「食物を切り分けることで，彼らの間では上品で常用の仕事である」と記している（熊倉　2007）。

●「美物」の上下

　「美物」とは味のよいものをいう。『四条流庖丁書』は，美物に上下があることについて述べており，上は海の物，中は河の物，下は山の物としている。しかし，魚のなかでは鯉を最上であるとし，また，山の物であっても鷹の鳥（鷹狩の獲物である雉）は鳥のなかで最上であって，どのような海鳥であっても雉の方を先に出すようにしている（谷口　1974）。

内料理書』，『庖丁聞書』などが残っている。この時期には，本膳料理の食事作法である，小笠原流の『食物服用之巻』が著わされている。鎌倉期以降に政治力を失っていった公家が有職故実に精力を傾け，これを室町期の武家が真似ようとしたことが時代背景にある(原田　2014)。

③　包丁人と調菜

　10世紀に成立した辞書，『倭名類聚抄』では，魚鳥を料理する者が「包丁人」であり，精進料理に携わる者を「調菜」として区別している。両者の料理の観念，体系が違っていたことを示している。穀類を中心とした調理を行う調菜の語は，鎌倉中期の辞書『名語記』にみられ，調理を担当しつつも包丁人とは異なる存在として意識されている(原田　2014)。

　『職人尽歌合』(1500年末頃)(図3-1)や『酒飯論絵巻』(16世紀中頃)では，僧形の調菜が包丁人と対をなす存在として同等に描かれており，すでに室町期においては，精進料理が魚鳥の本膳料理に対置されるような重要な位置を占めていたことがわかる(原田　2014)。

　『生間流式法秘書』では「包丁人」と「料理人」は異なるとし，包丁人が包丁式，礼法，包厨の規矩，塩梅をつかさどり，料理人は包丁人に隷属する存在であると述べている(中沢　1981)。

　一方，『日葡辞書』には，「料理」，「庖丁」，「調菜」が収載されており，「料理」は食物を整えて味をつけること，「庖丁」は大小の刃物で巧みに切ったり刻んだりすること，「調菜」は食物をつくったり調味したりすることと説明がされている。江戸時代初期の方言研究書である安原貞室の『かたこと』には，精進物を調理するのが「調菜」で，「料理」とは魚鳥にのみ使う言葉と記されている(原田　2005)。

図3・3-1　包丁人と調菜
『職人尽歌合』
(国立国会図書館デジタルコレクション)

(2)　鉄製刀子から包丁へ

　包丁は当然ながら一種の刃物である。刃物は武器でもあり，狩猟の道具でもあり，獲物を解体する用途にも用いられる。このような用途の道具は，石器の時代からあった。製鉄は弥生時代後期からで，刀剣類は古墳時代から製造がはじまっている。小型の刃物(刀子)も出土しているが，武器，工具，調理と，万能に使われたと想定されている。一方，弥生時代後期には，表面に無数の刀傷の残る俎板も出土しており，この頃には鉄製の刀子が調理に用いられたと考えられている(箱田　2013)。

●『春日権現記』にみる厨房の腰刀
　中世の人びとは腰刀を調理にも使ったと考えられている。右図の『春日権現記』に描かれた，厨房で蓮根を切っている男性をみると，腰に鞘のみを差しており，手にした刃物は男性の腰刀であると解釈できる。しかし中世後期になると，鞘のない刀子が出土するようになる。この刀子は腰刀より刃の幅が広く，柄の形も異なっていた(三浦　1993)。

腰刀で調理する男性『春日権現記』
(国立国会図書館デジタルコレクション)

しかし，中世前期まで調理用に特化したと認められる刀子は確認されていない。中世の人びとは腰刀を身に着けており，この短刀を調理にも使ったと考えられている。一方，文献史料からみていくと，奈良時代にはまだ「包丁」という言葉は存在しない。刃物を「厨充」したという記録（『経所見物注文案』760年）や，複数の刃物のうち一部を「料理食物料」とした記録（『御斎会一切経所解案』761年）がある（三浦　1993）。刀子一般としてつくられたものが調理にも充てられたことがわかる。

　平安時代の辞書『倭名類聚抄』（931～937年）には，「庖丁」という言葉が取り上げられているが「料理魚鳥者謂之庖丁俗云」（魚鳥を料理するものを俗に庖丁という）とあり，道具としての包丁ではなく料理人を指す言葉として扱われている。調理用刃物を指す語として「包丁」が使われる初見は『蜷川文書』8集（1520年）である（三浦　1993）。16世紀中頃の『酒飯論絵巻』には，庖丁を使い，魚や鳥を準備する調理場の様子が描かれている（図3-2）。

図3・3-2　魚鳥を扱う包丁人
『酒飯論』（国立国会図書館デジタルコレクション）

（3）　調理の発達

　古代では，生もの，干物，焼物が中心で，それを各自が四種器の卓上調味料で味付けして食べていたが，中世には煮物や茹で物などが増え，厨房で，すでに味付けされた料理を食べるようになった。この背景には，鉄鍋の普及の影響，また精進料理の影響があった。

　平安時代の辞書『倭名類聚抄』では，「堝」の字にナベの訓が充てられ，「鍋」の字にはカナナベと充てられている。当時は金属製のナベより土器製のナベが一般的だったことがわかる。しかし，中世には阪南の河内鍋など，新たな鉄鍋が登場し，多彩な調理法が可能になった（新谷・関沢　2013）。味付けされた汁中で加熱され，熱い状態で供される料理が，精進料理を介して広まった。また，精進料理は，すりばち・すりこぎを用いることで，細やかな舌の感覚を人びとに喚起した（熊倉　2002）。植物性食品にすりつぶした種実類を組合わせる和え物がつくられるようになり，料理が多様になった。これで味噌をペースト状にすることで，味噌はなめものから調味料に変わり，味噌汁もつくられるようになった（石川　2009）。

　醤油という言葉が生まれたのは中世で，1559年（永禄2）山科言継が宮中の女官に「ショウユウ」を送った記事や，奈良　興福寺多聞院の『多聞院日記』に醤油のやり取りがみられる。

●「包丁」は魚鳥，野菜は「菜刀」
　『蜷川文書』8集（1520年）では，魚鳥の調理に用いる「包丁」と野菜の調理に用いる「菜刀」が別に記されている。『日葡辞書』（1603年）では，包丁は「台所で物を切ったり刻んだりするのに使う大小の刃物」と説明されるが，『雍州府志』（1684年）は，『蜷川文書』と同様に，魚を切る刀が「包丁」で野菜を切るものは「菜刀」として区別しており（三浦　1993），両者を異なるものとした時代があったことがわかる。

●なます
　さし身はそれ以前からあるなます（膾・鱠）が変化して生まれた。膾の語は古代中国にすでにあり『論語』にも登場する。日本でも『万葉集』に「吾（鹿）が肉は御膾料，吾が肝も御鱠料…」という歌が収められている。生肉を細く線に切ったもので獣肉・魚肉いずれでもつくられた。日本では魚肉でつくることが多かったので魚偏の「鱠」の字が主流となったが，「膾」も使われる（川上　2006）。

当初は，味噌の上澄みである「たまり」を指したようだ。

　醤油が商品として製造されたのは，紀伊湯浅（現　和歌山県）で天文年間（1532～1555年），下総野田（現　千葉県）で永禄年間（1558～1570年）とされている。しかし，さし身に醤油を使うようになるのは，近世の元禄（1688～1704年）以後からである。

　「さし身」という名称もこの時代に登場する。さし身の初出は，『康富記』という日記体の記録の1448年8月15日に記された「二献冷麺を居え，鯛の指身これに居ゆ」だとされている。

　さし身は鱠から生じたもので，室町時代の鱠は酢・塩で和えて食べた。鱠から派生したさし身は，生肉を5mmぐらいの厚さに切って調味料とは和えずに別皿で出し，食べる人がさし身に調味液をつけて食べた（川上　2006）。『四条流庖丁書』ではさし身の食べ方として，鯉にはわさび酢，鯛は生姜酢，鱸は蓼酢を紹介しており，味覚が多彩になっていることがわかる。

（4）　中世の食料生産

　中世の農業生産は，二毛作の推進，鋤・鍬・鎌などの鉄製農具や肥料の改良，牛馬の活用，灌漑による大規模な水田造成など，生産力の向上が図られた。二毛作とは，一つの耕地に別々の作物を表作・裏作で栽培する土地活用法である。水田の二毛作は稲刈り後に麦を蒔き，畑地での二毛作は陸稲と麦，麦と大豆，大豆と蕎麦の組合せで行われた。

　より多くの収穫を得ようとする農耕には肥料が必要で，わらなどを燃やしてつくった灰や，草の茎や葉を田畑に敷き込む刈敷，牛馬の厩肥や人糞尿の下肥も使用するようになった。裏作として麦を栽培するには多くの養分を必要としたので，下肥を入手しやすい都市近郊が麦作に適していた（網野・横井　2003，石川　2009）。

　一方，中世は小氷期という地球規模の気候変動の時期に相当し，飢饉が頻発し，庶民は過酷な食生活を強いられた。飢饉が起こると，京都など都市には難民が押し寄せ，為政者や寺院，篤志家が粥を施した。長禄・寛正の飢饉（1459～1461年）には，一日8,000人分の粥が用意されたほどであった（石川　2009）。

　また，1431年（永享3）には悪徳米商人事件として知られる，人為的な食料難も起こった。こめが不足していなかったにも関わらず，京都の米商人が結託して京都にこめを入れないようにしてこめの値段を吊り上げ，値が上がったところで高く売って大もうけをしようとした。これによって，餓死者も出るほどの事態となった。この商人たちは室町幕府によって処罰されたが，商人たちが商品の流通量と物価を計算する経済感覚をもっていたことがわかる。

●鉄製農具の利用

　鉄製農具は，律令制下では位階によって支給量に差があったが，次第に利用が広がっていった。「蔵人所牒案」（1213年）には，「諸道の細工人等，身の芸能につきて，色々の私物を交易売買せしむるはこれ定例なり。よって鋳物師等，五畿七道諸国を往反し，鍋・釜以下を売買し，鉄の鋤・鍬を打たしむ」と，鋳物師たちが鉄鋤・鉄鍬を全国に売り歩き，地方でも手に入るようになったことが記されている（石川　2009）。

●中世の飢饉

　中世には，養和の飢饉（1181年），寛喜の飢饉（1230～1231年），正嘉の飢饉（1258～1259年），文永・建治の飢饉（13世紀後半），正平の飢饉（1350年前後），応永の飢饉（1420～28年）など，おびただしい数にのぼる。応永の飢饉を境に，中世前半の飢饉は断続型，後半は慢性型であった。冷害・旱魃・洪水・地震・戦争などにより引き起こされた（石川　2009）。

4. 現代の食事形式につながる「本膳料理」

（1）　御成にみる饗応の流れ—酒礼・饗膳・酒宴

　　御成は武家社会において，主従の御恩と奉公の関係を確認するために将軍が大名の邸宅を，または大名が家臣の家を訪れることである。もてなす側にとっては，一世一代の儀式となり，そのために新しく御成門や御成御殿を造り，飲食では，主従の関係，もてなし方の重さを料理によって視覚的に表現し，膳の数，膳の形式で贅を競うようになっていった。

①　足利将軍の三好亭御成にみる献立

　　御成の饗応は三部形式で行われた。第一部は式三献*にあたる「酒礼」で，第二部が「饗膳」にあたる本膳料理でもてなし，第三部は酒の肴が出る「酒宴」である。

> 　*式三献：儀式的な酒の飲み交わしで，酒一献ごとに酒肴が出された。引渡膳には，勝栗，昆布，内鮑が出され，雑煮膳，吸物膳が出された。現代の結婚式で行われる，三三九度は，式三献の名残である。

　　1561年（永禄4）3月に第13代将軍足利義輝が，三好義長邸に御成したときの記録には次のようにある。式三献の肴には，まず雑煮が出され，二献，三献の後，七の膳（図4-1）が同時に出される。真ん中の本膳（一の膳）の手前には汁のかわりに湯漬があり，他の膳には，すべてに汁がついている。一の膳の和交は魚の干物を削って野菜で和えたもので，三の膳の

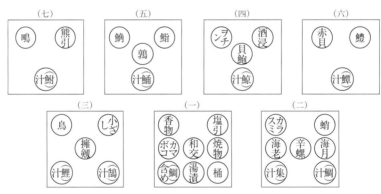

図3・4-1　三好義長邸へ御成の際の七の膳

「三好筑前守義長朝臣亭江御成之記」塙保己一『群書類従　第22輯武家部』オンデマンド出版（2013），および熊倉功夫『日本料理の歴史』（2007）より作成

●江戸時代に使われていた膳の種類

　『守貞謾稿』（1853年成立）には，四面に穴が開いている四方が貴人に，三面に穴が開いている三方が次で，穴の開いていない供饗がその次であると記されている。宗和膳は，朱または黒漆塗りで，民間の本膳料理に用いられた。胡桃足膳は，二つ割りにした胡桃を折敷の四隅につけて足にしたものである。

　江戸時代，徳川将軍は漆塗りで梨子地に金蒔絵が施された懸盤で食事をとった（渡辺　2007）。

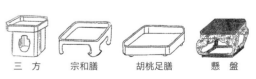

三　方　　宗和膳　　胡桃足膳　　懸　盤

喜田川守貞『類聚近世風俗志』（1908）
原名『守貞謾稿』（国立国会図書館デジタルコレクション）

擁劔は蟹の一種である。四の膳のヲチンは干物をほぐして辛みをつけて酢で煮たもので，酒浸は生魚を酒につけたものである。七の膳の熊引は，魚のシイラのことである。食事が済むと，四献から十七献までの酒宴が続いた（熊倉　2007）。

② 七五三膳*の本膳料理

　本膳料理が武家の式正の饗宴として完成されたのは，室町時代である。

　1543年（天文12）に種子島にポルトガル人がやって来た後，ポルトガル船が日本に来港するようになったが，イエズス会巡察師で，通辞としても活躍したジョアン・ロドリゲスが『日本教会史』の中で，当時の饗宴について記している。

> 　　*七五三膳：本膳料理の正式な形式は，七五三膳とされる。七五三の数字の意味には，膳の数とする説と，お菜の数であるとする説の2つがあり，現在に至るまで結論が出ていない。

　ロドリゲスは，7つの膳が出る宴会では，32の料理が出て，そのうちに8種の汁が含まれていることに着目し，汁が宴会の主要な料理であり，その他は，添え物として出されると説明している。当時は汁がメインディッシュであった。その理由は，汁の具材が，珍重される材料を使って料理されているからであるとしている。8種の汁の具材は，5つが魚，1つが貝，2つが肉だった。肉は鳥の肉で，狩りの獲物の肉以外は決して使わず，家で飼う動物や家禽の肉を使うことはなく，鶏も食べなかった（ロドリゲス　1973）。

(2)　食材による上下

① 鶴・白鳥

　室町時代の公家や武家社会には，魚や鳥の肉を上品な食物とする風習が生じた。15世紀のはじめの応永末期ごろ「海人藻芥」によると，宮中では，大鳥は白鳥・雁・雉子・鴨，小鳥は鶉・鶴・雀・鴫だけに限定して供することになっていた（渡辺　2007）。

　ロドリゲスは，饗応で使われる鳥のなかでは，第一が鶴，第二が白鳥，第三が野鴨であると記している。

　1594年（文禄3）に豊臣秀吉が前田邸に御成した際の記録である「前田亭御成記」（宮内庁書陵部所蔵）によると，式三献の「酒礼」のあとに五の膳まで出る「饗膳」となり，「御引物」「同御引物」，そして菓子が続き，その後，四献目がはじまり，能を見ながら十三献までの「酒宴」にあたる饗応がなされた。

　主客である秀吉には，「酒礼」の二献目に鯛があり，三献目に鶴がある。「饗膳」に移ると，

●本膳・二の膳の配置

　右図に描かれている本膳料理は，本膳と二の膳の二つの膳が並び，本膳の向こう側の小さ目な膳にのせられた長皿の上には焼き物がのっている。本膳は，左側に飯椀，右側に汁椀があり，飯につく汁は味噌仕立てである。汁の向こう側に膾が，飯の向こう側に汁のない煮ものなどが盛られている「坪」という食器を配している。二の膳の二の汁はすましが多く，汁のある煮ものを入れる平皿とさし身がある（島崎　2019）。

醍醐散人『料理早指南』
享和元年（1801）
（個人蔵）

二の膳に鯛，三の膳に白鳥と鯉が出てくる。お供衆用にも200人前の料理が用意され，献立には鶴がみられ，女中50人分にも白鳥が出てくる。このように御成に参じた人びとへも，主客より，膳の数は少なく品数も少ないが料理がふる舞われ，鶴や白鳥も供されていた。

② 鯛，鯉

1511年（永正8）の「家中竹馬記」には，鳥よりも，魚が上位とされていたことが記されている。魚類のなかでは，海魚よりも川魚が上位で，鯉が第一で，ハゼがその次だった(塙 1932)。

中世は，包丁式にもみられるように，鯉が食材として珍重されていた。しかし，江戸時代前期に記された実用的な料理書である『料理物語』の筆頭に記載されているのは鯛であり，この時代には，鯛が珍重されていたことを物語っている。また川魚よりも海魚が先に記されており，海魚の方が価値は高かった。元禄時代の『本朝食鑑』には，鯛が鱗をもつ魚類の長であることが明記されている。近世に入って水産業や運輸手段の発達と価値観の変化によって誕生した鯛を賞味する文化は，今日でも続いている(原田 1989)。

(3) 身分による料理数と膳

① 膳の数と種類

室町時代の武家故実書である「宗五大草紙」(1528年)によると，「公方様へ七まで参候時も，御相伴衆へ三まで参候」(塙 1932)と公方様は七の膳まで出ても，ご相伴にあずかる人へ出すのは三の膳までと少なくなっている。

先にみた，豊臣秀吉の「前田亭御成記」(文禄3年)でも，「饗膳」は秀吉へは五の膳に「御引物」が二つ，お供衆と女房衆へは三の膳までだった。豊臣秀吉が徳川家康の館に1595年(文禄4)に御成した「文禄四年御成記」(宮内庁書陵部所蔵)には，秀吉には七の膳まで，ご相伴衆へは五の膳まで，諸大夫衆とお能の楽屋へは三の膳まで出された。以上のように，身分によって膳と料理の数に差をつけていたことがわかる。

(4) 江戸時代の本膳料理の特徴

① 簡略化した配膳

本膳料理は，見ることを中心とした装飾用で江戸幕府の饗応にも使われていたが，実際に食べるのは，「引替本膳」として本膳料理の献立の次にみられるようになった(島崎 2019)。

室町時代に完成した本膳料理は，のちに形骸化していった。簡素化に伴い官民共通するも

●本膳料理が出されている様子

右図は，江戸時代後期の『素人庖丁』にみられる二の膳までの本膳料理が出されている様子である。客の正面に本膳(一の膳)を置き，客から見て右側に二の膳を配している。本膳料理では，最初に飯を食べてから酒が出た。向かって右側の客が，給仕の人へ飯椀を差し出し，おかわりをしようとしている様子が描かれている。

浅野高造『素人庖丁』(1803) （個人蔵）

てなしとして二の膳付きという形式が定
着した（熊倉 2007）。

図3・4-2 『素人庖丁』本膳料理 客側から見た膳（個人蔵）

　図4-2は，客側から膳を見たもので
ある。本膳手前の左側に飯を，右側に汁
を置く。現代の配置と同じである。本膳
の汁は，味噌仕立てである。飯の向こう
側には酢を使う膾が置かれている。汁の向こうの小皿には香の物がのっている。二の膳の手
前の汁は，すましである。向こう側には，皿に緑の木の葉を敷いた上にさし身が盛られてい
る。さし身につけて食べるいり酒が入った猪口も見える。本膳の向こう側の畳の上には，魚
の焼物がのった皿と，蓋つきの平皿，坪皿，茶碗が置かれている。

② 　江戸時代後期の農村の婚礼料理

　18世紀半ばには，婚礼の儀礼食として本膳料理は地方へも広がった。酒の儀礼である式
三献の儀式の酒肴には，武家の式三献に多くみられる雑煮，吸い物が農村の名主クラスでも
定型化していた。式三献のあとは，本膳のみか，二つ，三つの膳が続いて，その後，酒宴と
なる。しかし，明治時代後期に入ると，本膳の前に酒宴となる「会席料理」の形式もみられ
るようになった。

　本膳料理を中心とした形態

　　　　酒の儀礼 ⇨ 膳部 ⇨ 中酒 ⇨ 酒宴 ⇨ 茶・菓子
　　　　〔酒肴〕　　　　　〔酒肴〕　〔酒肴〕

　酒宴を中心とした形態

　　　　酒の儀礼 ⇨ 酒宴 ⇨ 膳部 ⇨ 茶・菓子・引物
　　　　〔酒肴〕　　〔酒肴〕

増田・江原「婚礼献立にみる山間地域の食事形態の変遷―江戸期から大正期の家文書の分析を通して―」（2005）より作成

　また，明治時代後期には，婚礼料理を料理屋や仕出し屋に注文する傾向がみられた。

　例えば一人前，膳部が1円，菓子屋へ注文した引菓子35銭の例がある（増田・江原 2005）。
この風習は，昭和30年代頃まで続いていたとされる（熊倉 2007）。

　本膳料理は，食べきれないほどの料理を出すことに特色がある。食べきれないで残した料
理を持ち帰るのが引出物である。結婚式の引出物というのは，食べきれない料理を出しても
てなす本膳料理からきているが，現在では食べ物には限らず，カタログで好みの品を選ぶ
サービスが出現して久しくなっている。

●二汁七菜の献立

　料理書の標準的二の膳つき二汁七菜の
献立例を紹介する。本膳に飯，汁，二菜
と香の物を配置し，本膳の向こうに焼物
を置く。二の膳は，二の汁に菜が1～2
品，膳の外に2～3品の計2つの汁と7
つの菜で，二汁七菜とよぶ。生盛が膾が
置かれることも多く，通常香の物は菜に
加えない。献立に吸物がある場合は，酒
の酒肴の汁物を指している。

	献立例
本　膳	飯，汁（つみ入など），生盛〔鱠〕（鯛，赤貝など），坪（たいらぎ，きくらげなど），香の物
二の膳	汁〔薄すまし〕（塩雁，ごぼうなど），さし身（霜降り鯛，みる貝など，煎り酒）
焼物・引面	猪口（白くらげなど），平皿（あわび，線玉子など），焼物（大石かれい，かけ塩），台引（焼鯛切り身）

冷月庵『歌仙の組糸』（1748），『翻刻　江戸料理本集成　3巻』臨川書店（1979）より作成

5. 料理革命「懐石料理」

（1）　本膳料理に影響を与えた「懐石料理」

①　見るためのものから，食べるためのものへ

　　前節でみてきた室町時代に成立した豪華な本膳料理に変化がみられ，それが16世紀後半の信長・秀吉の時代からであると指摘しているのは，ジョアン・ロドリゲスである。その著書『日本教会史』のなかで，信長・秀吉の時代から行われはじめたという，多くのことを改めた宴会様式についても記している。膳の数は7つ，5つとそろえることをやめ，通常，3つの膳を使うようになった。使い捨ての白木の木具膳は，繰り返し使える漆を塗ったものや蒔絵や梨子地の懸盤や金箔をおいた三方などに代えた。また，使い捨ての土器をやめて，水分や脂肪がしみ込むことがない光沢のある陶器の食器を使うようになった。

　　料理については，装飾用に見るためだけに出されたものと，冷たいもの(図5-1)をやめて，その代わりに温かくて，十分に調理された料理が一度に出されるのではなく，適切なときに膳に出されるようになった。

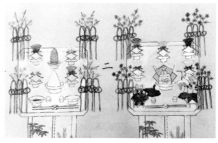

図3·5-1　見せることを重視した装飾が多い膳
「生間流有職料理伝書」(個人蔵)

　　このように，実際に食べることを意識した膳に変化し，三の膳までが一般的になり，温かい料理が頃合いをみて，膳に出されるようになったのは，温かい料理を温かいうちにいただく茶の湯の懐石料理の影響であると，ロドリゲスは観察している(ロドリゲス　1967)。

②　初期の茶会料理

　　室町時代，茶会は将軍の殿中で同朋衆が集まっていた「会所」で行われており，その後の邸宅の一室，「書院」の中で行われた茶の時代までは，茶会といいながらも本膳料理に主眼がおかれ，茶はあくまでも添え物であった。

　　村田珠光(1423〜1502)によって草ぶきの小さな家で簡素にもてなす草庵茶が成立し，天文年間(1532〜55)初め頃には，本膳料理と精進料理の影響を受けて，「懐石」の「一汁三菜」

●利休の茶会記

　千利休の茶会記「利休百会記」から食物の記録がある86回の献立をみると，最も多いのは一汁二菜の45回(約53%)，次が一汁三菜の31回(約37%)である。

　二の膳がある献立も5例ある。

　料理内容は，焼物が最も多く50%以上，次に煮物と思われるもの，膾，さし身が続き，献立の重要な要素となった(江原・櫻井　1990)。

●利休の懐石献立例

10月27日(1586年カ)
　飯，汁(白鳥)，鮭の焼物，くろめ(海藻)
　菓子(麩の焼・ごぼう)

12月19日(1586年カ)
　飯，味噌焼き汁(小鳥せんば入り)
　このわた，鮭の焼物
　菓子(麩の焼・しいたけ)

の形式がみられるようになる。武野紹鴎（1502〜55）の時代から「貴人であっても，一汁三菜よりも多くなってはならない」と規定され，初期の懐石料理は，本膳料理に端を発し，それを簡素化したことで発展してきた（筒井 2002）。

③ 信長の茶会料理

珠光によって草庵茶が成立した後も，三好長慶や織田信長を中心とした人びとによって，本膳料理とほとんど変わらない茶会料理が出されていた。利休の高弟の山上宗二（1544〜1590）による「山上宗二記」（1588）に，「紹鴎時ヨリ此十年先マデハ，金銀をチリハメ，二ノ膳，三ノ膳マデアリ」と記されている（筒井 2002）。

1573年（天正元）11月23日の京都妙覚寺おいて開かれた，信長が会主となった茶会では，足打（足つき）の木具膳による膳部は三の膳までの本膳料理形式で，食器は，金泥・銀泥で彩色した土器を中心に使用されていた。本膳には，雉焼き，たこ，鯛の青鱠，茎汁，椀盛の飯がのっていた。二の膳には，うど，鮓，鮭の焼き物，螺という貝のつぼ焼き，桶（このわた），鱈汁と冷汁が並んだ。三の膳には，かまぼこと生の貝の貝盛，鯉のさし身，雁汁などがおかれた。さらに白鳥の汁，鷹によってとらえた鶉の焼鳥も出た（筒井 2002）。

信長が会主のこの茶会の膳は，時代の移り変わりの最後の頃のものといえよう。しかし，会主である信長自らが料理を客人へ勧めに出るという草庵茶風のもてなしをしている。この時期は新しい茶の湯の形をとりながら，その食事は本膳料理という混在した方法もとられたが，やがて次の時代の新しい食礼である「懐石」へと進展していく（筒井 2002）。

（2） 「懐石」の中にみる精進料理の流れ

茶の湯の料理は，そもそもは「会席」「会膳」などと書いていた。「懐石」という字の使用が確認できるのは，江戸時代である。「懐石」とは，禅宗の寺院で，僧が修行中の空腹をしのぐため，懐の中に「温石」をいだいて温めたところから生まれた，粗末な食事の意味として使われた仏教語である（筒井 2002）。茶の湯が禅と結びついたのは，村田珠光が大徳寺の一休和尚に禅道を学んだときからはじまるとされ，禅の思想をとりわけ茶の湯に結びつけたのが千利休であった。

千利休は，飢えぬ程度の食事でいいと主張し，大徳寺へ参禅のたびに食したと考えられる薬石としての精進料理が，茶の精神と結びつき，簡素の中にある「わび」を強調する新しい懐石を生み出すことになった（筒井 2002）。

●ヨーロッパより早いコース料理

温かいものは，温かいうちに食べられるようにというのは，ロシアで取り入れられていたサービス様式だった。寒い地域なので，同時に料理を並べると冷めてしまう。

ヨーロッパでは，一度に料理をテーブルに並べて食べていたが，200年ぐらい前にロシア式のサービスが伝わり，一品食べ終わると次が出てくるというサービスが取り入れられた。

●ヨーロッパより早い時系列のサービス

現在，西洋料理は，最初にオードブルが出てきて，それを食べ終わると次にスープが出てくる。スープを飲み終わるとメインディッシュが出てくるという時系列のサービスがとられている。

ヨーロッパのコース料理は，200年ぐらい前からであるが，日本では400年ぐらい前に，すでに茶の湯の懐石料理として，時系列で出来立てが運ばれてくるサービスがあった（熊倉 2009）。

(3) 利休が完成した「懐石料理」の精神　一汁二菜〜三菜

① 膳は一つの懐石料理

　利休は晩年，一汁二菜から三菜を通常の茶の湯の料理とした。膳も一つで，二の膳は付かない。茶室を二畳まで狭くしたのも利休で，空間が狭いために，膳は一つしか置けないという制限が，懐石の革命性を強めることになった(熊倉　2002)。

② 利休が豊臣秀吉をもてなした「懐石料理」の献立

　1590年(天正18) 9月21日に秀吉を正客として出された懐石料理は，飯，菜汁，鮭焼，膾，酒浸，おぼろ豆腐に，菓子が麩の焼，炒りかや，焼き栗だった。品数も少なく，「わび茶」を具現化しているが，精進料理とは異なり，鮭，鱸などの動物性食品が登場している。見た目は質素だが，食材は吟味されており，季節感を感じさせる。懐石料理は，精進料理や本膳料理をさらに発展させた日本料理の頂点に達したものと位置づけられる(江原　2009)。

③ 江戸時代には「わび」「さび」よりも豪華な「大名茶」

　1591年(天正19)の利休亡き後，利休風の飢えぬ程度の食事である懐石が，大名の内では古田織部のみが守っていく一方で，細川三斎・小堀遠州・金森宗和などの風流の道を好む数寄大名たちによって，本膳を思わせるような料理中心の茶会が行われるようになった。二の膳以上が付く茶会が多くなり，料理の数も増えていった(原田　2010)。一般の大名茶人たちは，利休のわび茶の精神を受け継ぎながらも，茶道具や料理の豪華さを好む大名茶が流行した。江戸時代の前期には，利休の目指した質素な懐石と，数寄大名による豪華な懐石の2つの流れがあったが，利休の百年忌にあたる1690年(元禄3)を契機に，利休への回帰熱が高まった。

　元禄年間は，力をもった町人たちが茶の湯の世界にも入っていった時期で，大名茶からわび茶への本格的な回帰がはじまり，今日の千家の基礎が築かれることとなった(原田　2010)。

(4) 「懐石料理」の特色

① 酒と食事が合体した「懐石料理」

　懐石料理は食事と酒の関係にも変化を与えた。本来はハレ(晴)の場においては，食事と酒は別個のものであった。本膳料理の時代は，七五三の本膳料理を食べる間は酒を口にしないというのが普通であった。それが，懐石料理では，食事と酒が合体し，一汁三菜と共に酒が饗されるようになった(筒井　2002)。

●懐石料理の配置例

　江戸時代の『料理早指南』にみる懐石料理の配置例である。「会席」と記されているが，最後に飯と汁が供される料理屋の会席料理とは異なる。江戸時代の史料には「懐石」も「会席」と書かれることが多かったため，史料を扱う際には留意する必要がある。

　折敷に飯と汁が置かれ，汁の向こうに，膾が置かれている。後に出されることも多いもう一つの菜や香の物がすでに飯の後ろに置かれているが，順に出されるのかもしれない。重引などは酒肴である。

醍醐散人『料理早指南』
會席
(享和元年(1801))

(個人蔵)

② 「懐石料理」は時系列で配膳

　本膳料理が，いくつもの膳を同時に平面的に並べたのに対して，懐石料理は，膳は折敷一つで，時系列で料理を出す（図5-2）。その流れは，流派によって若干異なるが，次のように展開された。

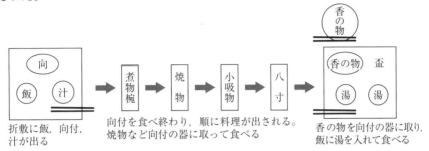

図3・5-2　懐石の順番

玉川和子『茶懐石と健康』淡交社（2003）などを参考に作成

　折敷に飯椀・汁椀・向付（魚を鱠仕立てにして出すことが多い）・箸を配膳したものを一人ひとりに受け取ってもらう。茶席の亭主（招待者）が銚子と盃を持ってきて酌をする。

　次に料理の主役である温かい煮物と飯と汁のおかわりを出す。それらを食べ終わる頃，焼きたての焼物を人数分一緒盛りにして出し，銘々が向付の器にとる。さらに，酒と飯を十分に出す。湯と吸物の中間くらいの濃さの小吸物を箸休めとして出し，海のものと山のものを人数分盛りつけた八寸という白木の角盆を出す。

　最後に香の物を出し，おこげで香をつけた湯を飯椀・汁椀に注いで，飯を湯漬けにし，飯椀と汁椀を洗うようにきれいに食べ終わるようにする（大久保　2012）。

　このように，温かいものは温かいうちに食べることに主眼がおかれていた。

（5）　現代の宴会料理

　江戸時代，本膳料理の二の膳付きが武士・町人・農民などの共通のもてなし料理として定着してくる一方，江戸時代に料理屋で酒を楽しむことを中心とした料理が成立し，それらの料理は「会席風」，「膳くずし」などとよばれ，後に「会席料理」と称されるようになる。宴会料理であるこの料理の特色は，酒を飲みながら，口取り，さし身，煮物，焼き物，蒸し物，揚げ物，酢の物を食べ，最後に飯と汁と香の物が出る食事形式である。現代でも，料理屋や旅館で提供されている（p.71参照）。

●利休の茶会にも使われたクレープ風お菓子　麩の焼
　利休が開いた茶会の記「利休百会記」では，菓子として「ふのやき」が，たびたび登場する。「ふのやき」は「麩の焼」と書き，「麩」とは，小麦粉を材料にした菓子を意味する。江戸時代の菓子製法書の『古今名物御前菓子秘伝抄』（1718）によると，小麦粉に水を加えとろりとさせ，くるみの油を塗った浅い銅鍋に少しずつたらし，薄く広げて焼いたところに，刻んだくるみ，さんしょう味噌，白砂糖，けしの実を入れて巻き込んだものだった。

麩の焼（東京家政学院生活文化博物館所蔵）

♣キーワード：南蛮貿易と砂糖，ポルトガル人がもたらした南蛮菓子，信長に献上したコンフェイト，
　　　　　　　炭火によるオーブン風の焼き方，テンプラと天正少年使節，とうがらしの伝来

6.　オーブン料理とカステラの伝来

（1）　南蛮貿易

　　大航海時代，ヨーロッパの国では，ポルトガルが香料を求めていち早くアジアに進出し，
16世紀に入ってインドのゴア，マラッカ，マカオなどに拠点を築いていた。

　　1543年（天文12），鹿児島県の種子島にポルトガル人3人を乗せた船が漂着し，鉄砲を伝
えた。その6年後の1549年（天文18）にイエズス会宣教師のフランシスコ・ザビエルが，日
本にきて，キリスト教を伝える。以後，ポルトガル船は，貿易のみならずキリスト教とも密
接な関係をもちながら，約1世紀にわたって日本と交流を保ち続けたため，多くの文化が移
入された。

　　当時の日本人は，ポルトガルとスペインのことを「南蛮」，イギリス・オランダのことを
「紅毛」と称していた。南蛮文化とは，主としてポルトガルから伝来した文化のことで，医学や，
料理，菓子などがある。

①　南蛮貿易と砂糖

　　アジアへ進出したポルトガルは，南アジアや東南アジア，そして東アジアの拠点でポルト
ガル商館を建て，ヨーロッパとアジアの品々を運ぶ貿易網を確立した。

　　ポルトガル船の貿易品の一つに砂糖がある。さとうきびの原産地はパプア・ニューギニア
界隈とされるが，インドシナ半島に伝播したさとうきびは，北上してベトナム，中国へ，西
へはインドからアラビア半島，ヨーロッパ，そして，1492年コロンブスのアメリカ大陸到達，
1500年カブラルのブラジル到達をへて，新大陸に伝播した。

　　砂糖は奈良時代に「薬」として日本へ伝来していたが，14世紀後半には，まんじゅうやよ
うかんなどの点心にも使用が認められ，16世紀半ばからポルトガル船による本格的な輸入
がはじまった。

　　織田信長は1569年（永禄12）4月に宮中に砂糖を20桶，1575年（天正3）5月には，武田
（勝頼ヵ）が1桶，同年6月には土佐の一条家が2桶を献上しているが，日本における砂糖の
国産化は江戸時代中期から研究がなされ，軌道にのるのは後期になってからなので，アジア
産の輸入された砂糖を献上していた（荒尾　2018）。

●ヨーロッパ人の来航		●日本語になったポルトガル語	
1543年	種子島にポルトガル人　鉄砲伝来	ボタン	botão
1549年	フランシスコ・ザビエルがキリスト教を伝える	コップ	copo
1550年	ポルトガル船来航　1639年まで	カルタ	carta
1592年	スペイン船来航　1624年まで	メリアス	melias
1609年	オランダ船来航　幕末まで	カッパ	capa
1613年	イギリス船来航　1623年まで	オルガン	orgão
1639年	ポルトガル船来航　禁止	シャボン	sabão
1641年	「鎖国」の完成　長崎出島にオランダ人収容	タバコ	tabaco
1868年	明治維新	パン	pão

② 日本に残るポルトガル語

　最初に日本にやってきたヨーロッパの船がポルトガル船だったため，ボタン，コップ，カルタ，メリアス，カッパ，オルガン，シャボン，タバコなど日本には多くのポルトガル語が定着している。代表的な食べ物の例をあげれば，パンもポルトガル語である。

(2)　南蛮菓子

　それまでの菓子というと，木の実や果物などであった。現在の和菓子が成立するのは，江戸時代の中頃であるが，それに先がけ，南蛮渡来の菓子がポルトガル人や宣教師らによって日本にもたらされていた。ポルトガルを中心とした国から伝来した菓子は，砂糖を大量に使うことに特色があった。

　南蛮菓子は，キリスト教の布教を助けるためにも用いられていた。村井昌弘(1693〜1759)「耶蘇天誅記　前録」(国立公文書館内閣文庫所蔵)には，　下戸(酒を飲めない人)にはコンペイトウ，アルヘイトウ，カルメラ，カステラ，ボーロなどの南蛮菓子を，上戸(酒が飲める人)には赤ワインなどの酒をふる舞って，キリスト教の布教活動をしていたことが記されている。

　16世紀後半に九州のキリスト教の施設で作成されたとする(松本　1996)レシピ集『南蛮料理書』を中心にみると，南蛮菓子は，砂糖菓子系・オーブン系・鶏卵系・揚げ菓子系に大別できる。

① 　砂糖菓子系−コンペイトウ・アルヘイトウ・カルメラ

　コンペイトウは，ポルトガル語でコンフェイトという。ポルトガル語の名称とその菓子の形態がそのまま日本に現在までも根づいている砂糖菓子(金平糖)である(図6-1)。

コンペイトウ　　　　カステラ
図3・6-1　『和漢三才図会』(1712)
(国立国会図書館デジタルコレクション)

　1569年(永禄12)，織田信長は，京都の二條城の建築現場(現在の京都市上京区)で，イエズス会の宣教師であるルイス・フロイスと会った。その際に献上されたのがフラスコ(ガラス瓶)入りのコンフェイトだった。信長はコンフェイトを気に入ったとみえ，再びフロイスはコンフェイトを信長に贈っている。

　アルヘイトウは，物の形をつくることに特色があるアメ菓子で，ポルトガル現地での原型は，アルフェニンとアルフェロアの2つの系統があったと考えられる(荒尾　2016)。

● 南蛮菓子〈1〉

〈砂糖菓子系〉　　　　　　　　　　　　　　　　〈オーブン系〉

ポルトガルのアルフェニン

日本のアルヘイトウ
(撮影　荒尾)

スペインのビスコーチョ

ポルトガルのボーロ・デ・ジェマ(左)とボーロ(右)

カルメラは，縁日などで砂糖液を撹拌して重そうを少し入れて膨らませる砂糖菓子であるが，『南蛮料理書』には，撹拌してから，布団を被せるとある。重そうを入れなくても膨らむのだ(荒尾　1992)。

② オーブン系－カステラ・ボーロ

カステラの語源は，城砦が数多くあったことからつけられた王国名のカスティリャ(Catilla)*からきている。カスティリャ地方のパンまたは菓子が原型である。小麦粉・卵・砂糖を主材料にしたスポンジケーキである。

　　＊カスティリャ：スペイン中部にあったカスティリャ王国は，日本にポルトガル人がやって来た頃の1581～1640年までポルトガルを併合していた。

ボーロは，ポルトガル語で菓子の総称であるが，『南蛮料理書』をみると，「ぼうろ」の名で小麦粉と白砂糖を使った焼き菓子として記されている。現在もその名称で，九州を中心に伝来当時と同様の菓子がつくられている。

カステラやボーロなどの菓子と共に，オーブン料理の焼き方が伝来した。伝来当初から江戸時代中期頃は鍋の上に鍋を重ね，上の鍋に炭火を盛るか，火のし(アイロン)に炭火を入れて上火とし，下からも火をあてて焼く方法がとられたとみられるが，後期になると，銅鍋の上に金属の蓋をして，その上に炭火を置いてから焼くようになり，カステラ専用の四角い鍋も出現した(図6-2)。上下に炭火を置く天火(オーブン)は，南蛮菓子を焼くことから日本にも導入されたと考えられる。

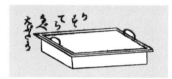

図3・6-2　カステラ鍋『料理早指南』(1801)　　　　(個人蔵)

③ 鶏卵系(鶏卵素麺)

鶏の卵を食べるようになったのも，南蛮の影響である。それまでは，鶏は時を告げる鳥として神聖視され，肉および卵も食べる習慣はなかった。

カステラも卵を使うが，卵の黄身を主材料にした菓子が伝来している。鶏卵素麺は，博多の銘菓であるが，ポルトガルでの原型は，フィオ・デ・オボシュといい，卵の糸という意味である。両国に現存している菓子で，つくり方が共通していて，沸き立つ砂糖液の中に，よく溶いた黄身を細く糸を引くように流し込んで，黄身が細く固まったら取り上げる(荒尾　1992)。

④ 揚げ菓子系—フィリョーズ，コスクラン

フィリョーズとコスクランは，ポルトガルでは，クリスマスに食べる揚げ菓子として現存

●南蛮菓子〈2〉

〈鶏卵系〉　　　　　　　　　　　　　〈揚げ菓子系〉

フィオ・デ・オボシュ

博多の銘菓，鶏卵素麺

(撮影　荒尾)

フィリョーズ

長崎県五島列島福江島に伝わるポルトガルのフィリョーズに似た揚げ菓子　つけあげ

しているが，日本に伝来した当初も揚げ菓子であった。

　小麦粉・卵・砂糖を主材料にしたフィリョーズによく似た揚げ菓子が，「つけあげ」という名で，キリシタン遺跡として世界遺産でもある長崎県五島列島の福江島で伝承されている（荒尾　1992）。また，フィリョーズの名は，豆腐を主材料にした揚げ物の「ひろうす」「飛竜頭」（がんもどきと同様の食べ物）などの名として伝承されている。

（3）　南蛮料理

①　テンプラと天正少年使節

　1582年（天正10），九州の4人の少年が，ローマ教王との謁見を目的にヨーロッパに渡った。ポルトガルから，スペインに向かう少年たちは，カレイやシタビラメのパイと魚の揚げ物の弁当の差し入れを受けた。ちょうど次の日は，「クアトロ・テンプラシ」というキリスト教の精進日に当たり，獣肉食が禁じられている日だった。テンプラの語源には諸説あるが，「テンプラシ」の日に魚を食べることから，魚の揚げ物をテンプラとよぶようになったのではないかと考えられる（荒尾　1999）。

　徳川家康は1616年（元和2），亡くなる4か月ほど前，京都でめずらしい料理が流行していると聞いた。それは鯛をごま油で揚げたものに，にんにくをすりおろしてかけたものだった。早速つくらせてたくさん食べた後，腹痛を起こしたという話が伝わっている（南　1986）。

②　とうがらし

　とうがらしのことを「南蛮胡椒」とも称していたことから，縮めて「ナンバン」という地方もある。とうがらしは中南米原産で，16世紀にポルトガルから東アジアに伝えられた。韓国料理はキムチに代表されるようにとうがらしを多用しているが，とうがらしが伝わる以前の料理には，とうがらし独特のぴりぴりする辛さの味付けはなかった。

　日本では，1625年（寛永2）には，江戸の両国薬研堀で七味とうがらしが売られるようになっていた。七味とうがらしは，とうがらしのほかにけしの実，陳皮（みかんの皮），ごま，さんしょう，麻の実，しそ，海苔，しょうが，なたねなどを混ぜてつくられることからその名がついたが，必ずしも7種類からつくられるとは限らず，産地や生産者によって異なっている（山本　2016）。

　とうがらしの江戸時代の使用例は，汁物の吸い口が最も多く，うどんの薬味としては，まだ一般的ではなかった（江原　2009）。

●天正少年使節
　1582年（天正10），イエズス会巡察師のヴァリニャーノが，九州の大名の使者として4人の少年たちをローマ教皇の元に派遣した。帰国したのは1590年（天正18）で，秀吉がバテレン追放令を出した後だった。伊東マンショ（右上）はマカオで司祭になるも病死。原マルチノ（左下）はマカオに追放され死亡。千々和ミゲル（右下）は帰国の10年後に棄教。中浦ジュリアン（左上）はキリスト教禁止令下の日本で最後まで伝道を続けるが，それが発覚し1633年に殉死した。中央は案内兼通訳のメスキータ神父である。

「天正遣欧使節肖像画」
（1586年　ドイツ　アウグスブルグにて印刷）
（京都大学附属図書館所蔵）

網野善彦・横井清：『日本の中世6　都市と職能民の活動』中央公論新社（2003）

荒尾美代：『ポルトガルを食べる』毎日新聞社（1999）

荒尾美代：『南蛮スペイン・ポルトガル料理のふしぎ探検』日本テレビ放送網（1992）

荒尾美代：「南蛮菓子アルヘイトウの語源」『和菓子』23号虎屋（2016）

荒尾美代：『日本の砂糖近世史』八坂書房（2018）

新谷尚紀・関沢まゆみ編：『民俗小事典　食』吉川弘文館（2013）

有馬頼底：『禅と茶の湯』春秋社（1999）

石川尚志・江原絢子・東四柳祥子：「中世の食生活」『日本食物史』吉川弘文館（2009）

石川松太郎校注：『庭訓往来』東洋文庫242　平凡社（1973）

石川力山：「解説」道元（中村・石川・中村　全訳注）『典座教訓・赴粥飯法』講談社（1991）

江原絢子・櫻井美代子：「茶会記にみる献立構成と食材料について―利休の会記を中心として」『東京家政学院大学紀
　要』30号（1990）

江原絢子・東四柳祥子：『日本の食文化史年表』吉川弘文館（2011）

江原絢子：「南蛮文化の渡来と明との交流」『日本食物史』吉川弘文館（2009）

江原絢子：「日本料理の誕生」『日本食物史』吉川弘文館（2009）

大久保洋子：『江戸の食空間　屋台から日本料理へ』講談社（2012）

川上行蔵：『完本日本料理事物起源』岩波書店（2006）

熊倉功夫：「日本料理の歴史」『NOCHS Occasional paper』8関西大学なにわ・大阪文化遺産学研究センター（2009）

熊倉功夫：『日本料理の歴史』吉川弘文館（2007）

熊倉功夫：『日本料理文化史―懐石を中心に―』人文書院（2002）

島崎とみ子：「9章　日本料理の形成と発展」『日本の食文化　「和食」の継承と食育』アイ・ケイコーポレーション（2019）

ジョアン・ロドリゲス：『日本教会史　上』岩波書店（1967）

末完廣：「利休百会記」『茶道古典全集　第6巻』淡交新社（1958）

竹内由紀子「料理人」小川直之編：『日本の食文化1食事と作法』吉川弘文館（2018）

谷口歌子：「近世の京都御所における食事について（2）」『紀要』18立正女子大学短期大学部（1974）

玉川和子：『茶懐石と健康』淡交社（2003）

筒井紘一：『懐石の研究　わび茶の食礼』淡交社（2002）

道元（中村璋八・石川力山・中村信幸　全訳注）：『典座教訓・赴粥飯法』講談社（1991）

徳野崇行：「曹洞宗における『食』と修行―僧堂飯台，浄人，臘八小参，『精進料理』をめぐって」『宗教研究』90‐2（2016）

中沢正：『庖丁人の生活』雄山閣出版（1981）

箱田昌平：「包丁のイノベーションと日本料理の進化」『追手門経済論集』（追手門学院大学経済学会）47‐2（2013）

塙保己一編：『群書類従　第22輯　武家部』〔オンデマンド版〕八木書店（2013）

塙保己一編：『新校群書類従　第18巻』内外書籍（1932）

原田信男：『江戸の料理史』中央公論社（1989）

原田信男：『神と肉　日本の動物供犠』平凡社新書（2014）

原田信男：『日本人はなにを食べてきたか』角川学芸出版（2010）

原田信男：『和食と日本文化―日本料理の社会史―』小学館（2005）

増田真祐美・江原絢子：「婚礼献立にみる山間地域の食事形態の変遷：江戸期から大正期の家文書の分析を通して」
　『日本調理科学会誌』Vol.38，No.4日本調理科学会（2005）

松本武一郎：「『御酒之日記』とその解義―佐竹文書より―」『醸協』74‐11（1979）

松本仲子：「『南蛮料理書』の成立年代」『風俗』　第34巻　第2・3号日本風俗史学会（1996）

三浦純夫：「まな板と庖丁―切り刻む調理具の歴史―」日本民具学会編『食生活と民具』雄山閣出版（1993）

南和男：『内閣文庫所蔵史籍叢刊　第65巻　慶長見聞録案紙　慶長日記　慶長・元和年録』汲古書院（1986）

村井昌弘：『耶蘇天誅記　前録』公立公文書館内閣文庫所蔵

村井康彦：『茶の文化史』岩波新書89　岩波書店（1979）

村上直次郎：「往時の西洋交通が国語に及ぼしたる影響」『史学雑誌』史学会（1903）

山本紀夫：『トウガラシの世界史』中央公論新社（2016）

吉田元：「酒」石垣悟編『日本の食文化5酒と調味料，保存食』吉川弘文館（2019）

吉田元：『日本の食と酒』講談社，学術文庫（2014）

冷月庵：『歌仙の組糸』『翻刻　江戸料理本集成　3巻』臨川書店（1979）

渡辺実：『日本食生活史』吉川弘文館（2007）

近　世

江戸時代の振り売り（かつお売り）
喜田川守貞『守貞謾稿』
（国立国会図書館デジタルコレクション）

4章　近　世（江戸時代）

　江戸に幕府が開かれ，諸大名が江戸に集まり，江戸城の拡張工事や市街地の整備が諸大名の負担で行われた。江戸の町には，労働力として各領地から農民が集められ，商人も加わり，やがて人口100万人以上の大都市となった。また，生産技術の向上，品種改良などにより，食料の生産量が増加し流通網も拡大した。町人が力をもち，都市部の食べもの屋や高級料理屋の発展，料理書など食に関する出版が広がり，醤油など加工品の商業化が進む。現代のほとんどの調理法，調理操作が出揃うなど，安定した時期が長く続いた江戸時代に育まれた食の文化は，現在の日本食の基礎となっている。

振り売り：1837年（天保8）から約30年間修正，追記された『守貞謾稿』には，振り売りについて「三都（江戸・京都・大坂）ともに小民の生業に，売物を担い，あるいは負うて市街を呼び巡る者」とある。

♣キーワード：江戸の町づくり，武家地と町人地，五街道，廻船，北前船，大坂と天下の台所，農村の発展，長崎の出島，蝦夷地と昆布，朝鮮通信使，加工食品の商品化

1. 日本食の基礎をつくった江戸時代

　江戸時代は，260年以上比較的安定した平和な時代が続いた。識字率も上がり，文学，文芸，学問など様々な文化が発展した。食料生産が増加し多様な料理も登場し，現在の日本食の基礎がつくられた。日本食の具体的特徴については，次項以降で扱い，本項では日本食発展の背景となる江戸時代の特徴を概観する。

（1）　江戸の町づくりと人口集中

①　武家地と町人地の建設

　江戸の町は，1590年（天正18）に江戸城に移った徳川家康が，江戸幕府を開いた1603年（慶長8）以降，本格的にはじまった町づくりで誕生した巨大都市である。幕府は，諸大名に資金や労力を出させる普請役を命じ江戸城を拡張し，その周辺に武家地をつくり，物資流通の便から海に近い場所を埋め立て，市街地をつくった。武家地には武士を，町地（町人地）には商人，職人など町人を住まわせ，ほかに寺社地を定めた。しかし，明暦の大火（1657年）

図4・1-1　両国橋『絵本続江戸土産』
（国立国会図書館デジタルコレクション）

により市街地が焼きつくされたため，江戸の都市改造が行われ市街地はさらに拡大された。図1-1は，大火後に隅田川に架橋された両国橋で，新しい町，本所・深川を結んだ。両岸には火よけ地として広小路を設け，そこに食べもの屋が造られ盛り場として賑わった。

　町の拡大と共に江戸の人口は次第に増加し，江戸時代中期には100万人以上となり，世界でも有数の大都市となった。武家人口は約50万人と考えられているが，データがないため定かではない。一方，町人人口は，調査がはじまった1721年（享保6）では，501,394人であった。しかも男女の差が大きく，男性64%，女性36%ほどで，ほぼ半々になるのは幕末期である（大石　1977）。建設に関わる職人や人夫たち，商店の奉公人も男性が多く，参勤交代で江戸詰めとなった武士の多くも男性の単身赴任者であった。このことは，江戸の町に多くの簡易な食べもの屋が成立する要因ともなった。

●江戸の上水道

　江戸の上水道は，神田上水と玉川上水により，隅田川以西の江戸の町に給水された。水源から導水管を伝わってきた水は，御茶水の懸樋で神田川を横断。その後，上水は町のなかで，地下に設けた水路（暗渠）となる。土中に水道管である木樋を通し，分岐点に枡を設置して水の勢いや濁りなどの管理も行った。長屋にも給水され，共同の上水井戸として汲み上げて使った。東京都水道歴史館で出土木樋などが見学できる。

『絵本続江戸土産』
（国立国会図書館デジタルコレクション）

神田上水御茶水の懸樋

ところで，武家地と町人地の広さは，前期と後期でも異なるが，武家地は全体の約70%に対して，残りの30%の半分ずつが町人地と寺社地であった(宮崎　1992)。町人地の人口密度は非常に高いことになり，町人の多くが狭い長屋などに暮らす必要があった。

　さらに，海に近い江戸の町では，水に塩分が混入するなど飲料水に適する水が少なく，大工事により神田上水，玉川上水などが開設された。この水は，市街地の広い範囲に供給され，飲料水・調理などに使用された(p.56下欄参照)。

② 街道・航路の整備

　江戸と各地域をつなぐ街道や航路が整備されたのも江戸時代の特徴の一つである。五街道(東海道，中山道，日光街道，奥州街道，甲州街道)が整備され，さらに脇街道などを加えると多くの街道が生まれ，参勤交代，商人，寺社仏閣参詣などの旅人が行き来した。そこには宿場や茶屋が造られ，各地の名物も生まれた。

　また，多くの物資を輸送するために船が使われた。江戸湾に注いでいた利根川の流れを銚子(現　千葉県)に変更し，江戸川とつないだ大工事は，利根川東遷とよばれた。これにより，江戸の北部や東部地域との水運を確保し，洪水を防止することにもなった(松浦　2015)。下総(現　千葉県)で製造された醤油などはこれらの川を船で運ばれた。さらに，海を利用した遠路をつなぐ航路も発達した。江戸と大坂を結ぶ廻船や日本海をめぐる北前船などを利用して多くの物資が江戸の町に集められた(p.58参照)。

(2) 京都と大坂の特徴

　京都は，古代から天皇の居住地として栄え，日本文化の中心地であった。江戸時代になり，政治の中心が江戸に移った後も文化・経済が発展した大都市である。特に，町人たちによる出版文化の中心地となり(今田　1977)，食に関わる本草書や料理書なども江戸時代初期から京都で刊行され，その後大坂・江戸でも出版業が盛んになった。また，良質な水による酒や豆腐の製造，茶の製造でも知られ，茶屋や料理屋も各地に開かれた(p.68参照)。

　一方，大坂(江戸時代はこの表記)は，人口40万人ほど(1765年)で，京都とほぼ同様だったが，江戸と異なり武士は少なく，5,000人程度と推察される(北原　1994)。商人の町として栄え，「天下の台所」ともよばれた。大坂は，海に面する河口に立地する自然の好地と共に，河川の整備や掘割を造成した商業都市となり，全国から様々な物資が集まり，それらは廻船によって江戸にも運ばれた。

● 『雍州府志』(1686)にみる京都の産物

　本書は医学・儒学者黒川道祐によりまとめられた山城(現　京都府南部)の風土記として京都を知る史料である。雍州とは，山城国の俗称である。神社仏閣や名所などの紹介が多い中に薬品や産物などを紹介した部分がある。例えば，茶，酒，醤油，酢，油，豆腐，うどん，そうめん，(生)麩，山椒の実，柿，水菜などの農産物や饅頭，角黍(ちまき)，興米(おこし)，麩焼(ふやき)，団子，煎餅などの菓子類などについて解説している(立川　1997)。

京都の産物とその特徴

産　地	特　徴
茶	宇治の茶が有名。抹茶は宇治が最高
酒	京の清らかな水でつくる酒を京酒という
酢	米酢。伏見でつくる伏見酢が名産
豆腐	建仁寺門前の茶店で出す祇園豆腐が名産
麩	四条通りの製造が良品。粕漬けで他国に販売
水菜	東九条産。水のみで栽培するため水入菜とも称す

『雍州府志』より，筆者作成

(3) 都市を支えた農村の発展

　江戸時代は，3大都市といわれた江戸，京都，大坂のほかに各地に武家地，町地，寺社地を配する多くの城下町がつくられた。これらの都市を支えたのは周辺の農村である。江戸時代初期の農村は，こめを栽培し年貢を納入する暮らしが中心だったが，元禄期(1688～1704年)頃には，都市周辺の農村では，商品化を目的とした野菜やいも類などの農産物の生産が盛んになった(大石　1977)。

　これらの発展には農書類の刊行も寄与したと考えられる。例えば『農書全書』(1697)は，こめなどの穀類だけではなく，だいこん，かぶ，にんじん，なすはもちろん，にんにく，とうがらしなどの栽培法，うめなどの果実類，鶏の飼育法まで掲載している。

　また，江戸時代には煎茶が普及するが，葉の蒸し方，乾燥法など茶の製法についても述べている。農村では，農産物の生産だけではなく，干し柿，かんぴょうなどの加工品をつくり，それらは，川や海，陸の流通経路を利用して各地に商品として運ばれた(図1-2)。

図4・1-2　美濃(現　岐阜県)の干し柿づくり
『日本山海名物図会』
(東京家政学院大学附属図書館大江文庫所蔵)

　高冷地の山間部の村が多かった飛騨国(現　岐阜県)では，穀類の育たない村々でわらびの根をたたいて水にさらし，わらび粉を製造して富山の商人などに販売した。わらび粉は菓子の材料ともなったが，多くは和傘や絹織物に必要な糊として重用された。このように，小さな山間の村でも農村と都市は商品経済の影響を受けて結びついていた(江原　2021)。

(4) 海外との交易

　江戸時代，鎖国により海外との貿易は，長崎の出島に居住地を定められたオランダ人と唐人屋敷に居住した中国人に限られたことは知られているが，それ以外にも交易や文化交流のルートがあった。北海道と沖縄が，完全に日本に編入されたのは明治期以降で，江戸時代には一部が日本の支配下におかれたが，異域・異国と考えられていた(原田　2003)。

　北の蝦夷地は，松前藩を介してアイヌの人びととの交易や北方のロシアの情報を得ることも幕府の目的であった(宮田　2018)。特に，日本食のだしのベースとなった昆布を通した蝦夷地との交易は盛んに行われ，各地の商人が船で大坂や京都などに輸送した。

●天下の台所－大坂
　大名が大坂に設置した蔵屋敷は，倉庫兼取引所の機能をもち，川に沿って米蔵が軒を連ねていた。大坂への移入物資のうちのこめは，領地内でさばけなかった年貢米が大量に運ばれ，大坂内だけでなく，江戸など各地域に輸送された。そのほか，大豆，小麦，ごま，塩魚，生魚，塩，砂糖などの食料や酒，醤油も下り物として江戸に輸送された。なかでも酒は，江戸時代を通じて下り物が重用された。

『摂津名所図会』
(国立国会図書館デジタルコレクション)

大坂の蔵屋敷に舟で運ばれる米俵

また，薩摩藩が一部支配した琉球（現　沖縄県）は，砂糖の産地でもあり，特に江戸時代後期は，日本に求められた砂糖生産が現地の人びとの食料生産を圧迫するまでになった。一方で琉球は，中国との冊封関係＊も続けたため，日本と中国両国の食文化の影響を受け，独自の食文化を形成した（原田　2003）。その多くは現在の沖縄の食文化にも継承されている。

　さらに対馬（現　長崎県に属する島）を介した朝鮮との交流がある。朝鮮からは，朝鮮通信使が将軍の代替わりに来日し，徳川将軍と朝鮮国王との交流が行われた。300～500人に及ぶ通信使への接待は，各地で身分に応じた本膳料理（p.42参照）が供された。それは江戸時代後期まで続き経費は莫大だったが，饗応の場は重要な文化交流となった（高正　2001）。

　このように，鎖国下の江戸時代においても限定的ではあったが外国との窓口は開かれ，物資の交流だけでなく，学問などを含めた文化的交流もみられた。

　＊冊封関係：中国との従属関係のもとでの交易

（5）　食料の多様化と加工食品の商品化

　江戸時代，こめは，はじめ大坂から江戸市中に多量のこめが集められ，町人たちもこめを日常の主食にできるようになった。また，農漁村などでも収穫物を加工品にし，商品として販売する地域が増加し，地域の名産地が生まれた。それは商業都市大坂に集められ，江戸に運ばれたが，後には江戸に直接運ばれるものも多くなった。表1-1は全国から江戸に運ばれた加工食品や果物類の例である。

　加工食品には，表にも一部あるような乾物類，漬物類，発酵食品などがみられ，酒，しょうゆ，みりん，酢などの発酵調味料は，日本食の味を形成した（p.20, 92参照）。

　また，輸送には適さないが加工食品として日々作られ食生活のなかに定着した糸ひき納豆，豆腐，生ゆば，生麩なども商品として普及した。このように江戸時代は，商品経済を発展させた時代でもあった。

表4・1-1　江戸に運ばれた主な加工食品・果物と産地例

産　地	産　　物	産　地	産　　物
北海道	松前昆布	愛　知	海部熨斗，三州串蜊
岩　手	鮭，味噌漬鰹節，粕漬海月	京　都	福知山蕨粉，道明寺寒糒，丹後鰤
埼　玉	川越瓜，岩付鮒	広　島	西条柿
千　葉	目刺	愛　媛	伊予素麺，宇和鰯
静　岡	興津鯛，浜名納豆，相良和布	熊　本	八代蜜柑，菊池海苔
長　野	松本漬蕨	沖　縄	琉球泡盛酒

石川寛子「江戸における飲料水と食料の供給」の『江戸往来』による調査（石川　1994）より，筆者作成。産地は現在の県名

●長崎オランダ貿易

　オランダとの交易は，長崎一港に限られ，数量，価格なども統制された。主な輸入品は，砂糖，胡椒，生糸，香木，薬品などで，日本は銀，銅などを輸出した。1750年頃の輸入品取引高が高いものは砂糖であった（国立国会図書館　2009）。また，医学，薬学，天文学，物理学など蘭学の書籍も輸入され，翻訳書『解体新書』（1774）などが刊行された。人びととの交流は制限されたが，長崎は商業・国際都市として栄えた。

（国立国会図書館デジタルコレクション）

阿蘭陀入船図

♣キーワード：肥料の発達, 江戸周辺の野菜の名産地, 漁法の改良, 流通航路の拡大, 菱垣・樽廻船, 北前船, 十州塩田, 市場の拡大, 振り売り商人

2. 生産技術の向上, 流通網の拡大

（1） 農業技術・漁法の発展と生産の拡大

① 農具・肥料の開発と各地域の産物

　江戸・京都・大坂は, 江戸時代の三大都市として知られている。なかでも江戸は, 新しい町として建設が進んだため, 醤油, 酒, 塩などの加工食品は商業都市であった大坂から船で運ばれ, これらは「下りもの」とよばれた。

　しかし, 野菜類などの農産物や魚介類のような生鮮食品は, 遠方から運ぶことは難しく, それぞれの都市の周辺から供給された。江戸時代中期には, 100万都市となった江戸の消費を賄うために, 江戸周辺の農村では, 野菜類を各地でつくり, 商品として供給した。そのなかで生産効率を上げ生産量を確保するために, 農具や肥料などが開発された。

　以前から使用された下肥（人糞尿）は江戸から肥船で農村地域に運ばれ, 売買された。さらに, 干鰯（ほしか）, 油粕, ぬか, 灰なども使われ, 購入する肥料を金肥とよんだ。都市を中心に, 白米化が広がり, 大量に生産されるぬかは, 肥料のほか, たくあんやぬか漬けなどの加工品に使われた。また, 灯火を使って夜仕事をする習慣が広がるなかで, 菜種から菜種油が生産され, 廃棄物である搾り粕も肥料として活用された。

　1735 ～ 1739年に各藩の農作物を調査した「産物帳」によると, 実に多様な農産物が全国各地域にみられる。こめ, むぎ類などはもちろん, だいこん, なす, 青菜類, いも類なども品種改良が行われ, 地域による特徴ある農産物が開発されている。

表4・2-1　「産物帳」にみるだいこんの種類と地域性

種　類	東北	北陸	関東	中部	近畿	中国	四国	九州
夏だいこん	○	○	○	○	○	○	○	○
秋だいこん	○	○	○	○	○	○	○	○
三月だいこん			○	○		○		○
四月だいこん			○			○		○
赤だいこん				○	○	○		○
江戸だいこん			○	○		○	○	○
練馬だいこん	○	○	○					
尾張だいこん	○	○	○	○				
秦野だいこん	○	○	○			○		
辛味だいこん	○	○	○					
ねずみだいこん		○	○			○		○
鼠の尾だいこん	○	○				○		
ほそねだいこん	○			○	○			
堀入りだいこん				○	○		○	
もちだいこん					○	○		
あがりだいこん		○			○	○		
その他	10	20	7	64	14	30	2	21
計	20	31	17	76	24	41	6	28

数字は名称の異なるだいこん名の種類数『享保元文諸国産物帳集成』より作成

●『武江産物志』にみる江戸の野菜

　100万都市江戸の人びとを養うために, 江戸周辺の農家に野菜の名産地が生まれた。『武江産物志』（1824）には主な野菜類と産地が記されている。現在小松菜とよぶ野菜は, 地名から名づけられたものといえる。駅名「茗荷谷」も産地との関係がある。

だいこん（練馬・清水夏）, 秋菜（ゆな）（小松川）, ごぼう（岩槻）
なす（駒込・千住）, 春菊・水菜（千住）, すいか（北沢）,
とうがらし（内藤新宿）, みょうが（早稲田）

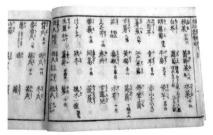

江戸の野菜類の産地『武江産物志』
（東京家政学院大学附属図書館大江文庫所蔵）

だいこんは，江戸時代でも重要で多用された野菜だった。「産物帳」には160種以上の名前の異なるだいこんがある。主な名称と地域で栽培されていただいこんについて表2-1にまとめた(江原　2003)。夏だいこん，秋だいこん，三月だいこん，四月だいこんなど季節に応じた品種が改良され，練馬だいこん，尾張だいこん，秦野だいこんなど地域名をつけただいこんの種も各地に広がり，全国でつくられた。さらに，辛みだいこん，ねずみだいこんなどは，すりおろして，そばなどの薬味に使う用途として栽培された。

② 漁法の改良

農産物同様，魚介類も各地域の産物が知られるようになり，『日本山海名物図会』(1754)や『日本山海名産図会』(1799)には，伊勢あわび，伊勢えび，広島かき，土佐かつお，明石たこなどに今につながる名産地があった。さらに，いわし網やくじら突船漁なども絵入りで紹介されている。

図4·2-1　かつお節をつくる図『日本山海名産図会』
(東京家政学院大学附属図書館大江文庫所蔵)

かつおは，春に太平洋沿岸を北上し，秋にまた戻るため，春の初がつおは，特に江戸の町では高値で取引された。かび付けした，かつお節の本枯れ節が生産されるのも江戸時代である(図2-1)。

また，銚子(現　千葉)などではいわし漁が盛んになった。それは人びとの食料ともなったが，いわしを干した干鰯は金肥の一つとなり，日本橋には干鰯問屋もあった。さらに，いわしは，かつお釣りの生餌としても重要で，海岸に生簀を設置するところもあった。

(2)　航路と街道による食材の流通

大坂から「下りもの」として江戸に運ばれた食料は，どのようにして運ばれたのだろうか。江戸時代に発達した交通は船による航路が中心である。商業都市大坂から江戸への日用品の輸送船は，菱垣廻船とよばれ，1619年(元和5)以降，油，綿，酒，酢，醤油などの生活物資を運んだ。その後，酒を中心に酢，醤油などを運ぶ樽廻船とよぶ船も誕生した。

また，蝦夷地(現　北海道)から日本海沿岸を西廻りで航行した北前船は，様々な物資を寄港地で売買した買積船である。昆布，鮭塩引き，身欠きにしん，数の子などの加工食品も流通した。北前船の船主は北陸出身者が多く，彼らは陸路大坂に向かい，酒，砂糖などを購

● 江戸時代後期の江戸の食品価格

シーボルトの記録(1826)による江戸時代後期の価格表(熊倉他　1997)から主な食品の価格を右にあげた。数量の記載がないために，正確な点が不明なものも多い。魚介類が野菜類に比べて高価であること，同じだいこんでも尾張・練馬だいこんは普通のだいこんより高価で銘柄が価格に影響していたこともわかる。

かつおの価格幅が大きいのは，初がつおの時期が高価であったからと思われる。

	食品価格
青物類	だいこん(10本)72文，練馬だいこん(10本)200文，尾張だいこん(1本)100文，水菜(1わ)56文
漬物類	梅干(5合)72文，だいこん(1本)16文，奈良漬(1本)24文，なす(10個)50文，きゅうり(1本)8文
魚介類	鯛(1枚)3両～2朱，さば(1枚)300文，まぐろ(1斤)400文，かつお3両～1分

入し，それを蝦夷地に運んで売り，代わりに昆布，にしん，身欠きにしんなどを買い入れ，再び大坂に戻り，荷を売りさばいて故郷に戻るなどの商売を続けた。

　船による流通は海ばかりでなく河川も利用され，川を使って物資の流通が行われた。江戸時代後期に，下り醤油から千葉の濃口醤油が江戸に大量に流通するのは，利根川，江戸川などが利用されたからである。

　一方，東海道，中仙道などの街道（p.57参照）をはじめ，各地に脇街道とよぶ道を整備し，宿場などもつくられ，これらを通して人や物が移動した。日本海岸線から松本（現　長野県）まで塩を運んだ千国街道，小浜（現　福井県）から京都に魚類が運ばれた鯖街道などの街道もあり，各地で物資の流通が盛んになった。

（3）　入浜塩田の発達と市場の拡大

　日本の塩は，海水から製造し，縄文時代の遺跡からも製塩用土器が出土している。江戸時代には，入浜塩田とよぶ製塩法が広がった。海岸線に堤防を築き，潮の満潮時を利用して海水をとり入れ蒸発と乾燥を繰り返し濃い海水を得たのち，石釜で焚いて塩をとった。特に瀬戸内沿岸に面した10か国（播磨・備前・備中・備後・安芸・周防・長門・阿波・讃岐・伊予）の塩田は，十州塩田とよばれ，全国の塩生産の80〜90%を占めた（廣山　1990）。

　近世末期の塩の生産量は，十州塩では約400万石，瀬戸内以外では約70万石と推定されている。そのうち醤油・味噌類の製造に約90万石，漬物用塩に125万石，塩魚・塩辛類に120万石，料理の調味料として25万石ほどが使われたとされている（廣山　1990）。

　瀬戸内の十州塩は全国に運ばれ，塩廻船とよばれる船により江戸に運ばれた。しかし，山間地域に塩を運ぶには船を使えないため，牛方たちが隊商を組んで塩と魚を運んでいたという。先に述べた千国街道は，糸魚川（現　新潟県）と松本の約120kmを結ぶ道で塩の道とよばれた。このように，十州塩田で大量生産された塩は，船と牛，馬，人の背などで日本中，山間部に至るまで流通したのである。

（4）　市場の設置と商人の活動

　江戸・大坂・京都の大消費地には，多くの商品が運ばれ大きな市場が形成された。市場に集められた物資は，問屋から仲買を経て小売り商にわたる流通システムが発展した。

　江戸では日本橋市場，大坂では雑魚場という魚市場が知られている（図2-2）。青物市場で

●たくあんの普及と練馬村

　江戸時代，都市部を中心に白米化が進み，ぬかの利用の一つとして，たくあん漬が普及した。漬物ばかりを集めた『漬物塩嘉言』(1836)には64種類の漬物があり，たくあんの漬け方が絵入りで記されている。

　練馬だいこんを生産した練馬村では，そのだいこんを乾して塩・ぬか・漬樽（酒の空き樽をリサイクル）をセットで販売した。また，1年分の注文をとり，村で漬けて季節ごとに配達するなど，多角経営をしていた（江原　2009）。

（個人蔵）

たくあん漬『漬物塩嘉言』

は江戸の神田市場，大坂の天満市場が発展した。江戸では，日本橋，京橋などが商業地となり，そこに問屋がつくられた。

　大坂は，全国から物資が集められた大集散地で，全国各地から問屋が集まり，仲買人も増加した。18世紀初期の大坂問屋の記録によると，関東筋，紀伊国（和歌山・二重），阿波国（徳島）の問屋をはじめ，北は松前から南は対馬まで5,600軒以上の問屋があった。食に関するものでは，米，酒，青物，煎茶，

図4・2-2　日本橋魚市場『江戸名所図会』
（東京家政学院大学附属図書館大江文庫所蔵）

塩，生魚，塩魚干魚，かつお節，川魚，鳥，卵などがみられる。仲買は，さらに多く8,700軒以上あったという（船越　1929）。小売店としては，店舗を構える場合も多いが，仮設店舗，屋台店などの形をとったもののほかに，振り売りまたは棒手振りとよばれる家々を売り歩く形態が発達した。

　振り売りは，天秤棒を担いで商品を売り歩く販売方法で，売り歩く商品を幕末の資料『守貞謾稿』でみると，かなり細分化されていたことがわかる。主な食に関する振り売りを図2-3にまとめたが，いかに細かく分かれているかを知ることができる。また，食材だけではなく，うなぎの蒲焼き，ゆで卵などいわゆる調理済み食品が販売されていることも特徴である。

　振り売り業を行うには許可が必要で，振り売り札が発行された。1660年頃の振り売り札をもつ人は，5,900人になり，50歳以上，15歳以下，障害者を合わせた弱者が75%を占める。狭い裏長屋などに住む貧しいくらしをしていることが多く，彼らを保護するために，札を得るための札金の免除，札なしで商売ができるもの（精進干物売り，南蛮菓子売り，つき米売り，麹売り，鍋売り，かつお節売り，鮭の塩引き売り）などがあった（近世史料研究会　1994）。

魚介・肉・卵類	鮮魚売り・ひもの売り・赤蛙売り・鳥貝売り・ふか刺身売り・鮨売り・ゆで卵売り・うなぎ蒲焼売り・いなご蒲焼売り・にしん昆布巻売り
野菜・いも類	蔬菜売り・松茸売り・蒸芋売り・漬物売り・乾海苔売り・乾物売り・心太売り・揚昆布売り
豆・豆製品	豆腐売り・油揚げ売り・納豆売り・ゆで豆売り・嘗め物売り
調味料等	塩売り・醤油売り・油売り・麹売り・塩辛売り・唐辛子粉売り
嗜好品・その他	飴売り・菓子売り・岩起売り・甘酒売り・白玉売り・白酒売り・冷水売り・水売り

図4・2-3　食に関する振り売りの種類例　　　　　　『守貞謾稿』より，筆者作成

● 多様な振り売り商人
　振り売りは，商売の種類や地域により，道具やみなりも異なった。『守貞謾稿』の模写から右に一部紹介する。江戸の八百屋は，荷物をかけて休む息杖があったが，大坂では天秤棒のみで，ざるの目も細かった。江戸の魚売りは，桶に魚やまな板を入れて運び，大坂では，かごに魚類を入れて運んだ。豆腐売りは，絵の手前が京坂，向こう側が江戸の様子。江戸の豆腐は京坂の4倍位の大きさで4分の1丁売りも行った。

● 蔬菜，豆腐，醤油の振り売り

八百屋
醤油売り
豆腐売り
東京家政学院大学学生による模写

♣キーワード：本草書，本草綱目，和歌食物本草，本朝食鑑，人見必大，大和本草，合食禁，
　　　　　　食用簡便，養生書，養生訓，貝原益軒，養生法，西洋医学，松本良順

3.　健康で長生きするための本草学・養生論

（1）　本草学の伝来と初期の食物本草書

　　本草学は薬となる自然物，動物，鉱物，植物が身体でどのような効能や害を与えるかを示
す薬物的な中国の伝統的学問である。その中で食べられる物を扱ったものを食物本草という。

　　紀元1〜2世紀の漢代に『神農本草経』という最古の本草書が編纂され，古代の日本にも伝
えられた。しかし，日本人による本草書が盛んに刊行されるのは江戸時代初期，中国から本草学
の書『本草綱目』（李時珍編）が伝来して以来である。『本草綱目』は，全60巻の大部の書で，1604
年（慶長9）以前に中国から長崎にもたらされ，林羅山により徳川家康に献上された（真柳　1998）。

　　当時の医師や儒学者たちは，『本草綱目』をいち早く学び，それを様々な形の書物にして
刊行を始めた。曲直瀬道三を中心とした曲直瀬派は江戸時代以前から活躍していた医師集
団で，その甥玄朔は『本草綱目』をもとに『食性能毒』（1608）や『日用食性』（1633）を著し，後
述する養生書も刊行した。

　　また，本草書を和歌の形に編纂した書物もつくられた。その後に影響を与えたのが『和歌
食物本草』（1630）である（著者不詳　1980）。いろは順に和歌が記されている食品数は229種，
和歌数は787首ある。その後和歌数が加わるなど編纂方法なども変化したが，約100年にわ
たり，いろいろな形に変化しながら出版され続けられたが，著者はわかっていない（江原
1986）。具体的な内容の一部は下記の通りで，食品の性質，その宜禁*，摂取方法，時期など
が読み込まれている。

　　　*宜禁：効能と害

『和歌食物本草』（1630）（図4-1）の和歌の例*
*わかりやすいように一部かなを漢字に改めた。

*芋はただ冬ばかり食え余の月は食すべからず病おこれり　　　　　芋：里芋
*いのししは冷えにて手負ひ百病の毒と知るべし血を浮かす也
*鰯ただ血をも潤すものぞかし又は気力を増すと知るべし
*豆腐こそ気をも動かす毒もあり，だいこん同じ料理よきもの
*だいこんは甘辛くうん気を下す食を消しつつ痰を去るなり
*はじかみは，傷寒，頭痛，空えづき鼻ふさがるに薬也けり　　　　はじかみ：生姜
*茶こそただ食を消す也気もくだす渇きを止めて痰熱を去る　　　　食を消す：消化をよくする

●本草書の合食禁
　本草書には，食べ合わせしてはいけない食品を合食
禁として記されていることが多い。しかし，同じ食品
でも本草書によりその内容が必ずしも同じではない。
　右に本文で紹介した『和歌食物本草』の合食禁の例を
あげた。しかし，これらに根拠があるとはいえず，料
理書などではこれらの食材を組合わせて使用してい
る。また，『本草綱目』の内容とも一致していないもの
も多い。

合食禁食品

いのしし	酒・ふな・こい・そば・しょうが
鶏卵	にんにく・ひともじ（葱）
かに	柿・みかん
そば	いのしし・きじ・やまどり
蜜	にら・ひともじ・すもも
にんにく	鶏卵・さば・ふな
ひともじ	鶏卵・蜜・なつめ
あぶらあげ	昆布

（2）　日本人向けの本草書の発展

①　『本草綱目』を検証しつつ紹介した『本朝食鑑』

　　江戸時代初期の本草書は，『本草綱目』から
日本で使う食品を選択して解説されていたが，
17〜18世紀になると，日本人の食生活に合わ
せた内容を扱った本草書が登場する。人見必大
著『本朝食鑑』（1697）はその一つである。必大
は，『本草綱目』を学んだうえで，日本の食生
活に合わせ，当時あまり食べない獣肉類を少な
くし，『本草綱目』にはほとんどみられない海の
魚介類を倍近く加えている。例えば，たい，か
つお，さばなど海魚が多い（李・江原　2007）。

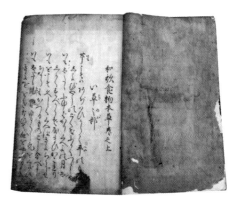

図4・3-1　『和歌食物本草』（1630）
（東京家政学院大学附属図書館大江文庫所蔵）

　　また，必大は，『本草綱目』の内容をそのまま肯定するのではなく，日常の人びとの食生
活を観察し，必大自身の考え方を述べている点も特徴的である。例えば，豆腐に毒があり，
だいこん汁が有効とする『本草綱目』を紹介しているが，一方で，日本では毎日豆腐を食べ
ているのに害になっていないのは身体がそれに慣れているからだろうかと述べている。

　　牛肉食については，日本の肉食は，穢れがあるとして避けられているという当時の事情を
記している。しかし，時には身体によい場合もあり，みだりに禁じる必要はないと述べ，薬
的な与え方だが，味噌汁に入れる食べ方を説明している（人見　1986）。

　　本書の原本は漢文で書かれ，一般向けとはいえないが，本草学的内容だけでなく，当時の
日本の食生活を知る優れた史料でもある。だいこんを例にとれば，だいこんの名産地やその
品種，栽培法，加工，調理などに言及している。だいこんが麺毒や豆腐の毒を消すという『本
草綱目』の効用を記し，同時に，当時そばの薬味に使う辛みだいこんが流行し，各家で辛いだ
いこんを植えている実態も紹介している。また，世間では麦飯を常食すると肌が乾燥し太らな
いといっているが，農家では常の食料としていて身を軽く，無病で長生きするものが多いなど
現実を観察しなければ書けないことだけでなく，庶民へのあたたかなまなざしも感じられる。

②　専門書としての『大和本草』

　　その後貝原益軒が『大和本草』（1709）を出版するが，同書は前書に比べるとより専門的本草
書である。しかし，福岡に住んだ益軒と，江戸住まいの必大の取り上げる食品には地域性が

●『養生訓』の五思

　貝原益軒は，食事をするとき思い出すべきことを五
思としてまとめており，食事のたびに，この五思の1
つでも2つでも思い起こすべきだとしている。

①この食を与えてくれた人を思い，その恵みを忘れな
　いように。

②この食は，農民の苦労によりつくり出されたことを
　忘れないようにする。自分で耕作しないで養いを受
　けることを思うべき。

③自分には才能も徳もないにもかかわらず，おいしい
　ものを食べられる幸せを思う。

④世間には自分より貧しい人が多くいて，時に飢え死
　にする者もある。自分はおいしいものを食べ飢餓の
　心配もなく大いに幸福だと思う。

⑤現在は白米を柔らかく煮て十分食べ，汁やおかずも
　あり，朝夕不自由なく食べることができ，酒で心を
　楽しませていることを思う。

みられるものもある。例えば，必大は，納豆について，糸ひき納豆と唐納豆，浜名納豆のような糸をひかない納豆の両者をあげ，特に糸ひき納豆の製法を詳述し，無毒で食をすすめると記している。これに対し，益軒は，「䜴」と『本草綱目』と同様に表記し，俗に納豆というとし，浜名納豆などを紹介している点は同じだが，糸ひき納豆については，「腐りて粘り出」とし，「性悪し気をふさぐ。食すべからず」と否定的である（白井　1883）。東西による納豆文化の地域差は現在にもつながっている。

③　調理法の違いによる食材の効用を説いた『食用簡便』

　　食物本草書は，その後も出版が続いたが，江戸時代後期の蘆桂洲『食用簡便』（1833）は，珍しい本で，同じ食材でも調理法の違いにより宜禁が異なる記述がみられるもので，料理書とは異なり，健康などの観点から見た調理について知ることができる。その例を下表にまとめた。これをみると，すでに『本草綱目』から独立して日本食の食べ方を考慮した独自の食物本草書が出版されるようになったといえよう（表3-1）。

表4・3-1　『食用簡便』にみる調理別の宜禁（例：だいこん）

調理法・料理	主な宜禁（効用・害）の例
なます	気を下し，消化によい，病人は夜食を忌む
生　切るか摺る	宿食，痰，不食などによい，病人には悪し，酒をさます
味噌煮	中をゆるくし，胃を調え，水気をなおす，病人これを用いて妨げなし
醤油煮	食を消し，痰を去る，腹痛，水腫には忌む，そのほか味噌煮と同じ
風呂吹き　生姜味噌	性よし，病人食すべし，いずれもしょうがを加えて可なり
和える　胡麻味噌	中を潤し，気を下す，病人には斟酌して用いる
葉　味噌煮	中を利し，気を下す，熱痰を去る，病人，小児に宜しくない
茎　漬	腸胃を利し食を進める，胸熱を去る，多食すべからず
糠味噌漬	穀を消し，気を下し，胃を開く，病によっては少し用いる
干しだいこん　味噌煮	脾胃を養い中を調える，諸病人によい，和えて食する，醤油で煮るのは病人によくない
浅　漬	病人，小児甚だ忌む，健人でも多食すれば中冷する
酢もみ	細切りだいこんを酢と塩でもむ，胡麻味噌で和えるものは，諸病に益なし，病者に忌む

『食用簡便』（蘆桂洲　1980）より，筆者作成

（3）　現代の健康的生活にヒントとなる養生書『養生訓』

　　健康に長生きするための方法について論じた養生法に関する本がはじめて出版されたのは，曲直瀬玄朔『延寿撮要』（1599）である。医療を受けられない農村の人びとのために書かれたとされ，庶民でも読めるよう，かな交じり文で書かれている。しかし，日本独自の養生書として後の養生書にも影響を与えたとされるのが貝原益軒『養生訓』（1713）である。飲食，用

●江戸時代の家庭医学書『病家須知』（1832）
　著者平野重誠は，江戸・両国に生まれ，開業して町医者となり，78歳まで生きた。本書は養生・療養・介護などについて書かれた家庭用医学書で，かな交じり文で書かれている。
　養生の心得としては，むやみに薬を用いず自分の治癒力で治すこと。服薬を急ぐよりまず食事に気をつけるべきであるとして，今でも参考になる。
　食事について，右のような点を指摘している。

●食事による養生
①日本の米穀は優れており，四方を海に囲まれた日本では魚肉が多い。獣肉を常食する中国をまねることはないが獣肉を食することが悪いとはいえない。

②食事は必ず病人の意にかなったもののなかから，性や味のよいものを選択することを第一とすべき。

③病気だからといっていつも食べなれたものを制限してはならない。ただ分量には注意すべき。

薬，洗浴，養老，養育，鍼などの内容が含まれ，飲食に最も多くの頁をさいている（図3-2）。

図4・3-2　貝原益軒『養生訓』
（東京家政学院大学附属図書館大江文庫所蔵）

　同書は，益軒が85歳で没する前年に刊行された，かな交じり文の書である。『大和本草』を著し，自らも長生きして豊かな経験と知識をもつ益軒は，誰でも理解しやすいよう，きわめて具体的に著述している。現代の生活からみてもヒントになることが多い。

　飲食について益軒が重視したことは，予防医学的なことである。節食，すなわち控え目に食べること，毎日食後，必ず庭・畑などを数百歩静かに歩行するなど運動の必要性をすすめていることである。そうすれば，鍼や灸をしなくても消化を助け，病気をしないですむとしている。食べ方については，一つの味に偏ることなくバランスよく摂取すること，同じ食品ばかりを食べ続けることなく，良質で新鮮な様々な食品を選んで食べることをすすめている。さらに，朝食に重点をおき夕食は軽くするなど，現代の健康を考える場合にも役立つ内容を多く含んでいる。

　益軒は，食を含めた生活全体のあり方に言及しているが，なかでも「心は楽しむべし，身は労すべし」と述べている点は注目される。心は楽しみ安定させ，しかし身体は大いに動かして労働することが重要で，それが心身の健康につながるということである（貝原　1961）。

（4）　西洋医学の導入

　江戸時代後期の1823年，シーボルトがオランダ商館の医師として来日し，江戸にも上り，日本人医師との交流が行われた。門人の一人高野長英は，西洋医学に基づく生理学書『医原枢要』を著した。そこには「栄養」の用語も使われている。

　また，1857年にオランダ人軍医ポンペが来日した。そこで学び，後に幕府医官となる松本良順は，西洋医学に基づく『養生法』（1864）を著した。公にはまだ肉食禁忌が続いていたが，同書では，肉は消化しやすく「良血を生ず」として栄養分がある食品としてすすめている。

　良順は，ポンペの講義を翻訳して『薬性学』を著した。同書の牛乳の効用に着目し，明治時代初期に牛を購入して，設立した病院の患者に牛乳を与えた。その結果が良好だったため，牛乳の奨励につとめ，次第に他の病院などにも普及した（江原　2019）。

●西洋医学による『養生法』
　『養生法』は西洋医学をもとに記されており，本文に一部紹介したように禁忌とされてきた肉食については，比較的ていねいに書かれており，肉は野菜類に比べれば消化しやすく血となるものが多いと説明している。イギリスの兵士は，牛肉を1週間に2回以上食べ，戦場でも疲れることが少ないと例もあげている。
　一方，日本で常食している漬物は，不消化で養分を含むことが少なく害が多いと指摘している。

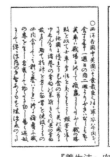

（国立国会図書館デジタルコレクション）

『養生法』肉類の部分

❖キーワード：簡易な食べもの屋，煮売り居酒屋，食べもの屋調査，そば・うなぎ・てんぷら・にぎりずし，高級料理屋，卓袱料理，普茶料理，会席料理の形式

4.　外食の発展

（1）　簡易な食べもの屋

　　江戸時代の外食は，都市を中心に増加する。（1）では簡易で比較的安価な外食について扱い，高級料理店については（2）で扱う。また，花見などの行楽，農作業や登城などのべんとう，伊勢参詣など旅先での食事などによる外食も多様化する。これらは次項で扱う。

①　茶屋・食べもの屋の登場と発展

　　中世には，京の寺社の門前に一服一銭の茶売りや煮売りがあった（原田　2016）。京都の祇園社（八坂神社）門前の茶屋は東西に二軒茶屋とよぶ2軒の茶屋があった。その1軒が現在の中村楼で室町期創業とされるが，『都名所図会拾遺』（1793）には，慶長期（1596 〜 1615）にはあったとしている。いずれにしても古くからの茶屋だった。はじめは香煎*に湯を加えてお茶代わりに出した休息所だったが，その後，「祇園豆腐」（下欄参照）が名物となった。

図4・4 - 1 江戸の水茶屋・田楽茶屋など
『百人女郎品定』
（国立国会図書館デジタルコレクション）

元禄の頃（1688 〜 1704）には清水寺，祇園など東山界隈に多くの茶屋が広がった。また大坂では，17世紀末には，そば屋や雀ずしの店が確認され，高級料理屋も創業している（笹井　2010）。

　　＊香煎：大麦を炒り，粉にした麦こがしに，しそ，さんしょう，ちんぴなどの粉末を混ぜたもの

　　江戸では，明暦の大火（1657年）後，金龍山浅草寺門前の茶屋で「奈良茶」と名づけた「茶飯，豆腐汁，煮しめ，煮豆」の食事が提供された（喜田川　1996）。その後，田楽茶屋などの茶屋，うどん，そば切りや菜飯，茶漬け屋なども普及する（図4 - 1）。

　　火事を恐れた町奉行所は，「町触れ」（1661年）を出し，町中の煮売り茶屋や振り売りの煮売りに夜の営業を禁止した。しかしなかなか守られず，1686年（貞享3）には，火を持ち歩く必要のない店の夜の営業が許可され，夜の外食店もますます増加した。

②　江戸の食べもの屋調査

　　簡易な食べもの屋・料理屋は種類も増加し，江戸時代後期には7,000軒を大きく上回り，奉行所は新規開業を禁止し，「食物商人軒数調査」を行った（図4 - 2）。

●京都二軒茶屋の名物「祇園豆腐」

　京都の祇園社門前の二軒茶屋で名物となった祇園豆腐は，豆腐を薄く切り竹串にさして焼き，別に焼いた焼餅と合わせ，薄い味噌味で煮たものに，麦こがしを振りかけたもので，『雍州府志』（1686）にそのつくり方がある。同書の少し前の『千種日記』（1617）にも名物とあり，そこでは酒も注文している。100年以上後の『洛陽勝覧』（1737）には豆腐20文，酒24文とあるが，豆腐の内容は変化しているようだ。

●江戸麹町の名物「おてつ牡丹餅」

　天保期（1830 〜 1844）に開業した江戸麹町（現　東京都千代田区）の菓子屋は，娘のおてつの名から有名になった。牡丹餅には，あずきあん，きな粉，ごまがあった。紀州から江戸を訪ねた医師の見聞記にも，おてつ牡丹餅は，きれいで風流と評価している。また，紀州の下級武士酒井伴四郎が単身赴任で江戸に暮らしたときの日記（1860年）には，たびたび，おてつで牡丹餅を食べ，またお土産にもらっている（江原　2019）。

最も多かったのは団子，汁粉，餅菓子屋などで約2,900軒，次が煮物，さし身，焼魚などで酒を楽しむ煮売居酒屋などで約2,400軒あった。そば切屋（718軒），すし屋（217軒）は比較的少ないが，屋台や振り売りが除外されているためであろう（図4-

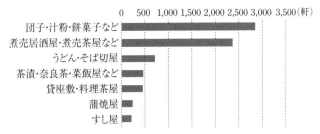

図4・4-2　江戸の食物商人軒数調査（1811年）
類似店をまとめ上位のみを表示した。獣肉店も存在。『江戸町触集成』11巻（近世史料研究会　1999）より，筆者作成

2）。男性の多い江戸の町では，町人や下級武士などの庶民層を対象とした店が多く，江戸時代後期には外食が日常化していたともいえる。葛飾北斎もほとんど外食に依存していた（下欄参照）。

③　現在に継承された江戸の食べもの屋

下記は，現在に継承されている代表的な食べもの屋である。幕末の書『守貞謾稿』（喜田川1996・2002）に絵入りで詳述されているが，その概要を紹介する。

*そば　麺状の「そば切り」は，『定勝寺文書』（1574）に初めて登場するが，普及するのは江戸時代である。京坂では，うどん屋でそばも扱い，江戸では，そば屋でうどんも扱った。江戸時代後期のそば屋には，てんぷら，卵とじ，鴨南蛮などのメニューもあった。かけそばやうどんは16文，てんぷらや卵とじそばは32文だった。

*うなぎ　筒切りにしたうなぎの蒲焼は，17世紀末には割いて串をうち，たれをつけて焼く形になった。たれの調味は，江戸では醤油にみりん酒（現在のみりん）をつけて焼き，京坂では，醤油に諸白酒（日本酒）をつけて焼き，いずれも山椒を添えた。蒲焼を飯に載せたものを京坂では，まぶし，江戸では，どんぶりといい100文～200文というから，てんぷらや握りずしより高価だった。食べるときは，引き裂き箸（割り箸）が使われた。

*てんぷら　火事を防ぐため，てんぷらは屋台からはじまる。京坂のてんぷらは「半平」の油揚げ（すり身の揚げ物）を指したが，後期の江戸のてんぷらは，あなご，芝えび，こはだ，貝柱，するめを材料に，水で溶いた小麦粉を衣にして油で揚げ，1串わずか4文だった。

*にぎりずし　発酵食品のなれずしは古代以前からあるが，飯に酢で調味したすしは，江戸時代に登場した。押しずしや笹巻ずし（酢でしめた魚を酢飯にのせ，笹で巻き一晩押した一口大のすし）が流行した。にぎりずしが屋台に登場するのは1830年頃である（飯野　2016）。卵，あなご，白魚，こはだなどのにぎりずしは，飯の量も多く1個8文と安価だった。

● 葛飾北斎の外食

江戸後期に活躍した浮世絵師　葛飾北斎は，現在の東京都墨田区を何度も転居しながら絵筆を握り続け90歳まで生きた。酒は飲まなかったが，「煮売り酒屋」から三食の膳を運び，惣菜などを購入した暮らしだったため，家には飯器もなく，土瓶と茶碗があるだけだった。寝る前にはそば2椀を食べ，大好物の1つ4文の大福餅をもらうとたくさん食べたという（飯島1999）。江戸の町は，このような暮らしを可能にした。

「北斎仮宅之図」
布団の中で絵を描く北斎と娘お栄

煮売居酒屋
看板に吸物，煮魚，さし身，なべやきとある『鶏声粟鳴子』

（国立国会図書館デジタルコレクション）

（2） 高級料理店の登場と発展

① 京都・大坂の料理屋

高級料理屋は，三都を中心に発展する。初めに歴史の古い京都や大坂を概観する。

京都の名所案内『洛陽勝覧』(1737)には，四条河原では，1734年（享保19）頃から料理茶屋，茶などで休憩する水茶屋が繁盛し，浄瑠璃や歌舞伎を楽しみながら食事をする芝居茶屋もあった。高台寺，八坂界隈では，昔は料理屋がもっとあったと記しており(駒・村井・森谷1991)，江戸より早く料理屋が広がっていた。また丸山安養寺の正阿弥など数件の子院では精進料理の仕出しをしたが，後に料理屋となった(熊倉　2004)。1830年には，現在の瓢亭も誕生する。なお大坂では元禄期(1688～1704)に創業の浮瀬が知られ，あわびの殻の盃「貝盃」が名物だった。その後1711年創業の福屋宴席や西照庵などが誕生する(笹井　2010)。

② 江戸の料理屋

江戸では，雑司ヶ谷遺跡の発掘により1711～36年（正徳～享保期）頃には，鬼子母神の門前町に茶屋街が形成されていたが，高級料理屋の普及は，1751～89年（宝暦～天明期）頃で，全盛期は化政期（文化・文政期）であるとすべきだという(原田　2003)。

高級料理屋の洲崎の升屋や日本橋の百川の名があるのは，名物評判記『富貴地座位』(1777)である。百川は，幕末にペリーの饗応料理を担当した。また，化政期には八百善，平清などが有名店となった。

四代目八百善の主人栗山善四郎は，料理書『江戸流行料理通』を出版し，谷文晁や葛飾北斎の挿絵や太田南畝など文人の序文を載せている。また，八百善の別荘には，当時の将軍家斉が立ち寄り，休憩や食事をした記録が残されている(江守　1962)。八百善，平清では，浴室を設け，余った料理を折に詰め，夜の帰路に使う提灯も用意した(喜田川　1996)（図4-3）。

図4・4-3　高級料理屋「八百善」
『江戸流行料理通』
（撮影：国文研/味の素食の文化センター所蔵）

③ 地域の料理屋

三都のみならず，地域の都市にも料理屋が成立した。17世紀末に浜茶屋を営み，その後，高級料理屋となる新潟の行形亭，加賀藩（現　石川県）の鍔師甚兵衛が1752年に創業したつば甚や，1794年創業の高山（現　岐阜県）の洲さきは，現在まで続く地域の料理屋である。長崎では1804年創業の迎陽亭があり，長崎奉行が外国使節などの饗応にも使ったようだ

● 東西料理屋番付

　江戸時代後期，相撲番付をまねた番付が流行し，食べものでは惣菜，蒲焼，料理屋などを扱った。大坂と江戸を比較した番付「東都浪花料理茶屋競」(刊記不記)には，勧進元（世話人）が東は八百善，西は福屋とある。江戸の上位には，平清，田川屋，百川など12軒，西の浪花は浮瀬，西照庵，木津仁など12軒あるが，全体の料理屋は各100軒ほど掲載されている。江戸時代後期の都市の料理屋は広がっていたといえよう。

（東京家政学院大学附属図書館大江文庫所蔵）

東都　浪花の料理茶屋番付（一部）

（長崎県立長崎図書館　2002）。

（3）　異国料理と料理屋

　　長崎は，古くから海外貿易の窓口として異文化の影響を受けてきた。1689年（元禄2）唐人屋敷が設立される以前から，中国の大皿で取り分ける形式に紅毛（オランダなど）と南蛮（ポルトガルなど）料理を加えた折衷料理が長崎でつくられ，非公式の会食に使われた。その食卓をしっぽくとよんだため，長崎では，この料理を唐人屋敷での饗応食を含めて卓袱料理とよんだ（和田　1958）。一方，隠元禅師により黄檗宗が伝えられ，1661年（寛文元）京都宇治に萬福寺を建立して以降，中国の精進料理「普茶料理」が知られるようになる。これらが各地の料理屋に取り入れられたといえよう。

　　享保年中（1716〜1736年）に創業した京都の佐野屋では阿蘭陀料理を「卓子」として，高額で提供している。また，江戸の百川や八百善でも卓袱料理や普茶料理を提供していた。料理屋の卓袱や普茶料理は，大菜，小菜，点心に分けた献立や食器，食卓を囲む食事スタイルに異国を感じて受け入れられたと考えられる。

（4）　料理屋の料理形式「会席料理」の成立

　　高級料理屋では，客の目的に応じ本膳や懐石料理も提供したが，酒を楽しむことを主目的とした料理の提供が工夫された。本膳や懐石では，最初に飯と汁が出され，楽しみのための酒は食事の途中から供されるのが普通である。

　　一方，最初から酒を楽しむため，まず酒に合う料理を順に提供し，最後に飯，味噌汁，香の物などを供する形が料理屋を中心にとられるようになった。この料理は，江戸時代後期に「会席風」とか「膳崩し」とよばれ，その後会席料理形式として定着した。例えば一人ずつに味噌吸物，口取肴，煮物，焼物，さし身，すまし吸物などの酒肴を順に出し，最後に一汁一菜の飯を出した（喜田川　1996）。この料理は儀礼的な料理形式とは異なり，料理屋が比較的自由に提供するため料理屋ごとに順序などにも特徴があり，現代の日本料理店にも継承されている。

　　高級料理屋の費用はかなり高価で会席風の料理が一人銀6〜10匁*とあり，京坂では30匁以上となるものもあった（喜田川　1996）。

　　＊銀6〜10匁：18世紀後半で，1両＝銀60匁＝5,000文程度のため約500〜800文と推察されるが換算は
　　　簡単ではない。

●八百善の卓袱・普茶料理
　八百善主人が著した『江戸流行料理通』に卓袱・普茶料理の献立と一部の料理のつくり方が紹介されている。春の大菜は，鴨の煮物，鯛の煮びたし，ぼらのつくり身など，小菜には田作り，はもの蒲焼などで，いずれも日本料理との大きな違いはないが，中華風食器や匙，食卓を囲み会話を楽しむなど，膳を使う日本料理とは異なり，異国情緒を味わうことができたことが料理屋での流行につながったと思われる。

『江戸流行料理通』（撮影　国文研/味の素の文化センター所蔵）

八百善の卓袱料理　当時の文人たちの会食

❖キーワード：行楽と遊楽地，燗銅壺，提げ重・割籠，観劇のべんとう，伊勢参宮・御師，
　　　　　　宿の食事，伊勢講，東海道の名物，登城のべんとう，町人の食，農家の食

5. 行楽，旅と仕事の食事とべんとう

（1） 行楽と食

① 物見遊山と提げ重

　江戸時代後期には，花見や紅葉など物見遊山に出かける人びとが増加し，各地に遊楽地が
形成された。江戸では，桜の名所，上野，御殿山，王子の飛鳥山や隅田川東岸の向島界隈は，
多くの人で賑わった。さらに，農民から骨董商となった佐原鞠塢が向島に造った梅や萩を植
えた「向島百花園」のような個人が造る遊楽地も増え，名所の一つともなった(小野　1983)。

　また，江戸にしばらく暮らした紀州藩の医師は，花の頃は飛鳥
山，上野，向島が賑わっているが，人びとの行厨(べんとう)は
比較的簡素で，混ぜずしや煮しめが多いと述べ，本人は酒と折り
詰めのすしを購入して終日花見を楽しんだ(稲垣　1969)。

　遊楽地には，茶屋や高級料理屋もできるが，天気の良い日には
べんとうを用意して花の下で楽しむ人も多かった。行楽などに持
参したべんとうの代表的なものは，料理を入れた重箱と酒をセッ
トにして携帯に便利なように，取っ手をつけた提げ重が使われ
(下欄参照)，酒の燗用に携帯用の燗銅壺も使われた(図5‐1)。

図4・5‐1 江戸御殿山の花見
女性の手前に燗銅壺があり酒
を楽しんでいる『江戸紫名所
源氏』
(国立国会図書館デジタルコ
レクション)

　料理書『料理早指南』(1801)には，花見，舟遊び，ひな祭り，
下屋敷行きなどの行楽重詰のほか，産婦見舞い，時節見舞いの重
詰の料理献立を上・中・下に分けて紹介している。提げ重に加え，
曲げ物のべんとう箱「割籠」も使用している(下欄参照)。

　花見の献立，上・中・下の3種のうち上は，初重にかすてら玉子，若鮎の焼物，たけのこの
甘煮，二重に蒸しがれい，さくら鯛のすし，三重にひらめやさよりのさし身，四重に椿餅，か
るかんの菓子，名酒隅田川，割籠に焼きめしと香の物などで，かなり豪華である(醍醐　1980)。

② 観劇の幕の内べんとう

　京都の四条河原で浄瑠璃や歌舞伎を楽しんだことは前項で触れたが，大坂道頓堀にも芝居
小屋があった。江戸でも17世紀半ばには猿若座が開かれ，後に市村座となり幕末には中村

● 紀州の花見の提げ重

　紀州藩(現　和歌山県)の督学(学長)の妻小梅の日記に
よると，1859年(安政6) 3月16日，提げ重を持ち桜
見物に出かけている。提げ重は五重で，初重にくずし
(かまぼこ)，岩茸など，二重にうど，あげ，わらび，三
重には，にぎりずし，巻きずし，四重に小肴(魚)，た
けのこ，五重にいも，ふき，しいたけ，くずし，こぶ
など。別に酒1瓶を用意している(川合　1974)。各地
でこのような行楽が行われていたと考えられる。

提げ重(重箱・酒)，曲げ物のべんとう箱(現代)
(東京家政学院生活文化博物館所蔵)

座，市村座，河原崎座の三座があった。

芝居小屋では，食事を摂ることが多かった。富裕層には幕間に茶屋で本膳料理が出されることもあったが，昼食用には幕の内とよばれる重箱や折に入ったべんとうが観客席に提供された。これには，丸い平らな握り飯10個と卵焼き，かまぼこ，こんにゃく，焼豆腐，かんぴょうなどの煮物があり，価格は100文ほどだった。しかし，京坂ではべんとうは，自分で用意することも多かったという（喜田川　2001）。このべんとうは，その後，病気見舞いなどにも使われ，近代以降には駅弁にも利用され，現在に継承されている。

（2）　旅と食事

伊勢参宮をはじめ各地の寺社仏閣への参詣は，江戸時代中期から後期に盛んになる。自由に移動することが許されない江戸時代，表向きの理由は寺社参詣であっても，本音は物見遊山の旅を楽しむことであった。なかでも伊勢参宮は，一生に一度は行きたいと望んだあこがれの旅でもあった。伊勢山田奉行による調査（1718年）では，正月から4月15日までの伊勢参宮者数は42万7,500人で，年間約60万人と推定されるという（神崎　2004）。江戸近郊から伊勢までの旅は約1か月かかり，京都や四国の金毘羅などに回れば3か月かかることもある大旅行である。多くは農閑期の1月10日過ぎに出発している。寒い時期でもあり楽しみもあったが危険を伴うものでもあった。江戸近郊の村の名主クラスの道中日記を中心に旅の食をみると，次のような特徴がある。

①　宿の食事と昼飯

街道には宿場に旅籠（宿屋）が設けられている（図5-2）。通常朝夕二食つきのことが多い。例えば，桑名（現　三重県）では，夕食は「飯・汁（青菜），皿（肴）・平（白うを）」，朝飯は「飯・汁（豆腐）・皿（ふな）・平（ぬきみ－そばの実ヵ）」のように一汁二菜が多かった（金井　1991）。また，昼食は茶店などで食べることが多い。うどん，そば，もち，すしなどや菜飯や茶飯屋などの定食屋を利用している。

さて，伊勢に到着すると，御師の館でもてなしを受ける。御師は本来神職だが，江戸時代には旅行業の役割をしていた。座敷で二の膳つきの歓迎の宴が開かれる（下欄参照）。道中で最も豪華で，通常庶民にはなか

図4・5-2　宿の食事
足付膳で食事が運ばれている
「東海道五十三次之内赤坂」（個人蔵）

● 御師のもてなし料理
本文中で述べた御師による歓迎の宴の内容を日記からみる。上州（現　群馬県）の宿役人金井忠兵衛は1822年（文政5）1月2日から伊勢参宮の旅に出発し，その後長崎まで出かけ，4月15日に帰宅する長い旅をしている。そのなかに伊勢のもてなしの内容がある。本膳の前に酒と酒肴のもてなしがあり，その後二の膳つきの食事が出された。忠兵衛にとっては，めったにない経験だったであろう。

● 二の膳つきの御師の宴席
菓子・酒宴：雑煮，吸物，肴，硯蓋（あわび・たい・えびなど），引さかづき，大鉢（大たい）
本膳：飯，汁，小皿（なます），坪（2品）
二の膳：汁（九年母・肴），小皿（さし身）・猪口（酢味噌），平（あわび・青菜・凍み豆腐）
皿：焼き魚
このような食事は一度だけではなく何度か出されており，内容も変化させている（金井　1991）。

なか味わえない経験だった。ほかにも神楽などの見物もあり、これらの費用を含めるとかなりの額になり、一般的には1日平均440文程度はかかったという(谷釜　2010)。そのため、町人や農民たちはこれらの費用を捻出するために伊勢講を組織し、分担して費用を積み立て、交代で代参者として団体で旅に出かけた。

　江戸時代末期に伊勢参宮に出かけた茅ヶ崎村(現神奈川県)でも17人が代参者として出かけ、講の仲間に土産物などを配っており、仲間たちは留守家族にこめや魚などを留守見舞いとして届けるなど、相互扶助を行っている(茅ヶ崎市　1977)。

② 道中の名物

　東海道をはじめ街道では、宿場や茶屋で名物がつくられた。伊勢参宮の記録にある代表的な名物例を表5-1にまとめた。

　奈良茶飯は、茶飯に汁、煮物、香の物などのセットで、河崎万年屋は茶飯が名物だった。あべかわ餅は黄粉をつけたもちで価格も安価だった。飴の餅はもちを水あめでくるんだものという。人びとは、比較的安価な名物を楽しみながら旅を続けた様子がうかがえる。

表4・5-1　東海道の名物例

地　域	現在の県名	名　　物	備　考
川　崎	神奈川	奈良茶飯	河崎万年屋
岩　淵		栗粉餅	12文
安倍川	静　岡	あべかわ餅	5文
鞠　子		とろろ汁	
中　山		飴の餅	5文
日　坂		わらび餅	16文
桑　名	三　重	焼きはまぐり	8文

『伊勢参宮覚』(東京都世田谷区　1984)を中心に、筆者作成

(3)　仕事の食事とべんとう

① 登城のべんとう

　武士は登城する際、べんとうを持参することが普通だった。大名の登城は年頭と五節供、月ごと(月並)の定まった登城日などがあった。幕末(1866年)の大名　安部信発のべんとうは日により少し異なるが、下記のような内容である(木津　1928)。

> 8月24日　巻玉子・しいたけ・御香物(味噌漬)・(御飯)
> 9月13日　しいたけ・干瓢・御香物(味噌漬大根)・(御飯)
> 10月15日　かまほこ・かんぴょう・御香物(味噌漬大根)・(御飯)

　登城のべんとうは、比較的質素だが、増上寺にでかける際には、重箱に祇園豆腐(p.68参照)、かんぴょう、しいたけのほか、飯はちらし(すしヵ)、香物という、やや豪華なべんと

●子どもの楽しみの食

　江戸の寺子屋に通う子どもは、雨の日だけべんとうを持参した。しかし、普段の日でもべんとうを何度もねだり、やっと承諾した母親に「おかずの好みはダメだよ」とくぎを刺されるなど、粗末なべんとうも皆で食べるのが楽しかった。また、当時流行していた焼きいもは、3歳児でも焼きいも異名「八里半」(その後十三里と称した)を覚えてねだるほど、うれしいおやつだった(式亭　1989)。

寺子屋　　　　　　焼きいも屋
『昔製諭近道』　『子供あそび児をとろ児をとろ』
(国立国会図書館デジタルコレクション)

うだった。

② 町人の食

　京都のある商家の日常の規定によると，朝は粥または茶漬けに香の物，昼は麦飯に汁と香の物，3日に一度は有り合わせの煮物，精進日には，浸しまたは八杯豆腐，夕は茶漬けまたは味噌のおじや（雑炊），香の物，または浸し，酒少しとある。本家では，朝飯に，塩魚，野菜，干物，豆腐類とすると定めている。別の商家でも朝晩は粥のことと定めており，京都の商家は朝粥が一般化していた（足立　1974）。倹約を第一とした商家の様子がうかがえる。

　一方で楽しみの食も多くみられる。江戸の町人の例では，2月に舟べんとうをもらって雪見に出かけており，誘われたお礼にと，夕飯を高級料理屋の平清でごちそうしている。

（4）　農事と食

　農家は，農繁期と農閑期では食べものが異なっており，年中行事などは特別で，白飯を食べた。美濃国（現　岐阜県）の農家では，4月初めの数日間，田の肥料にする草刈にべんとうを持参して山に出かけた。また，安芸国（現　広島県）の使用人の例では，刈った草を山から降ろす際に，朝はこめの飯と汁物を食べ，大むすび一つをもって束ねに行かせ，夕飯は普通の半麦めしに汁とある（山田他　1978）。

図4・5-3　田植えの食事
『大和耕作絵抄』
（国立国会図書館デジタルコレクション）

　越後（現　新潟県）の田植えの例では，多くの手伝いの人のためににぎり飯を櫃（ひつ）に入れて田に担いで行き，小昼（間食）は，にぎり飯にきな粉をつけた（図5-3）（佐藤他　1994）。

　さらに，信州伊那郡の前沢村（現　長野県）の常食は　朝はひえの粥と味噌，昼は麦飯に少し干葉（ひば）（だいこんの葉などの干物）を入れた飯，夕飯はつみ入れ（小麦粉をこね箸でちぎって味噌味の汁の中に入れたもの）かおやきを交代で出している。おやきは通常はあんがなくおろしだいこんなどで食べたという。しかし，この地域でも田打ち以降は粥を止めて朝夕共に干葉の麦飯になった（向山　1997）。農作業の種類により食物を変化させている様子がうかがえ，べんとうの多くはにぎり飯が中心だった。

● 農家の楽しみの食

　新潟の農村例では，一年の農事が終わる頃，自家製のそば，いも，ごぼう，豆腐，こんにゃくなどで料理をつくり，親類や近所の人とゆっくりと世間話をして過ごした。また，飛騨の川沿いの村では梅雨があけると，川に群れるうぐいを獲り，塩焼き，照り焼き，魚田などをつくり，川の側で酒宴を開いて楽しんだ。農事に忙しい村びとたちも，地域に合う方法で季節ごとに楽しみを見いだしていた。

農事のべんとう
『江戸名所図会』
（東京家政学院大学附属図書館大江文庫所蔵）

飛騨の村の川魚獲り
『斐太後風土記』
（国立公文書館所蔵）

❖キーワード：出版料理書，『料理物語』，江戸料理書，食材別料理書，『料理早指南』，『料理通』，
　　　　　　異国料理書，菓子製法書

6. 出版された料理書・菓子製法書

（1）秘伝書から出版料理書へ

図4・6-1　『料理物語』
（東京家政学院大学附属図書
館大江文庫所蔵）

　　日本の料理書の歴史は，中世に始まる。なお中世料理書の特質は，あくまでも料理の式法を主としたもので，流派内のみで共有される秘伝書としての立場をとるものが多い。その先駆けは室町期にさかのぼることができ，四条流や大草流（おおぐさ）など包丁流派による手写本や巻物に，流派独自の切り方の作法や料理の仕方，儀礼における饗膳内容が記された。例えば，15世紀後半から16世紀初頭に成立したとされる『四条流庖丁書』と『武家調味故実』は，まな板や包丁の名称から包丁故実，さらには食材の食べ方，調理法，作法などの詳細に至るまで，公家に仕える四条流の秘伝内容がまとめられた料理書である（原田　2005）。

　　しかし，江戸期以降，中世的な特質を引き継ぎながらも，特定の流派に偏らない初の出版料理書『料理物語』（1643）（図6-1）が上梓される。

　　本書の前半部では，「海の魚之部」「磯草之部」「川いを之部」「鳥の部」「獣之部」「きのこの部」「青物之部」など食材別の料理の手順が解説され，後半部では，だしや煎酒のつくり方にはじまり，「汁之部」「なますの部」「指身　さかびての部」「煮物之部」「焼物之部」「吸もの、部」「料理酒之部」「さかなの部」「後段之部」「菓子之部」「茶之部」「萬聞書之部」と項目別に構成され，それぞれの調理法に基づいた料理が種々紹介されている。

　　本書の著者は未詳であるが，出版後に何度も異版が出されていることからも，広く流布していた料理書であったことは類推できる（吉井　1982）。なお，本書の新しさは包丁故実のみに終始するのではなく，食材の実用的な調理例が採録された点にあるといえよう。また本書以降の料理書には，ほとんどみられない獣肉の料理が紹介されていることも特徴である。

　　料理書の特徴に広がりがみられるようになるのは，18世紀半ばである。また，この時期には町人文化の興隆と共に，読書への関心も高まりをみせるようになり，遊びの要素を加えて味わうことを目的とした種々の料理書が登場した。

● 描かれた料理人たち

　江戸時代初期の料理書『料理献立集』（初版1670年）には，当時の料理人たちの様子がわかる調理風景がいきいきと描かれている。右図は，「雁の包丁」（右上），「鯉の背切り」（右下），「あんこうのつるし切り」（左）である。また本書には，煮炊きをする料理人や料理を運ぶ小姓，祝言の様子などもみえる。

　なお，挿絵を手掛けたのは，浮世絵師・菱川師宣である可能性が指摘されている（吉井　1982）。

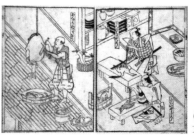

（西尾市岩瀬
文庫所蔵）

『料理献立集』にみる料理人たち

(2) 多彩さが魅力の江戸料理書

① 中世的特質から脱却を目指す料理書

　江戸期には，料理書のジャンルもバラエティ豊かに展開した。料理書の性質に基づき，時系列に解説するならば，『料理物語』以後に出版された江戸時代初期の特徴を有する料理書に，『古今料理集』(江戸時代前期)，『合類日用料理抄』(1689)，『当流節用料理大全』(1714)などがあげられる。なお，これらの料理書には，食材の旬や扱い方，料理法から献立法に至るまでが網羅的に記されており，料理百科事典的な役割を果たしていた点が指摘できる(川上　1978)。

　一方，同じ頃，『料理塩梅集』(1668)，『小倉山飲食集』(1688～1711？)，『ちから草』(1726)，『料理無言抄』(1729)，『料理集』(1733)，『伝演味玄集』(1745)など，藩に仕えた上流料理人が手掛けた料理書の所在も確認でき，中世までの伝統を重んじながら，実質的な内容の追求が模索された動きもみられる(原田　2005)。

　1730年(享保15)に出版された『料理網目調味抄』は，凡例において，料理人のみならず，一般の読者対象の掌握も目指したとの主旨を明確にしており，特に食材の取り合わせへの配慮がいかに重要であるかについて強調する姿勢をみせている。文章表現にも工夫がみられ，料理を能にたとえるなら，献立は番組，魚鳥穀菜の食材は役者，味の塩梅は，能の出来不出来であると，独自の見解を披露している(p.211参照)。

　なお，こうした遊び心の反映は，18世紀以降の料理書で顕著となる。例えば，『献立筌』(1760)という料理書には，能や浄瑠璃の登場人物に見立てて提案された献立が収録され，実用性を重んじる趣向より，むしろ好事家の読み物として出版された趣もあった(東京家政学院生活文化博物館　2000)。こうした独創性の表出は，限定的な流派内での継承をこえた新たな料理書の到来が，18世紀に訪れる示唆であると指摘できる。

② ユニークな食材別料理書

　江戸期にみられるようになった新しい特徴の一つに，食材別の料理書の誕生があげられる。

江戸期の食材別料理書一覧

『豆腐百珍』(1782)／『豆腐百珍続編』(1783)／『豆腐百珍余録』(1784)／『鯛百珍料理秘密箱』(1785)／『新著料理　柚珍秘密箱』(1785)／『諸国名産大根料理秘伝抄』(1785)／『大根一式料理秘密箱』(1785)／『万宝料理献立集』(1785)／『万宝料理秘密箱　前篇』(1785)／『甘藷百珍』(1789)／『海鰻百珍』(1795)／『万宝料理秘密箱　二篇』(1800)／『名飯部類』(1802)／『蒟蒻百珍』(1846)

● 米飯料理書『名飯部類』

　江戸期に出版された興味深い料理書の一つに，飯，かゆ，すしなどの米料理を扱った『名飯部類』(1802)がある。本書は大坂で出版され，上巻には87種(尋常飯の部・諸蔬飯の部・菜蔬飯の部・染汁飯の部・調魚飯の部・烹鳥飯の部・名品飯の部)，下巻には62種(雑炊の部・糜粥の部・鮓の部・完魚鮓の部)の様々な米飯料理の調理法が収録されている。著者は，京の医師・杉野権兵衛と伝えられている。

さくらずし　　　　　　　　胡椒飯

『名飯部類』の料理再現
(調理・撮影　江原)

その嚆矢となる料理書として，1782年（天明2）に100種の豆腐料理を所収した『豆腐百珍』が上梓された。本書は評判をよび，これに乗じて1783年（天明3）には『豆腐百珍続編』，さらに1784年（天明4）には『豆腐百珍余録』と後続の豆腐料理書も編纂されている。『豆腐百珍』シリーズの特質は，何といっても実用性より，むしろ食材としての豆腐の可能性を探る遊び心にあるといえよう。このシリーズの成功以後，鯛，だいこん，さつまいも，ゆず，鳥・卵，海鰻（はも），こんにゃく，飯などの食材をそれぞれ使用した画期的な食材別料理書が次々と編まれた。なお，この種の料理書は「百珍物」や「秘密箱」などと称され，専門料理人のみならず，知識人や文化人たちの趣味本の位置づけであったと考えられる。

③　シリーズ化された料理書

　19世紀に入ると，出版される料理書数は，ますます増加し，単体ではなく，複数冊で企画・編纂された料理書も散見されるようになる。例えば，初編が1801年（享和元）に出版された『料理早指南』は，四冊本の料理書である。初編では，本膳料理や会席料理の図解にはじまり，汁や膾，坪，さし身などの献立要素別に，季節ごとの食材の取合せが三種ずつ紹介されている。また，本書の二編（1801）にみえる重詰料理は，当時の花見や舟遊びなどの行楽弁当の特徴を伝えてくれる（図6-2）。

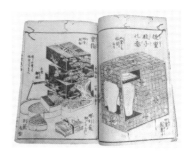

図4・6-2　携帯用提げ重『料理早指南』
（東京家政学院大学附属図書館大江文庫所蔵）

　一方三冊本で編纂された『素人庖丁』（初篇1803年／二篇1805年／三篇1820年）は，調理の様子が生き生きと描かれた挿絵がふんだんに登場する横型小冊子の料理書である。また，本書の序には，「百姓家」や「町家の素人」の「台所の友」となることを意識して，日用の手料理をまとめたとの執筆目的がみえる。しかし，儀礼料理にかたよらない新しさはありながらも，明確には日常食といえない内容で構成されている点にも，注意しなければならない。

　さらに，文政年間には，江戸随一の有名料理屋「八百善」四代目主人・栗山善四郎が手掛けた『料理通』（初篇1822年／二篇1825年／三篇1829年／四篇1835年）が出版される。本書は『料理早指南』同様，四冊本仕立ての大著であり，別名『八百善物語』とも称された。初篇と二篇は，八百善の四季別の献立と料理法，料理の心得で構成され，三篇は精進料理，四篇は普茶料理，卓袱料理といった異国料理を扱う流れとなっている。また本書には，どの篇においても「八百善」の店構えから食事の風景などを描いた多くの挿絵が収録され，当時の生

●「略式」というスタイル
　19世紀以降，卓袱料理や普茶料理の形式のみを採用し，料理には中国風料理と日本料理を織り交ぜて提供するスタイルを「略式」と称するようになる。
　『料理通』によれば，当時の京坂の料理茶屋では，「略式」が一般化しており，器物や食具，しつらいは中国風で楽しみながら，手に入りやすい食材やなじみのある調味法を用いた卓袱料理や普茶料理を提供する風潮が高まりつつある状況に言及している。

（撮影：国文研／味の素食の文化センター所蔵）

日本人と卓袱料理『料理通　第四篇』

活ぶりの把握に役立つ歴史資料としての活用も期待できる。

（3） 異国の食を伝えた料理書

　江戸期には，キリスト教や外国勢力の流入に制限をかける鎖国体制が敷かれ，外国人の来日のみならず，邦人の渡航・帰国も一切禁止された。しかし，清，朝鮮，琉球，オランダとの交流は許されたため，交渉の玄関口とされた長崎の出島を中心に，それぞれの国の食文化の影響を受けた料理が成立をみせるようになる。

　とりわけ江戸時代初期の唐人貿易からはじまる中国食文化の導入は，後の日本の食文化にも大きな影響を与えた。実際1689年（元禄2）に長崎市外十善寺村に設けられた唐人屋敷には，市中の半数の中国人（約5,000人）が収容されていたとされ，早々に雑居していたことが読みとれる（東四柳　2019）。こうした動きのなか，長崎では中国料理の影響を受け，発達した卓袱料理と，その精進料理である普茶料理が出現し，主に宴会料理として重用された。

　また江戸期には，これらの中国風料理は，『和漢精進料理抄』(1697)，『八遷卓燕式記』(1761)，『新撰卓袱会席趣向帳』(1771)，『普茶料理抄』(1772)，『卓子式』(1784)，『料理早指南第三篇』(1802)，『素人庖丁』(1803～20)，『新撰庖丁梯』(1803)，『料理簡便集』(1806)，『料理通第四篇』(1835)，『新編異国料理』(1861)などの江戸料理書に紹介されている。

（4） 菓子製法書の誕生

　江戸期には，料理書とは別に菓子のつくり方を解説する菓子製法書が登場する。これらの製法書には，今も人気のカステラや飴類，餅菓子類などの製法が収録された。なかには挿絵が描かれたものもあり，当時の菓子づくりの様子をわかりやすく伝えてくれる（図6-3）。

　最も古い菓子製法書は，1718年（享保3）に京都で出版された『古今名物御前菓子秘伝抄』と特定されている（川上　1978）。本書には材料の分量が明記され，製造道具についての詳述もみられる。一方1805年（文化2）刊『餅

図4・6-3　江戸期の菓子づくり
『餅菓子即席手製集』
（東京家政学院大学附属図書館大江文庫所蔵）

菓子即席手製集』には，餅菓子に限らず，まんじゅう，羊羹，飴，せんべい，かすていらなど75種の製法がつづられている。

● 女性をターゲットにした料理書

　1849年（嘉永2），明確に女性読者を対象とした料理書『年中番菜録』が出版された。

　野菜や魚，乾物，大豆食品，海藻，こんにゃくなどの食材別に「上品」であることを旨とした惣菜料理の調理法119種が収録されている。

　また本書によると，女性は嫁ぎ先の料理の流儀に従うべきで，自分流に献立を立てるものではないとの主張もみえている。

『年中番菜録』にみる野菜料理
（撮影　国文研／味の素食の文化センター所蔵）

♣キーワード：江戸の外食文化，『守貞謾稿』，料理茶屋，見立番付，『江戸買物独案内』，大坂の食文化，京の食文化

7. 江戸期のグルメ情報

（1）　グルメ事情を伝えるメディア

　　江戸期は，消費文化が花開いた時代である。とりわけ18世紀後半（宝暦〜明和頃）の発展は目覚ましく，飲食の世界においても，飴・餅菓子・せんべいなどの菓子類，煮売り肴屋，煮売茶屋，煮売居酒屋，うどん屋，蕎麦屋，蒲焼屋，すし屋，料理茶屋などの多彩な飲食業がすでに成立していた（江原・石川・東四柳　2009）。なお，こうした飲食業の発達に伴い，それに付随する形でグルメ情報を伝える多くの書籍も出版された。なかでも随筆や黄表紙，日記などの文芸作品に，食生活の描写が多く取り上げられるようになり，実際の食事情を探るうえでも有効な資料としての活用が今も期待されている。

　　例えば，『江戸職人歌合』（1808）には，野菜や魚の商いを行う振り売り（棒手振り）の絵入りの解説がある。人口が密集する都市部の長屋暮らしでは，狭い路地でも自由に行き来できる振り売りが，効率的な売り買い形式として重宝された。振り売りに関する記述は，『守貞謾稿』（1836〜67）にもみられ，野菜や魚のみならず，豆腐，油揚げ，貝のむきみ，七味唐辛子，醤油，甘酒，ぜんざい，汁粉，白玉団子，納豆，海苔などの種別があったことにも言及している。

　　なお『守貞謾稿』には，幕末の江戸や大坂の著名な料理茶屋の紹介のみならず，当時の酒問屋，すしや天ぷらなどの屋台，粟餅店，茶漬屋，祇園豆腐，うどん屋，蕎麦屋，鰻屋，どじょう屋，山鯨（いのしし）屋，茶見世などの生業実態についての詳述も確認できる。

　　本書の特質は，江戸と京坂（主に大坂）の違いに焦点を当てながら，解説が展開する点にある。なお，著名な料理茶屋として，江戸の八百善，平清，川長，大坂の福屋，浮瀬，西照庵などの名が列挙され，会席料理の内容や形式が，関東・関西ともに，幕末になると簡略化されつつある傾向がみられることについても指摘されている（喜田川　1908）。

　　また，江戸期には，芝居や相撲の番付表にならい，料理店やおかずをテーマとした見立番付もつくられた。例えば『日用倹約料理仕方角力番附』（江戸時代後期成立）には，当時人気のあった庶民の普段のおかずが列記されている（図7-1）。それによると，番付は精進方と魚類方に分かれており，精進方の大関は「八杯豆腐」，関脇は「こぶあぶらげ」，小結は「きんぴ

●鰻丼飯の誕生

　『守貞謾稿』には，現在のうな丼にあたる「鰻丼飯」の東西比較がある。それによると，「鰻丼飯」の略語として，京坂では「まぶし」，江戸では「どんぶり」と称することが一般的で，江戸では名のあるうなぎの店は扱わず，中以下のお店で売られているとある。また江戸では，まず丼に飯をしき，うなぎを5〜6枚乗せ，さらに熱い飯を入れて，その上に6〜7枚並べ置き，引き裂き箸（割り箸）と共に提供されていた。

鰻飯『守貞謾稿　巻5』
（国立国会図書館デジタルコレクション）

らごぼう」，魚類方の大関は「めざしいわし」，関脇は「むきみきりぼし」，小結は「芝えびからいり」とある。一方，身近な漬物が「行司」として紹介され，たくあん漬け，ぬかみそ漬け，大さか漬け，なすび漬け，茎菜漬け，梅干し，寺納豆，らっきょう漬け，からし漬け，ほそね漬け，なら漬け，かくや古漬けが名を連ねている。庶民生活の実態を知る貴重な資料である。

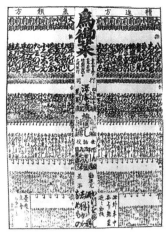

図4・7-1　『日用倹約料理仕方角力番附』
（東京家政学院大学附属図書館大江文庫所蔵）

（2）　ガイドブックにみる江戸の名物

　江戸期に成立する新たなジャンルに，名所，名物，名店などを紹介する種々のガイドブックがある。この種のガイドブックには，飲食店の名称や住所のみならず，店構えや食事風景が描かれ，当時流行した外食イメージの理解を助ける手立てともなっている。ガイドブックの出版は17世紀にさかのぼることができ，『江戸名所記』（1662），『江戸雀』（1677），『紫の一本』（1683）などの初期のものには，すでに江戸市中の料理茶屋やうどん屋などが記されている（江原・石川・東四柳　2009）。

　19世紀に入ると，『江戸買物独案内』（1824），『江戸名物酒飯手引草』（1848），『江戸食物独案内』（1866）などのガイドブックが出版され，業種ごとに飲食店の住所を記したリストが掲載された。例えば，『江戸買物独案内』の「飲食之部」には，江戸市中で営業していた料理茶屋，茶漬屋，鰻の蒲焼屋，団子屋，汁粉屋，蕎麦屋，すし屋などの店舗情報が提示され，時代を経るごとにバラエティ豊かになっていく外食事情の片鱗がうかがえる（図7-2）。一方『江戸名物酒飯手引草』では，扱うジャンルは料理茶屋，鰻の蒲焼，どじょう，すし，そばと少なめであるものの，『江戸買物独案内』に比べ，かなり多くの店舗情報を収録している。

図4・7-2　『江戸買物独案内』（国立国会図書館デジタルコレクション）

●江戸っ子の楽しみ「初物食い」
　江戸でみられた新たな食の流行に，旬の食材（初物）を楽しむ「初物食い」があった。しかし，初物への人気が高まると，価格が跳ね上がる事態となり，1665年（寛文5）以降，売買期間に制限を加える幕府の禁令も発布された。なお，初物を食べると，寿命が75日間延びるとのジンクスも話題を集めた。また『福寿草』（1776）には，初物は初鰹を筆頭に，初鮭，初酒，初蕎麦，若鮎の順で人気が高いと記されている（原田　1995）。

十二月之内　卯月　初時鳥（味の素食の文化センター所蔵）

また幕末には，すごろく形式で江戸の名物を案内する「新版御府内流行名物案内双六」(1847-52)(図7-3)も登場した。山谷の八百善，王子の海老屋などの料理茶屋はもちろん，がん鍋，鳥鍋，どじょう，あなご，金ぷら（衣に卵黄を使ったてんぷら），鰻めし，いなりずし，すし，麦めし，蕎麦などの単品料理，さらには向島の桜餅，田舎しるこ，永代だんごなどの甘味を提供する名店が登場し，紙面をにぎわしていた。

なお，こうした構成内容の大幅な増加やバラエティに富むメディアの充実は，読者間で飲食情報をガイドブックに求める習慣が根づきつつあった証拠ともとらえることができよう。

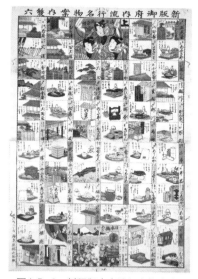

図4・7-3　新版御府内流行名物案内
双六(1847-52)
(国立国会図書館デジタルコレクション)

(3)　大坂の名物を描いた資料

幕末の大坂の生活風景を伝える資料に，『花の下影』(1864)がある。本書には，料理屋のみならず，こめ，めし，すし，茶漬，汁物，青物，さつまいも，乾物，魚介，あなご，海藻，昆布，鶏卵・鶏肉，鹿肉，田楽，豆腐，味噌，蕎麦，酒造，漬物，かつお節，麩，茶，菓子など様々な商いを行う人びとの姿が，きれいな筆致で生き生きと描かれている。とりわけ，饅頭屋，餅屋，菓子屋，羊羹屋，せんべい屋，ぜんざい屋など甘味を扱う商店の登場頻度が全体の約2割を占め，猿饅頭，呉呂呉呂せんべい，からからせんべい，テンテコ

図4・7-4　麺類の屋台『守貞漫稿　巻6』
(国立国会図書館デジタルコレクション)

餅などのユニークな名称の大坂名物が登場するのも興味深い(岡本　1986)。また，本書には高級な料理屋のみならず，手軽な居酒屋や一杯飲み屋，現在の定食屋に相当する奈良茶飯屋の様子も収録され，市井の庶民の食生活の解明においても，有用な資料としての性格をそなえている。

一方『五畿内産物図会』(1813)，『浪華雑誌「街能噂」』(1835)，『守貞謾稿』(1837〜67)，

● 名産品の絵入図鑑

江戸期には，各地の産物の生産・採取の様子などを図解する絵入図鑑が誕生している。例えば1799年(寛政11)に出版された『日本山海名産図会』全5巻では，1巻に酒造，2巻に山の産物，3・4巻に海の産物，5巻に伊万里陶器，松前の昆布などの物産と共に，来航する唐船やオランダ船からの異国の産物などが詳細な図と併せて紹介された。また吉野葛・丹後ぶり・若狭鯛など地名を伴う食材も確認できる。

吉野葛『日本山海名産図会』
(国文学研究資料館所蔵(古典籍共同研究事業センター別置資料))

『浪華百事談』(1895)，『絵本風俗往来』(1863)などの資料からも，江戸期の大坂の食文化の特質を知ることができる(図7-4)。

　なかでも『守貞謾稿』には，東西の食習慣の違いに言及する箇所がある。例えば，炊飯の時間帯において，江戸では朝炊き，大坂・京都では昼炊きであることにふれ，冷たい朝のご飯を調理して食べるようになった関西の朝粥の習慣が，その後定着していく経緯が理解できる。また江戸では，蕎麦屋がうどんを扱い，大坂では，うどん屋で蕎麦を扱うとの違いがあるとし，特に大坂では蕎麦屋が料理屋を兼ね，茶漬けや雑煮なども出していたという(図7-4)(江原・石川・東四柳　2009)。

(4)　京の食生活を伝える資料

　江戸期の京の外食事情を理解するうえで参考になるのが，18世紀の料理茶屋や名物料理の様相にふれた『洛陽勝覧』(1737)や『水の富貴寄』(1778)である。『洛陽勝覧』(1737)によると，四条河原・祇園付近，東山の界隈で，料理茶屋が繁盛していた様子が語られており，(p.70参照)なかにはオランダ料理といった異国の料理を提供する佐野屋という名店があったことも伝えている(江原・石川・東四柳　2009)。

　『水の富貴寄』には，冒頭で極上品として京の水を高く評価し，「名物之部」「女才子之部」「薬品之部」「飲食之部」「料理之部」に分類された名店や名品が等級別に紹介されている。「名物之部」では，極上品として，「稲荷山松茸」，それに続く上等品として，「祇園町香煎」「圓山かき餅」「壬生水菜」「不動堂 筍」「浄福寺納豆」「圓山煮梅」「鞍馬木芽漬」「賀茂酢茎」「堀川牛蒡」「東寺芋頭」「袋中庵切漬」などの評価がつづられている。また「料理之部」では，名物料理の趣向や店内のしつらいなどが解説され，最上等の「大上上吉」に二軒茶屋，上等の「上上吉」には，新南禅寺豆腐，湊屋三右衛門，柏屋宗七などの名がみえる。

　また，京の名物を伝える近世の資料には，全国の産物を網羅した俳諧書『毛吹草』(1638)，山城国地誌『雍州府志』(1684)，絵入百科事典『和漢三才図会』(1713)，絵入産物帳『日本山海名物図会』(1754)，和歌産物集『五畿内産物図会』(1813)などがあげられる。なお『毛吹草』(巻4)の記述からは，江戸時代初期にすでに，山川酒，烏丸内裏粽，御手洗団子，丸山醬，大佛餅，大宮通葡萄，木練柿，水尾柚，山城米，八條浅瓜，龍安寺山松茸，蓮台野大根，深草糸瓜，竹田蕗，鳥羽瓜，大井川鮎モドキ，谷川カジカ，宇治川小白魚など，すでに多くの京の産物が確立していた様子が類推できる(東　2017)(p.57参照)。

●擬人化された甘党と辛党の戦い〜錦絵の食〜
　鮮やかに描かれた錦絵には，美人画，役者絵，風景画などがあり，江戸土産としても，庶民の間で人気が高かった。食をモチーフとした錦絵も多く刷られた。ユニークな趣向のものとして，「太平喜餅酒多多買」は，擬人化した甘党と辛党の戦いを描いたもので，菓子の軍勢の平家と，酒の軍勢の源氏で争う構図となっている。安倍川駿河，墨田桜の葉包，池田呑照など，日本各地の名物を人名にもじる工夫が興味深い。

太平喜餅酒多多買(1843-6)
(味の素食の文化センター所蔵)

❖キーワード：三度食，日常食，食事の基本形，特別な日の食，年中行事，儀礼食，都市の事例，農村の事例

8.　差が大きかった日常食と特別な日の食

（1）　朝食・昼食に重きがおかれた食事

①　三度食はいつから普及したのか

　現在，三度食が一般化しているが，歴史的にみれば朝，夕の二度食が普通だった時代が長い。いつから三度食になるのかについては諸説あるが，一日三度食事をしていても，正式な食事は二度という場合もある。身分や地域や仕事の種類によっても異なる。三度食が一般的となる時期は一様ではないが，江戸時代には，事実上の三度食が一般化したようだ。

　江戸時代後期になると，三度食の呼称と実態とが一致していた。また，後述するように，夕食は簡単なものが多く，朝と昼の食事に重きがおかれていた。

②　日常食の形と飯の量

　平安時代末期の絵巻物『病草紙』に描かれている「飯・汁・菜・漬物」の形は食事の基本形とされ，江戸時代には庶民の日常の食事にもこの形式が広がり，今日まで継承されてきた。

　食事のなかで最も重視され，量的にも多かったのは飯である。『柳庵雑筆』（1848）の大工，商人の家計に関する記述から，その分量を推察したい（栗原　1976）。

　夫婦と小児一人の1年分の飯米は約3石5斗（約525kg）になり，大人一人1日分の換算では，約3.9 〜 4.2合（590 〜 630g）となる。また商人の例で同様に算出すると，4.4合（660g）となる。飯を中心にわずかなおかずと漬物を中心とした日常の食事は，近代以降も続いた。

（2）　意外に多かった特別な日（ハレ）の食

①　行事と行事食

　江戸時代中期以降には，本膳料理形式（p.42参照）が行事食や婚礼，葬儀などの儀礼食として，町人や地域の農村にも取り入れられた。

　年中行事のうち，最も大きなものは正月に関わる行事である。正月の歳神様（歳徳神）を迎えるために，12月からその準備をする。特に大みそか夜から歳神様を迎えるため，大みそかの食事が最も豪華なことも多かった。これを年取などとよび，現在まで継承されている地域もある。おせち料理は近代以降，都市部を中心に重箱詰めが広がるが，江戸時代は本膳

●おかずの人気番付

　おかず番付『日用倹約料理仕方角力番附』（p.80参照）の人気のあるおかずを再現した。八杯豆腐は，水に醤油，酒を加えて片栗粉でとろみをつけ，豆腐の細切りを入れておろしだいこんを加える。まぐろから汁は，だいこん，ごぼうなどを水で煮てまぐろのそぎ切りなどを加え，おからを入れて味噌で味付けする。だしはとらないが，いずれもおいしく，江戸庶民の知恵を感じる。

●おかずの人気番付の再現

八杯豆腐　　　　　まぐろから汁

（調理・撮影　江原）

料理の酒礼の酒肴にあたる数の子，田作り，座禅豆などを重詰めにして，他の料理は本膳料理が用意された。雑煮は江戸時代以前から正月だけでなく酒礼の酒肴の代表例で，婚礼などでも供された。

　江戸幕府は，正月7日（人日），3月3日（上巳），5月5日（端午），7月7日（七夕），9月9日（重陽）を五節供＊と定めた。これらの行事は，平安時代から継承されたものが多い（p.16参照）。江戸時代には民間に広まり，人日の節供を七草の日，上巳の節供をひな祭りとよぶようになった。五節供のほかに，二十四節気，土用，節分，彼岸などの雑節があるほか，田植えなどの農事，報恩講などの宗教的行事，春祭りなど様々な特別の日がある

図4・8 - 1　かきつばたの花見『年中行事大成』
（東京家政学院大学附属図書館大江文庫所蔵）

（図8 - 1）。このため，一般に考えられているより特別な日（ハレ）が多く，その日は農家でも白飯や魚など，日常とは異なる食事を摂った。

　＊五節供：節供は節句とも書く。節日の供え物を意味した。後に節句の字も使われるようになった。

② 　人生儀礼と儀礼食

　人の一生の区切りごとに行われる，お食い初め，七五三，婚礼，葬儀などは人生儀礼ともよばれ，ハレの日の一つである。とりわけ婚礼は，その家の社会的地位を示すものでもあり，各家では財力を尽くして準備した。表8 - 1は，三河国（現　愛知県）稲橋村の豪農において1807年に行われた婚礼である。5日間で250人以上の饗応が12回に分けて実施された。

表4・8 - 1　婚礼の献立（膳部のみ）文化4年（1807）

本　客	本膳〔飯，汁（青菜・つみ入れ雁・だいこんなど），なます（あめ魚・田づり・だいこんなど），坪（なまこ・芽うど・しいたけなど），香の物〕
	二膳〔汁（名よしなど），さし身（すずき・名よし・いわたけ・だいこんなど），平（はんぺい），猪口（うど）〕，貝焼（さざえ），向詰（鯛）　二汁七菜
下　人	本膳〔飯，汁（くずら・だいこんなど），なます（すずき・うどなど），坪（かまぼこ・にんじん・つと麩など），香の物〕，平（名よし・ごぼうなど），猪口（うど），組物（ぜいご・かまぼこ），一汁五菜

名よし：ボラ（出世魚）　ぜいご，またか（フッコ）：すずきになる前の魚（出世魚）

「古橋家文書　三河国豪農の当主婚礼献立」より，筆者作成

●現役大名の日常食
　p.86の隠居大名とは異なる現役の江戸住まいの大名・安部信発（岡部藩主）の日常食を紹介する。

　通常ほとんどあるはずの飯と漬物が，省略されているために（　）で示したが，夜は酒を飲んでいるために食べなかったかもしれない。ほとんど毎日一汁一菜の食事だが，正月などハレの食事は真田幸弘と同様，日常とはまったく異なる本膳料理である（木津　1928）。

●1866年11月2日の食事

朝	（御飯），御汁（だいこん・あげ），御猪口（煮豆），（漬物）
昼	（御飯），御平（ちくわ・結かんぴょう・せり），（漬物）
夜	（御飯），御皿（かれい御さし身・わさび），御鍋（しゃも・こんにゃく）（漬物）御酒

あげ：油揚げ　しゃも（軍鶏）：闘鶏用，肉用鶏

その饗応食は，客の身分により内容や数が異なる。表には主客の二の膳付きの二汁七菜の本膳料理と，下人の一汁五菜の本膳部分のみをまとめた。実際には，この料理の前後に酒と酒肴が何種類も出されている。海から遠く離れた農村であるにもかかわらず，日常は口にすることのない，たい，ぼら，えびなどの魚介類が多く使用されていた。

（3）都市の人びとの食事

① 大名の日常食とハレ食

1800年11月から10か月間「御膳日記」と題する食事記録が残されている。信濃国（現 長野県）松代藩真田家の藩主真田幸弘の隠居後の食事記録である。これにより，ひとりの人物の日常食とハレ食の違いをみてみよう（江原 2013）。幸弘は，1752年に松代藩10万石の藩主となり，1798年に隠居後，江戸赤坂南部坂の中屋敷で暮らしていた。

幸弘の食事は一日3度供され「朝食，夕食，夜食」と記され，昼食はみられない。しかし夕食の時刻を調査すると，現在の昼食の時刻頃であることが多かった。武家の正式な食事が二度食であった名残と思われる。特別な行事のない日常の食事（1801年4月2日）の例を示す。

> 朝：ご飯，汁（わらび），平皿（細かんぴょう・焼豆腐・平かつお入り），ふわふわ玉子，香の物
> 　　　　　　　　　　　　注〕：平かつおは，かつおぶしの薄切り
> 夕（昼）：ご飯，汁（岩たけ，粽豆腐），平皿（南部いも・平かつお入り）・焼物（小鯛），香の物
> 夜：ご飯，汁（豆腐・のり），平皿（うど・ぜんまい　くず引き），香の物

この食事は，朝と夕は一汁二菜，夜食は一汁一菜である。ご飯と汁におかずが1〜2品と漬物がつく形である。夜食は簡素で朝と昼食に重きがおかれている。

一方，幸弘のハレの日の食，正月や幸弘の誕生日などの食は，日常食とはまったく異なる。誕生日の会を簡略に示すと，下記のような流れとなる（1801年1月21日）。酒礼・酒肴，本膳料理，酒宴・酒肴と続く。

酒礼・酒肴 （のし，田作り，梅干し，吸物，雑煮など），赤飯 ➡ 本膳料理 　本膳（飯，汁，なます－たいなど，坪－小鴨など，香の物），二の膳（二の汁－すずきなど，平皿－車海老など，猪口－うどなど），焼物－小鯛 ➡ 酒宴・酒肴 （硯蓋－かまぼこ・あわび・きすなど，さし身－ひらめなど，台物－さざえ，はぜ，小鯛など），重詰菓子 （ようかん，柏餅，まんじゅうなど）

このように，同じ人物の日常食とハレ食は，大きく異なるものだった。

●江戸患い

江戸の町では身分にかかわらず米飯を食べるようになり，精白にして白米にする習慣が広がった。日常食は，おかずが少なく，ほとんどのエネルギーを飯から摂取した。精米によって糠に含まれるビタミンB_1が失われたために，ビタミンB_1不足が起こった。江戸に暮らした人が故郷に戻り麦飯を食べると治癒するために，江戸患いとよばれた。その理由がわかるのは，栄養学が盛んになる大正期である。

●町人の家族の食事風景

『日ごとの心得』（国立国会図書館デジタルコレクション）

②　長屋住まいの食事

　江戸の人口約100万人のうち約半数を占める町人たちの多くが，狭い町人地（町地）に暮らしていた。長屋住まいには，表通りにある2階建ての広い長屋もあったが，台所を入れて6畳ほどの狭い裏長屋も多かった（図8-2）。

　日常食について述べた『守貞謾稿』によると，ご飯は，1日に1度しか炊かないことが多く，その習慣は江戸と京都・大坂でやや異なった。

図4・8-2　裏長屋の食事『竈の賑ひ』
(東京家政学院大学附属図書館大江文庫所蔵)

江戸の食事：朝(温かいご飯・味噌汁・漬物)，昼(冷飯・煮物または焼物・漬物)
　　　　　　夕(茶漬け・漬物)

京坂の食事：朝(前日の飯の湯漬けや茶粥)，昼(温かいご飯・味噌汁・煮物など・漬物)
　　　　　　夕(茶漬け・漬物)

(4)　農村の人びとの食事

　18世紀後半の農家の記録『家業考』には，使用人の主としてハレ食について，1年間の記録が残されている(丸屋　1978)。1月はハレ食の多い月である。特に正月は，表8-2のような食事が与えられた。

　こめの飯，ぶりや酒など農村の使用人にとって日常では，ほとんどないごちそうである。

　日常は麦飯だったようだが，その後も節供，田植えなどでこめの飯や魚介類が出されている。

表4・8-2　農家の使用人の正月の食事(江戸時代後期)

正　　月		食事内容
元旦	朝　食	雑煮(もち，こんぶ，ごぼう，だいこん，ぶり)
	昼　食	こめの飯，漬物
	夕　食	こめの飯，お平(ぶりのあらとだいこん，さといも)，味噌汁，酒(ちょうし1本)
2日	朝　食	雑煮(もち，ごぼう，だいこん，少し魚を入れる)
	昼　食	こめの飯，漬物
	夕　食	こめの飯，なます，だいこんのおかず，はまぐり，味噌汁(はまぐりを少し)
3日	朝　食	雑煮(もち，だいこんばかりの味噌汁)
	昼　食	こめの飯，漬物
	夕　食	こめの飯，だいこんのおかずに魚のあらを入れる

『家業考』より，著者作成

●農家の楽しみ

　越後の村(現　新潟県三島郡)の記録『農家年中行事記』(1839)から，行事と食の例をあげる。

　年間約80日のハレの日がある。

1月7日：七草の節供　だいこん，ごぼう，にんじん，こんぶ，するめ，さといも，こんにゃく，餅の雑炊

1月11日：蔵開き・舟祝　長岡城本丸に庄屋などが招かれ能を見物し，冷酒，赤飯，煮しめなど賜る。

5月5日：節　供　餅または粽を食べる(大平　1980)。

●農家の食事風景

農家の食事『経済をしへ草』
(東京家政学院大学附属図書館大江文庫所蔵)

♣キーワード：飢饉とその要因，四大飢饉，さつまいも，じゃがいも，米沢藩『かてもの』，救荒書
青木昆陽，高野長英

9. 飢饉とその備え

（1）飢饉をひき起こす要因

　　飢饉とは，常食がとぼしくなり栄養が劣り，飢え死にする人が出ることをいう（荒川　1976）。江戸時代は，新田開発が盛んになり，東北地方や山間部などでも水田がつくられた。そのことが飢饉を拡大させた要因の一つともなった。稲は夏の高温が必要とされるが，山間部や東北地方などでは，しばしば低温が続き冷害のため飢饉が起こることが多くなった。

　　また，江戸時代には，不作や凶作のときには，各藩では物資の出入りを禁止した。これによって，一人の餓死者も出さない藩もあれば，隣の藩では大量の餓死者を出すところもあった。

　　江戸時代の多くの飢饉のなかで，寛永，享保，天明，天保の飢饉は四大飢饉として知られている。このうち享保の飢饉は，害虫のウンカの異常発生が大きな要因だった。他の飢饉では，大雨などもあるが，冷害が要因で全国に及んだものが多い。

（2）四大飢饉と藩の対策

　　『日本凶荒史考』（西村・吉川　1983）を中心に四大飢饉について概観する。（　）内は同書収載の史料名である。

　① 寛永の飢饉（1640 ～ 1643 年）

　　奥羽，北陸では，雨のための冷害による凶作で飢饉が起こり，餓死者が多くなった。幕府は藩に命じ，仮小屋を設けて飢えた人びとに粥を与えた。また，酒造による穀類の消耗を禁止し，農民に米を多く食さず，雑穀を食べるよう命じた（「大猷院殿御実紀」）。

　② 享保の飢饉（1732 年）

　　雨が降り続いていたところに九州，四国，中国地域に害虫のウンカが異常発生し，稲の茎を食い荒らしたために，収穫が皆無となったところもあり，餓死者が多かった。幕府は，これに対し，払い下げ米を各地に送ったが，到達前に餓死者が増したという（「除蝗録」）。

　③ 天明の飢饉（1782 ～ 1789 年）

　　最も大きなしかも長く続いた飢饉である。有史以来の浅間山の大噴火があり，その後も寒冷な日々が続いたために，これまでにない大凶荒となった（「続日本王代一覧」）。

●米沢藩の『かてもの』
「わらび粉」の製法を紹介しよう。
　根を掘り取って洗い杵でたたき，桶に水を入れてよくもむ。それをよくたたき，さらによくもみ黒い筋を取り去り，布でこし，かすを去りおけば，粉は桶の底にたまる。さらに幾度も水をかえ，真っ白になるまで繰り返す。これを乾燥させて「米の粉か麦の粉か，またはこぬかなどと混ぜ，食うべし」と記されている。水の豊富な日本だから可能な方法ともいえよう。

わらび粉の製法『かてもの』
（国立国会図書館デジタルコレクション）

特に弘前，八戸，盛岡などの各藩は，最もひどい被害があり，津軽郡内の餓死者は，8万人以上に及んだ（「津軽奮起類」）。しかし，東北地域にありながら餓死者を出さなかったといわれる米沢藩（現　山形県）の例をみてみよう。

　米沢藩では，藩主上杉鷹山の政策が知られている。仙台，秋田などから御払い米の請求を謝絶し，酒造用のこうじ，その他穀類でつくる菓子類，豆腐，納豆の製造を停止し，藩の貯蔵米や購入米を各戸に与えた。また，諸役人に三度の食事を粥とするよう訓示した。このような政策を実施することで，「一人も餓死，離散する者はなかりしなり」と述べている（「鷹山公世紀」）。藩の政策によっては凶作であっても飢饉に到らなかった例である。

④　天保の飢饉（1833 ～ 1839年）

図4·9-1　粥を与える図
『民間備考録』
（東京家政学院大学附属図書館大江文庫所蔵）

　江戸時代後期の大飢饉である。これも大雨による洪水や冷害による凶作であるが，東北地方特に，陸奥・出羽国（現　青森，岩手，秋田，山形，宮城，福島）の被害が大きかった。ただ，天明の大飢饉を経験したために，様々な政策が行われたことから（図9-1），天明の飢饉ほどの被害はなかったとされる。後に述べるように，飢饉に備えるための救荒書の出版や配布が相つぐのも，この飢饉の対策の一つであった。

(3)　飢饉を救ったいも類

①　さつまいも

　さつまいもは，メキシコを原産地とし江戸時代初期に伝来したが，伝来の時期には諸説がある。『農業全書』（1697）では，「蕃藷」と書き，ばんしょ，あかいも，りうきゅういもなどと呼ぶと記している。蒸して乾燥すると，飢饉の際によいという。しかし，薩摩や長崎以外では，まだみられないとも述べている。

　さつまいもは，西日本に被害を与えた享保の飢饉をきっかけに広まったといえる。石見の大森銀山（現　島根県）の代官井戸平左衛門は，後に芋代官とよばれた。幕府に願い出て，さつまいもの種を薩摩よりとりよせ，栽培させた。飢饉の際平左衛門は，代官所の倉を開き，保管してあった年貢米を配分し，年貢を免除して人民を救った。しかし，幕府の命を待つ前

●青木昆陽とさつまいも

　青木昆陽（1698 ～ 1769）は，江戸・日本橋で生まれた儒学者，蘭学者で甘藷先生ともよばれた。

　昆陽の『蕃藷考』（1735）は漢文で書かれているが，さつまいもを関東各地に広めるために，さつまいものつくり方と効用を記した「薩摩いもつくり様功能之儀書上」を，一般の人も読めるよう，仮名交じり文で書き，幕府はこれを刷り，さつまいもと共に配布した。

（撮影　江原）

青木昆陽の墓

に行ったため，代官の職をうばわれ，責任を取って自害した(宮本　1962)。

　享保の飢饉の経験により幕府も対策をとった。大岡越前守は，青木昆陽のさつまいもに関する『蕃藷考』を読み，これを将軍吉宗にみせた。これにより，江戸・小石川養生所にいもの種を植えるなどの試作をし，さつまいもを各地に広げた。

② じゃがいも

　じゃがいもは南ペルーを原産とし，1598年にオランダ船により伝来したという説や，それよりやや早かったとする説があるが，大槻玄沢『蘭畹摘芳』(1831)には，オランダ船によりジャガタラ産のじゃがいもが長崎に伝えられたことを図入りで示している。ジャガタライモ，馬鈴薯，甲州いも，ごしょいも，あかいも，清太夫いも，ゼンダいもなど，多くの名前でよばれた(山本　2008)。
　甲斐国(現　山梨県)でじゃがいもが栽培されたのは，天明の飢饉の頃である。代官となった中井清太夫は天明の大飢饉の際じゃがいもに着目し，幕府から栽培許可を得て長崎から購入した。試作後14か村で栽培し，さらにそれを広げた。山梨県では現在もじゃがいもの皮付きの煮物を「セイダノタマジ」とよび，郷土料理の一つとして伝えている(上野原町誌　1975)。
　越後国(現　新潟県小千谷)の名主の記録(1809)のなかには，以前はなかった「甲州いも」が主として栽培されていると述べられ，凶年には助けになると記している。いもの名称から甲斐国から伝播したものと考えられる。
　高野長英『救荒二物考』(1836)の出版も，じゃがいもの普及に影響を与えた。飯に加え，汁に入れる調理法や，じゃがいもでんぷんのとり方，焼酎のつくり方などを記している。

(4)　救荒書と救荒食

① 藩が頒布した救荒書

　しばしば起こる飢饉に備えるために，藩によっては，救荒書とよぶ書物を発行して食材の蓄え方や留意点などを広く知らせた。米沢藩では，飢饉に備えるため『かてもの』(1802)を約1,600冊発行し領内に配布した(市立米沢図書館　1974)。同書は，通常は食材としていない野草の下処理，食べ方を中心にまとめている。さらに，味噌の製造，だいこん，やまいもの植え方，乾物の種類とつくり方なども記している。例えば，夏の畑にはびこる雑草「すべりひゆ」(すめりひゃう)は，ゆでて食べるとある。これは乾燥して今でも米沢の正月などの料理として継承されている。

●『救荒二物考』のじゃがいも
　1834刊行。著者高野長英(1804～1850)は，江戸時代後期の医師・蘭学者で長崎に留学し，シーボルトの塾で学んだ。「二物」とは，そばとじゃがいも(馬鈴薯)で，飢饉に備える作物として，栽培法，貯蔵法，調理法のほか，じゃがいもを酒につくる方法も記している。寒冷地の貯蔵には，土を掘り，わらを敷いてじゃがいもを入れ，さらに，わらをかぶせ，土をかけるとよいという。煮もの，飯や汁に入れるとよいとも述べている。

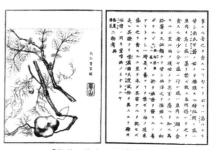

『救荒二物考』 馬鈴薯の図
(東京家政学院大学附属図書館大江文庫所蔵)

天保の飢饉において三河国吉田藩（現　愛知県）は，藩士中山彌助美石が著した『飢饉の時の食物の大略』（成立　1837）を頒布した。中山は，人びとが餓死することのないよう，『民間備考録』（1771）を参考にまとめている。草木の解毒法や味噌のつくり方などが記されている。また，塩分摂取の重要性，昆布やわかめなどの海藻類の乾物製造，わらびやぜんまいの根から水さらしにより，でんぷんを採取する方法，野草類のあくのとり方，とちの実やどんぐりなどの毒を除去する方法などが詳述されている。この書の終わりに取次所として吉田城内などのはか，大坂や京都などもあり，広く頒布された様子がうかがえる（中山　1837）。

② 　出版されて流布した多様な救荒書

　たびたびの飢饉に備えるための方法などを記した救荒書の出版（図9-2）は，飢饉を経験した後に著されることが多い。前述の『民間備考録』を除けば救荒書の多くは天明の大飢饉の経験を経て出版されたものが多く，特に天保の飢饉には，様々な救荒書が出版された。この時期に出版された食べ物を中心とした一般向けの書物を表9-1にまとめ，その内容の概要を示した。

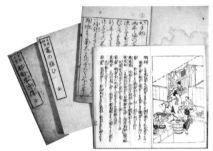

図4・9-2　各種の救荒書
（東京家政学院大学附属図書館大江文庫所蔵）

表4・9-1　天保の飢饉に際して出版された一般向け救荒書

書　名	出版年	概　　要
日ごとの心得	1833	食を減じて腹減らぬこころえ，糟団子の製法，だいこん飯，さつまいも粥，年中貯えておく食物，解毒法　　　（絵入り）
経済をしへ草	1833	各種の根からでんぷんを採集する方法，とちの実，どんぐりの実の食べ方，さつまいも，野草の食べ方　　　（絵入り）
都鄙安逸伝	1833	きらず飯炊法，なんきんうり飯，なんきん粥などかて飯の調理方法を絵入りで描いている。　　　（絵入り）
竈の賑ひ	1833	上記と内容的はほぼ同じ。なんきんうり飯を江戸で使用する唐なすなどで表記し，絵も異なる。　　　（絵入り）
徳用食鑑	1833	小米（割米）の飯炊きよう，ひじき飯，荒布飯，さつまいもを食する法，あわの粥，田舎饅頭拵えよう，こぬかもち　　　（絵入り）

それぞれの書物の目次などから筆者による概要解説

●村の豪農の飢饉対策

　三河国の稲橋村（現　愛知県）の豪農・古橋暉皃は，天保の飢饉で村民を助けるため，米穀や麦を村民に与えたが，その後の飢饉に備えるために，各戸に穀類や乾物を貯蓄することを奨励した。明治になっても玄米を貯蓄，かめの中に，あらめや山ごぼうを乾物にして貯えた。同家には明治に貯蔵した玄米が残っており，100年以上経て精米して炊飯した。パサついていたが臭いもなく食べることが可能だった（古橋　1977）。

（古橋懐古館）

備荒　あらめ（明治）

♣キーワード：さし身の調味，醤油の普及，すしの変遷，酸味の変化，砂糖とみりん，佃煮と蒲焼，だし，汁物の調味

10.　調味の多様化と地域性

（1）　さし身の調味

①　鱠からさし身へ

　魚を生食する料理には，奈良・平安時代から生の身を細かく刻んで酢で調味して食べるなますがあった。江戸時代には，獲った魚を舟上ですぐ調理し，塩や酢で調味したなますを沖鱠（おきなます）とよび，料理書にも多く登場する（石川　1995）。

　なますは刻んで調味料を加えて調味するが，さし身はそれより大きな切り身を皿に盛り付けて，調味料を添え，後からつけて食べる。さし身の調味料には，室町時代の頃からわさび酢，生姜酢，蓼（たで）酢など，酢に薬味を加えた合わせ酢や，薬味で風味付けした酢味噌などが添えられた（表10-1参照）。江戸時代には酒，かつお節，梅干を煮詰めてこした煎酒（いりざけ）が用いられるようになる。また，江戸時代後期に関東醤油が出回るようになってからは，現代のように醤油とわさびで食べるようになった（図10-1）。

図4・10-1　わさびをする女性を描いた浮世絵
歌川国芳「東都八景 日本橋の夕照」
（ギャラリー紅屋所蔵）

②　醤油の普及

　味噌と並び日本独自の発酵調味料として知られる醤油は，平安時代に唐から伝わった醤（ひしお）や未醤（みしょう）（味噌の前身）に起源がある。これらから豆油や鼓汁（くきしる）といった液体をとることから始まり，味噌をつくるようになってからは，熟成中にたまる醤油様の液体を「味噌溜（たま）り」とよんで煮物などに使った。得られる液体を目的として塩水で豆麹（まめこうじ）を仕込むようになり，溜（たまり）（たまり醤油）ができた。その後，大豆と小麦を同割で醤油麹にしてから塩水で仕込む淡口（うすくち）醤油と濃口醤油が出来上がった。龍野（兵庫県）の淡口醤油，湯浅（和歌山県）や小豆島（香川県）の濃口醤油，堺経由で出荷される堺溜などが知られるようになり，17世紀半ば頃から菱垣廻船や樽廻船に醤油の木樽が積み込まれ，「下り醤油」として江戸に運ばれた。18世紀後半になると銚子・野田（千葉県）で濃口醤油の製造が本格化し，関東の濃口醤油が江戸の庶民の生活に浸透していった（福留　2018, 2019）。

●さし身に添えるけん，つま，辛味
　さし身やなますのあしらいとして『黒白精味集』上巻四には，つま（妻）にはだいこん，うど，芽うど，茗荷たけ，白瓜などのせん切りが，けん（権・見）には金柑・花柚・青柚・くねんぼなど葉付きの柑橘類や葉生姜，栗，防風，あさつき，黒くわい，木くらげなどがあげられている。色味や味わいの違い，季節感も考慮していたことがよくわかる。辛味はわさびが代表格であるが，薬味としてだいこんおろしなども添えられた。

わさび　　芽うど

『図説　江戸料理事典』食物知新より

表4・10-1　江戸時代の料理書にみる合わせ酢と酢味噌のいろいろ

名　称	ふりがな	概　要
青　酢	あおず	青菜を用いて緑色に着色した酢
煎酒酢	いりざけず	煎酒に酢を合わせたもの
辛子酢	からしず	溶き辛子を加えた調味酢
胡桃酢	くるみず	煎った胡桃をよくすり，酢，塩などを合わせる
芥子酢	けしず	すったけしの実，酢，塩，砂糖を合わせる
胡麻酢	ごまず	いり胡麻をよくすり，調味酢ですりのばす
白　酢	しらず・しろず	豆腐に炒り胡麻，または炒りけしの実を加えてすり，酢でのばした調味酢
蓼　酢	たでず	青蓼の葉少量と塩，飯粒をすり，裏ごしにかけ酢でのばしたもの
玉子酢	たまごず	江戸時代の料理書にはつくり方が見当たらないが，黄身酢と考えられる
味噌酢	みそず	酢味噌とは異なり，味噌で味をつけた酢。わさび味噌酢，生姜味噌酢，山椒味噌酢，蓼味噌酢，葱味噌酢，唐辛子味噌酢，からし味噌酢などがある
わさび酢	わさびず	わさびをすりおろして酢に混ぜ，塩で塩梅した調味酢
二杯(盃)酢	にはいず	江戸時代の料理書に用例はあるがつくり方は見当たらない
三杯(盃)酢	さんばいず	酢と醤油と酒を一杯ずつ合わせたもの
酢味噌	すみそ	味噌に酢と調味料や香辛料を加えてすり混ぜてつくる。辛子酢味噌，山椒酢味噌，蓼酢味噌，唐辛子酢味噌，生姜酢味噌などがある。

『図説　江戸料理事典』調味料類(pp.269-299)より，筆者抜粋・概説

(2)　なれずしから早ずしへ─酸味の変化

　すしの起源は，塩漬けにした魚と飯を漬けて1年以上もの長期間発酵・熟成させた「なれずし」にある。滋賀県の郷土料理ふなずしは今でもつくられるなれずしの一つで，なれずしは主に魚を食べるものである。室町時代には，短い発酵期間で漬けた飯も一緒に食べる「生成(なまなり，なまなれ)」が，江戸時代初頭には魚と飯と野菜を漬けて一緒に食べる「飯鮨，飯鮓(いずし)」が登場する。元禄期には魚と飯に酢を加えて押し，漬ける時間をさらに短縮した「早ずし，一夜ずし」がつくられるようになった(日比野　1999)。

　江戸時代には，箱鮓，柿鮓などの押し鮓や，笹で巻いた笹巻鮓が考案され，江戸前(東京湾)の魚介を使った握り寿司(江戸前寿司)や，名古屋発祥という稲荷寿司など多様な早ずしが食べられるようになった。酢は塩の次に古い調味料で，古代から日本では米酢がつくられてきたが，江戸時代の早ずしの発展には尾張国(愛知県)の知多半島でつくられる粕酢が貢献した。酒粕を原料とする粕酢は「赤酢」ともよばれ，濃色で自然の甘味がある。現代のすし酢の多くは酢・塩・砂糖を合わせるものであるが，砂糖を混ぜなくても塩と粕酢だけで味のバランスがとれたこと，酒造りの副産物として得られる酒粕を利用するため，安価だったことも粕酢が広く使われるようになった理由である(原田　2014)。

●半田村の粕酢と福山町の黒酢

　半田村(現　愛知県知多郡半田町)の有力な酒造家に養子入りした初代中野又左衛門は，文化元年(1804)に酒粕から粕酢をつくることに成功した。粕酢は日本酒同様に木桶で仕込まれ，又左衛門は三河湾の半田港から尾州廻船で江戸に粕酢を輸送し，商売を拡大した。

　一方，同じ頃，薩摩の福山町(現　鹿児島県霧島市)では，薩摩焼の壺に仕込んで屋外で発酵熟成させる米酢づくりがはじまった。現代において「黒酢」とよばれるその酢は，薩摩藩の財政危機を救ったとされる。

鹿児島県霧島市福山町に伝わる黒酢の壺仕込み
坂元醸造㈱HPより

(3) 日本の甘辛い味の誕生

① 砂糖とみりんによる甘味

砂糖は奈良時代に唐から薬として伝来し，室町時代の茶の湯の流行により菓子に使う用途で輸入量が増えた。輸入品は大変高価だったため，18世紀になって薩摩藩による黒砂糖の製造がはじまり，享保11(1726)年には，徳川吉宗による砂糖生産の奨励策が打ち出され，1790年頃には讃岐国(香川県)で白砂糖(和三盆)づくりが本格化する。砂糖は菓子だけでなく，味噌に合わせて豆腐田楽やなすのしぎ焼きなどにも使われた(原田　2014)。

みりんは戦国時代に中国からもたらされた「蜜淋」がルーツとされ，もち米・米麹・焼酎を原料とする甘い酒として飲用されるようになった。みりんを料理に使うようになったのは17世紀末の頃からで，100年後の18世紀末の料理本では，登場回数も増す。18世紀後半から19世紀はじめにかけて三河(愛知県)や下総国　流山(千葉県)でみりん製造が本格化し，一般的な調味料として煮物の甘味付けなどに使われるようになった。

関西と関東の味付けの違いは，煮物にあらわれる。関西は素材の味わいを生かして甘味は控えめで淡口醤油で色を薄く仕上げるが，関東は砂糖やみりんと濃口醤油でしっかり色と風味を付けた煮物が多い。

② 佃煮と蒲焼

甘辛く小魚や貝類を煮付けた佃煮は，墨田川河口の佃島発祥とされ，漁師の手によって生み出された。佃島の漁師たちは，徳川家康の招きにより関西の摂津国佃村から移り住んだ人びとで，大網を使って大量の魚を捕る関西漁法を江戸に伝えた。佃島の漁師は毎日幕府に魚を納め，その残りを市中で販売したことから，日本橋魚河岸などの魚市場がはじまった。

売れ残った小魚は保存用に塩煮にしていたが，関東醤油の普及によって醤油煮に変わり，惣菜として一般化した。つくりはじめた当初は甘味を入れず醤油だけで煮た塩辛いものだったが，江戸時代後期にみりんや砂糖が出回るようになり，甘味を付けた甘辛い味になった。

うなぎの蒲焼も最初は甘味がなく醤油と酒，または山椒味噌が使われていた。醤油だれは，醤油と酒を煮立てて冷まし，壺の中で寝かせたところに素焼きしたうなぎを浸すか刷毛で塗って焼いていた。寛政元年(1789年)の記録に，東京　銀座の鰻屋すゞきでは，みりんで甘味を出す工夫をしていたとある(飯野　2016)。『守貞謾稿』によれば，関東はみりん入りの醤油だれで甘味があり，関西は精白米だけで仕込んだ諸白酒を用いる点で，たれの甘味に違いがあった。

●伝統的な木桶の発酵文化

日本酒，みりん，酢，醤油，味噌などの伝統的な発酵調味料は，江戸時代までは，杉材の木桶で仕込まれ，発酵・熟成を行っていた。輸送する容器も1〜4斗(18〜72 L)の大きな木樽を用いていた。

明治時代に入り発酵桶の材質はホーローやコンクリート，合成樹脂などに置き換わり，100年以上が経つうちに木桶の修繕や新桶をつくることのできる木桶職人はわずかになった。現在，日本の伝統的な木桶醸造文化は，消失の危機に直面している。

消失の危機にある木桶
ヤマロク醤油㈱より

（4）　だしと汁物類の味付け・風味付け

　日本の主なだし材料としてかつお節，昆布，煮干し，干ししいたけがあるが，特にかつお節と昆布の利用が江戸時代に進んだ。太平洋の黒潮にのって北上するかつおは，土佐から伊豆にかけての沖合で一本釣りによって獲られ，かつお節の製法は和歌山の漁師から伊豆や高知へと伝わった。室町時代にはじまったかつお節づくりは，最初はゆでたあと，乾燥するだけだったが，元禄期には日干しし，かび付けして長期輸送が可能な本枯節ができ，大坂市場から江戸に運ばれていた。江戸でさらにかび付けと乾燥を繰り返すことで，生臭みがなく香りのよい江戸独特のかつお節がつくり出された（原田　2014）。日本のかつお節の特徴である薪を使用した焙乾法（煙で燻し乾燥する）は土佐の独占的な技術であり，全国に広まるのは18世紀中頃以降といわれる（伏木　2017）。

　江戸時代の料理書では単に「だし」とあれば，かつおだしについて書かれていることが多く（松下　1996），日本料理のだし食材としてかつお節が大きな存在になっていたことがわかる。また，かつお節はだし材料だけでなく，大きく削った花かつおにして，めん類に使われた。

　昆布は三陸海岸以北にできる海藻で，北海道函館を起点とする西廻り航路の北前船によって関西に大量に運ばれた。大坂では，だし材料としてだけでなく，佃煮や塩昆布にも加工された。昆布だしは，今では煮出すときに沸騰直前で昆布を取り出すが，江戸時代には水だしにするか長時間煮てだしをとった。動物性の材料を使わない精進のだしでは，かつお節は使わず，昆布，かんぴょう，干ししいたけのほか，もち米，干したかぶ，だいこん，白豆などを煮出してとった。室町時代末頃から，吸物は酒に添えるもので味は軽く薄めにするが，汁は飯に添えるもので副菜になるように味は濃いめにするというように区別されるようになった。江戸時代初期には，味噌仕立ての吸物も多かったが，醤油が普及するに従って，醤油仕立てのすまし吸物が多くなった（松下　1996）。

・・・・・・・・・・・・・・・・・・・・・・・・・・・・・・・・

●諸國鰹節番附表

　江戸時代に人気の娯楽であった相撲の番付表にちなみ，様々なものの番付表が発行された。横綱はなく大関・関脇・小結・前頭と続く。かつお節では，上位に土州・土佐（高知），紀州（和歌山），薩摩（鹿児島），阿波（徳島），房州（千葉）などが続き，行司には勢州・志摩（三重）のかつお節地域ブランドがあがっている。

図4・10-2　諸國鰹節番附表
文政五年
（日本鰹節協会所蔵，複製）

●江戸にかつお節を広めた髙津伊兵衛

　勢州四日市生まれの伊之助は，12歳で日本橋の雑穀商で年季奉公をはじめ，元禄12年（1699）に20歳で日本橋のたもとで，戸板を並べて，かつお節や干魚類を売る商売をはじめた。1705年には伊兵衛と改名し，屋号伊勢屋伊兵衛，商号カネにんべんを定めた。

　江戸町民から親しまれ繁盛した理由は，当時江戸では珍しかった上方下りのかつお節を扱ったことと，「現金かけ値なし」で，誰もが現金で購入できる新しい商売の仕組みを導入したことにある。

初代髙津伊兵衛（1679～1729）
資料画像：㈱にんべんより

11. 調理場と道具・食器

（1）　薪と竈と羽釜の利用

①　台所の中心－薪と竈

　近世の台所の燃料は，主に薪と木炭だった。『守貞謾稿』によると，竈はへっつい，くどなどとよび，江戸では多人数の家族でも三ツ竈を使うところが多いが（図11-1），京坂では家人が多ければ竈口の数を五口，七口，九口などと増やすというように違いがあった（高橋　2012）。

三ツ竈には，飯を炊く羽釜，汁を煮る鉄鍋，湯を沸かす鉄釜がかけられた。竈は石や金属の場合もあったが通常は土でつくられ，ひび割れが生じれば左官が塗り直して修繕し，大切に長く使った。江戸では特殊な技術でつくられた銅壺の竈もあったという。

図4・11-1　石川豊信作
江戸の町家の台所
『絵本江戸紫　中』禿帚子
1765（国立国会図書館デ
ジタルコレクション）

　狭い長家暮らしでは，一口または二口の竈と七輪・火鉢を併用した。火鉢の灰に置いた火種で毎日火を起こしたが，火種が消えると，火打石と火打ち金で一から起こすか，隣近所に火種をもらいに行った。火吹き竹で風を送り，燃えはじめたら火箸で薪・炭の量を加減して強火・弱火の調整をする。竈のそばには火消壺と水甕・柄杓が置かれ，井戸でくんだ水や水売りから買った水を補充して煮炊きや洗い物に利用した。

②　羽釜と炊き干し法

　古代には土製の竈・甕・甑で蒸す強飯が食べられていたが，中世には囲炉裏に金輪（五徳）と鉄鍋を置いたり，弦付きの鉄鍋をつるして煮る姫飯（p.17参照）に変わる。この鍋でゆでる湯取り法から，竈に羽釜をかけて炊く炊き干し法に変わるのは，江戸時代になってからである。羽根つきの羽釜（p.171参照）は竈にぴったりとかかるため熱効率がよく，ふきこぼれが火に直接落ちることもない。羽釜に厚い木の蓋をのせることでふきこぼれを極力防ぎ，おも湯の粘り気や湯気を釜中の飯に回してふっくらと炊き上げることができる。竈と羽釜の組合せにより，水加減と火加減にさえ気をつければ，誰もがおいしい飯を炊けるようになった。

　「始めちょろちょろ，中ぱっぱ。赤子泣いても蓋取るな」という炊飯のコツは，竈炊きの

● 湯煎器「銅壺」

　銅壺は，銅製の容器で，薪・炭を焚く余熱で水を沸かして使う。江戸特有の竈として『守貞謾稿』[1]に描かれている（図11-1）。長火鉢の灰の中に置くタイプや，炭を焚く火鉢の部分を内蔵して持ち運びができるタイプ[2]もあった。

　余熱のエネルギーをむだなく利用する知恵の詰まった江戸時代からの道具であるが，ガスの普及と共に生活様式が変わり，使われなくなった。

携帯できる湯煎器「銅壺」
の構造

[1]に描かれている銅壺の湯は，酒の燗をするほか，洗いものなど生活用の湯として使われた。
[2]携帯用で，花見の錦絵などに描かれている。

火加減を示したものである（栄久庵　1976，小泉　1994）。

（2）　炭と火炉と鍋の利用

①　可動式のコンロ「七輪」と暖房器具「火鉢」

図4・11 - 2　長火鉢で鍋を
食べる女の浮世絵
二代歌川国貞　「東京美女
ぞろひ　柳橋きんし」
（国立国会図書館デジタルコ
レクション）

七輪は土製のコンロで，木炭を熱源として持ち運びができることから，屋台や煮売りの熱源にもなった。また，火加減を調節する空気窓がついて強い火力が得られることから，竈口が一つしかない家では飯は薪と竈で炊き，汁物など，ほかの煮炊きには木炭と七輪を用いた。大型のものは台所の土間や屋外で，小型のものは座敷でも使った。

一方，火鉢は湯沸かしができる暖房器具として座敷に置くもので，形は丸く深い焼物の火鉢か，または長火鉢とよばれる長方形の箱型（図11 - 2）のものがあった。中で炭を焚いて五徳の上に鉄びんをかけて湯を沸かし，時には干物や海苔をあぶったり，小型の鉄鍋や土鍋をかけて一人か少人数で鍋料理を食べる「小鍋膳立て」にも使われた。長火鉢には銅壺を置いて酒の燗もした。

②　台所と食卓を兼ねた囲炉裏

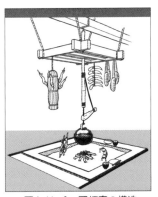

図4・11 - 3　囲炉裏の構造

寒い地方や農村地帯では，家の中にある囲炉裏（いろり）と土間の竈で煮炊きを行うことが昭和期前半まで続いた（図11 - 3）。囲炉裏では，天井から吊るした自在鉤（じざいかぎ）で鉄鍋の位置を自由に調整でき，薪を燃やして残った灰を敷き詰めた炉面では，鉄串を刺したり金属の焼き台を置いて魚や餅を焼いたり，おやきのように灰の中に埋めて調理もできた。囲炉裏の上部には火棚（ほだな）（木の棚）が設置され，わらじをかけたり魚の串などを刺せる「べんけい」を吊るして乾燥棚として使った。秋田のいぶりがっこは，だいこんを燻して漬ける漬物で，囲炉裏の熱源を活用した例である。囲炉裏端にある板の上では漬物を切ったりお茶をいれたり，盃やお椀を置いて食卓としても使えた。囲炉裏は煮炊きをする台所としての役割と，暖を取りながら食事をする食卓の機能の両方を兼ね備えたものであった。

●火鉢にかける小鍋膳立ての料理

江戸時代の料理書『素人庖丁』にある「鍋煮」は七輪に鉄の浅鍋をかけ，胡麻油で小蟹の両面を焼いて生姜酢で食べる料理である。『料理物語』の「なべやき」は，薄鍋で具材を味噌汁か醤油味の汁で煮たもの。

また，双六の絵図には，どじょう鍋の小鍋膳立てが描かれている。火鉢は現代の卓上コンロの役目をしていた。

鍋　煮

新版御府内流行名物案内双六
〈りうかんばし〉どぜう
（国立国会図書館デジタルコレクション）

p.99「判じ絵」の答え：①包丁，②ざる，③水がめ，④たわし

（3） 台所の調理器具

① 包丁とまな板

　江戸や大坂の都市で狭い長家に暮らす人びとは，限られた炊事スペースで最低限の調理器具で料理をしていた。包丁は野菜用の菜切り包丁と魚用の出刃包丁など1本または2本を使い分け，木製のまな板は低い脚つきで，床上に置いて座って調理することも多かった。

　日本には多種多様な形式の包丁があり，同じ鰻割きでも関東・関西で形が違う。こうした料理専用の各種包丁が普及するのは江戸時代に入ってからのことで，世情が安定し，刀鍛冶や鉄砲鍛冶に代わって各地に包丁鍛冶が増えたことによる（神崎　1984）（p.210参照）。

② 桶と樽，かごとざる

　台所で使われる木製容器には，現代の計量カップにあたる大小の升，炊いた飯を保管する御櫃，手桶や洗い桶など液体を貯めて使う桶，蓋つきの樽などがあった。洗い桶は藁をたばねたたわしと共に，だいこんやいもの泥を落としたり，薪をくべて炊く鍋・釜の底についたすすをこすり落とすのに使われた。樽は酒樽，味噌樽，醤油樽というように内容物によって呼び名が変わり，焼き物の甕や壺に比べて軽く丈夫なため食品容器として広く普及していた。こうした木製容器は，瓶や缶，プラスチック，ペットボトルなどに現在はとって代わられ，台所から姿を消しつつある。この他，しゃもじ，杓子，菜箸などの木製調理小物も使われた。

　竹を細く割いて編んでつくるざる・かごは縄文時代からあり，かごは主にもの入れの容器として，ざるは水切り道具として使われてきた（小泉　1994）。竹製品は軽く丈夫で自由に手編みできるため，全国各地に多様な用途・形状のものが存在する。

③ すり鉢とおろし器

　武家や商人などの最上層から裏長屋に住む住民などすべての階層がもっていた調理器具は，桶・樽・鍋・釜・包丁・まな板とすり鉢だった。すり鉢は6世紀頃から使われていたが，内側全体に刻み目が入った現在のすり鉢の形式になるのは，江戸時代になってからである。当時の調理法では胡麻味噌，田楽味噌，木の芽和えなどの和え物，すり身，とろろ汁，つみれ，でんぶ，きんとんなどすりつぶす料理が多く，すりつぶすだけでなく，おろしたり，米研ぎの道具，鉢や片口代りの容器としても使われ，すり鉢は毎日使う必需品であった。

　すりつぶす他におろして細かくするには，材質も形状もいろいろのおろし器が使われた。細かな目では，なますやそば・うどんなどの麺類にそえる薬味としてわさびやしょうがなどを，粗い目ではだいこんをおろした（小泉　1994）。

● おろし器

　江戸時代から今も使い続けられるおろし器には陶器の「おろし皿①」，だいこんを粗くおろせる竹製の「鬼おろし②」，日本料理の厨房で使われる銅製の「おろし金」，江戸時代の宮大工の仕上げ道具からヒントを得たという「鮫皮おろし」などがある。一方で，プラスチックの穴あきおろし器やアルミ製のおろし金など，変化をとげたものもあり，現在では，おろし器を使わずフードプロセッサーを利用する人もいる。

①おろし皿　　②鬼おろし

（4）食器と食具

① 日本の漆器

　磁器（Porcelain）を別名チャイナ（China）とよぶように，漆器（Lacquerware）は別名ジャパン（Japan）とよばれる。漆は，漆の樹液を木などの素地に薄く塗り，乾かし，研いで仕上げる工芸品で，蒔絵，沈金など伝統的な加飾の技法で繊細な金彩，銀彩の模様を描くことができる。ヨーロッパへの輸出は，安土桃山時代末に訪れたスペイン，ポルトガルの宣教師や商人を通じてはじまり，江戸時代には，オランダ人が大量に買いつけた。

図4·11 - 4　蒔絵の黒塗り椀と朱塗りの膳を囲む歌舞伎役者の浮世絵
三代歌川豊国（国貞）「改名祝儀當酒盛」
（味の素食の文化センター所蔵）

　漆塗りの蓋つきの飯椀と汁椀を4つ重ねたものを四つ椀とよび，茶懐石や精進料理では，飯と汁と菜の取り皿に使う。また，婚礼などハレの日の祝膳には漆塗りの椀や膳が使われ（図11 - 4），重箱や茶入れの棗，塗り箸など様々な食器・食具に漆が施されていた。

② 日本の陶磁器の発展

　縄文土器や須恵器のような炻器に対し，釉薬を使った陶器が日本で焼かれるようになるのは飛鳥時代の7世紀後半のことである。唐からの影響を受け，奈良・平安時代には三彩釉，緑釉，灰釉などの釉薬をかけた陶器が製作され，平安時代後期から室町時代にかけて全国に陶窯ができ，六古窯は今でも残る有名産地である。

図4·11 - 5　染付の深鉢から白玉をすくう女性の浮世絵
歌川国芳「名酒揃 志ら玉」（部分）（江戸ガラス館所蔵）

　日本の磁器製造は，1610年に佐賀県有田町で始まり，1640 〜1650年代にかけて中国の絵付けと薄く焼き上げる技法を取り入れ，日本独自の染付磁器・色絵磁器として発展する。近くの伊万里港から国内外に出荷された磁器は「伊万里」とよばれ，明末清初の動乱のなか，中国からの輸入が困難になったオランダの連合東インド会社が1650年代に伊万里の色絵磁器を大量発注したことで，世界に知られるようになった。1680 〜 1720年代にかけて華やかな金襴手の絵付けが人気を集めたが，清朝の支配が安定して中国の景徳鎮の磁器輸出が再開したため，1750年には伊万里の輸出はなくなる。その後，伊万里は国内に目を向けて販路を拡大し，庶民の生活にも染付（図11 - 5）をはじめとする磁器が行き渡った（矢部　1998）。

● 江戸のなぞなぞ「判じ絵」
　江戸時代の人びとは，しゃれやだじゃれを絵にして何を意味するか，当てる遊びを楽しんだ。
　次の絵は，台所や水回りで使われる道具（勝手道具）を表している。
　答えは何だろう。
　　①　ほほにとまるチョウ
　　②　サルに点々
　　③　目が水
　　④　田んぼにワシ　　　　　（蛇足庵初代矛盾所蔵）

① 　②
③ 　④

❖キーワード：本草学から西洋医学へ，ロシアのプチャーチンへの饗応と返礼の饗応，ペリーへの
饗応，最後の将軍徳川慶喜による日本初のフランス料理の饗応，肉食禁止令解禁

12.　開国と西洋との出会い

（1）　本草学から西洋医学へ

　　日本の医学は，古代より本草学（p.64参照）を中心とした中国医学が伝えられていたが，安
土・桃山時代には，ポルトガルを中心とした国から南蛮医学が伝わる（岩生　1968）。

　　江戸時代前期に「鎖国」をした日本は，在日ポルトガル人を国外追放して，ポルトガル船
の来航を禁止し，ヨーロッパの国では，キリスト教を布教しないという条件で，オランダだ
けが長崎の人工の島である出島において貿易を許されていた*。

　　＊オランダ船の他に，「唐船」とよばれた中国・東南アジアなどの船も長崎に限って貿易を許されていた。

　　西洋医学を学ぶ日本人の蘭方医も現れ，江戸時代中期の1754年（宝暦4）には，京都で山
脇東洋が，1771年（明和8）には，江戸で杉田玄白・前野良沢・中川順庵らが処刑された罪人
の解剖を行っている。これにより，人間のからだがどのようになっているのかを日本人の医
者が確認する，新しい医学が芽生えていく。

　　オランダ人たちとコミュニケーションをとるのはオランダ語を学んだオランダ通詞たち
だったが，医者以外の日本人のなかでも，オランダ語を学び西洋の知識を吸収・勉強する蘭
学者たちが現れた。中津藩出身の福沢諭吉も，大坂
の緒方洪庵の適塾に入って蘭学を学んでいた。

　　オランダ人は，長崎の出島のオランダ商館で太陽
暦の正月を祝っていた。後に，江戸では蘭学者の大
槻玄沢が，1794年（寛政6）閏11月11日（1月1日）に
「新元会」として，新年の祝をはじめた（図12-1）。

　　食べ物の点では，ポルトガルから伝わった南蛮菓
子や南蛮料理と比較すると，オランダ人たちは，基
本的には長崎の出島という限られた場所でしか生活
ができなかったので，オランダ通詞や一部の蘭学者
がオランダ料理や菓子を体験するにとどまり，日本
に伝えられて根づいたものは少なかった。

図4・12-1　「芝蘭堂新元会図」
（早稲田大学図書館所蔵）

●長熨斗による儀礼と本膳料理

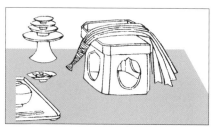

長熨斗『素人庖丁』　　　　（個人蔵）

●プチャーチンへの饗応

　本膳には，飯，汁（葉つき小かぶ，えのきだけ），鱠（薄
づくり鯛，鮒など），坪に入った煮物（ぷりぷり鴨，ごぼう
など），香の物（なすなど），

　二の膳には二の汁（ふきのとう），小箱（鯛，海老，はん
ぺん，くわい，にんじんなど），

　三の膳には三の汁（だいこんの双葉味噌仕立て），茶碗
（いわたけや春菊などの卵とじ）などが並んだ。さらに酒
宴の酒肴として吸物，中皿（かまぼこ，細引皮さよりなど）
が出された（東京大学史料編纂所　1972）。

(2) 開国への道

　江戸時代後期になると，アメリカとロシアが開国を求めてきた。

　1853年（嘉永6）6月，アメリカのペリー提督が最新式の蒸気船を含む4隻で浦賀沖に碇泊，幕府側が指定した久里浜に上陸してアメリカ大統領の親書を渡し，翌年再び来航することを約束し，琉球へ帰港した。

　ペリー来航の1か月後の7月には，ロシアのプチャーチン提督が長崎沖に4隻の船団を組んでやってきた。ロシア使節団は8月に長崎上陸を許され，国書を長崎奉行の大沢豊後守に渡した。

① ロシアのプチャーチンへの饗応

　ロシア使節団が長崎に上陸したときは茶とたばこ，そして菓子で饗応した。そのときの菓子は，箱入りの金花糖（砂糖液を2枚組の木型に流し込んで固めたもの）（虎屋文庫　2009）や南蛮菓子のアルヘイトウと思われるアメ菓子の砂糖菓子があった。その後，砂糖菓子は何度も日本側からロシア船に届けられたり，饗応時に出されたりしている。

　2度目の長崎上陸の12月14日には，長崎奉行所の西役所において本膳料理で饗応した。まず，抹茶と菓子とたばこが出されて休息し，その後，長熨斗による儀礼があり，三汁七菜の本膳料理が続いた。

　その際に同席した秘書官で作家のゴンチャローフは，その著書『ゴンチャローフ日本渡航記』で，14日の本膳料理は，合計で銘々の前に6つの赤い漆器の膳が据えられていたと記している（ゴンチャローフ　2008）。

② ロシア船で受けた饗応料理

　その3日後の17日には，ロシア船に幕府から派遣された全権大使4名（筒井政憲・川路聖謨・荒尾成允・古賀謹一郎）らが招かれて，饗応を受けた。料理は魚と鳥の料理が中心で，スープ，魚の汁，ハム（牛肉が艦内に品切れだったので），羊肉のピラフなどがふる舞われた。全権大使らは満足そうに羊肉のピラフを平らげたとゴンチャローフは記している。また，全権大使の川路は，出されたナプキンについて「手をもふき，口をもふく也。はなもふくなるべし」と珍しがっている（川路　2004）。

③ 日本側の正式な祝賀会

　18日には，ロシア側は老中の返書と徳川将軍からの贈り物を受け取り，再び日本側の饗応を受けた。このときは，野菜や布地を用いて巧みに細工した花飾りもある三汁九菜の本膳

● 幕末から明治にかけての西洋との出会い

1792（年）	露使節ラクスマン，根室に来航し通商を請う	1856（年）	日蘭和親条約
1804	露使節レザノフ，長崎に来航し通商を要求	1858	米・蘭・露・英・仏と修好通商条約調印
1811	露軍艦長ゴローウニンを国後に捕らえる	1860	遣米使節と咸臨丸，米国へ出港
1844	蘭使節，国王の開国勧告書簡を奉呈		日葡修好通商条約調印
1846	米ビッドル，浦賀に来航し通商を求む	1862	遣欧使節，欧州へ出港
1853	ペリー来航，露プチャーチン長崎に来航，12月長崎で饗応	1867	徳川慶喜，各国公使をフランス料理で饗応
			大政奉還，パリ万国博覧会
1854	ペリー再来，2月横浜で饗応	1872	天皇牛乳を飲用，肉食禁止令が解かれる
	日米・日英・日露和親条約		

料理で（川路　2004），一人ずつの前に12の膳が据えられ，14日のときよりも豪華であった。小さな台の上には，羽も尾も頭もついた小鳥が止まり木に止まらされた「焼鳥」もあり，また前回よりも大きい日本人が大好きな鯛の尾頭付きもあった。そしてこれには箸をつけないで，引出物として持ち帰るという風習にゴンチャローフは憤慨している（ゴンチャローフ　2008）。

④　ペリーへの饗応料理

　ペリーが戻り，1854年（嘉永7）2月10日には横浜に上陸して，日本側の饗応を受けた。長熨斗の儀式にはじまり，多くの山海の珍味が酒肴として出され，二汁五菜の本膳料理が続いた。これらの料理は，江戸の料亭「百川」が金2千両で仕出しを行っており，初めに酒宴の酒肴が供される点では会席料理形式の流れをとっていた（江原　2009）。

　そのときの模様（図12-2）では，ペリー他の上官らは椅子に座りテーブルの上に膳が銘々の前に据えられ，奥側の膳には尾頭付きの鯛の姿焼が描かれている。給仕する日本人は侍で床に座っており，その前には足の低い台の上に，料理が入った鉢や大皿が描かれている。立っている侍は，杯を差し出しておかわりを求めているアメリカ人に酒を注ごうとしている。また，すべての乗組員へ，くねんぼ，カステラ，アルヘイトウがふる舞われ，

図4・12-2　「武州横浜於応接所饗応之図」
（横浜市中央図書館所蔵）

江戸時代を通じて南蛮菓子のカステラやアルヘイトウは，饗応用の菓子として定着していた。

　3月3日の日米和親条約調印の当日も幕府はペリー一行を本膳料理を中心とした日本料理で饗応している。しかし，日本料理の饗応は，ペリーには不評だったようである。幕府の首席委員として応対していた儒者の林大学頭は，ペリーから「なぜわれわれを江戸に招いて，肉も交えた豪華な饗宴を催さないのですか」と皮肉られている。開国とほぼ同時に，欧米人に対する饗応の料理は，見直されることになる（黒岩　2018）。

（3）　遣米使節・遣欧使節－外国をみた「サムライ」

　石炭・薪・水・食料の供給と，遭難者の救助，避難港として下田と函館の開港を認めたアメリカと1854年（嘉永7）に結んだ日米和親条約に続き，英・露・蘭と日本は和親条約を結んだ。1858年（安政5）には，アメリカの駐日総領事ハリスとの間で，日米修好通商条約を結

●ペリー一行饗応の流れ

長熨斗	吸物	干肴	中皿肴	猪口	吸物	倪蓋	吸物	丼	大平	鉢	茶碗	さし身	猪口

［本膳］			［二の膳］		
煮物	香物	鱠	猪口		蓋
飯		汁			汁

酒宴・酒肴	本膳料理

伝統的な本膳料理から酒宴を中心にした本膳の饗応に変化している
『大日本古文書　幕末外国関係文書之五』東京大学出版会（1984）をもとに作成

ぶ。その批准書交換のために，アメリカ大統領のもとへ，安政7年1月22日（西暦1860年2月13日），幕府最初の公式日本使節を派遣することになった。アメリカの軍艦に77名が乗船し，オランダ人から長崎で海軍の技術を学んでいた日本人を中心とした操縦船，咸臨丸も護衛船として渡米させた。

咸臨丸の提督は木村喜毅，艦長に勝海舟，のちに慶應義塾を創設する福沢諭吉も乗り込んでいた（小西　1966）。

福沢は，文久元年12月22日（西暦1862年1月21日）出発のヨーロッパへの使節団にも加わり，1867年（慶応3）には再び渡米，その直後に記された『西洋衣食住』には，ビールが「胸膈ヲ開ク為ニ妙ナリ」（福沢　1867）と，胸の内を明かすのに一役買っていると記している。ビールは，江戸時代にオランダ人が日本で飲んでいたが，オランダ通詞をはじめとした蘭学者らも賞味しており，いずれも「苦い」というのが第一印象であったようだ。

（4）　約1200年にわたる肉食禁止

①　最後の将軍徳川慶喜による日本初のフランス料理の饗応

開国した日本には，各国の公使が日本に駐在していたが，1867年（慶応3）3月，15代将軍の地位についた徳川慶喜が，英・米・仏・蘭の4か国の公使らと，それぞれ日を変えて大坂城で謁見した。

饗応の一式を委託されたのが，横浜居留地にあったオテル・ド・コロニーの経営者A・ラプラスだった（徳川　2005）。

この際の饗応を受け持ったのが，フランス人のエル・ワーソールで，そのときのメニューがフランス料理だった。鶏肉のスープ，牛肉のフィレ肉，ローストビーフ，鶏のささみ，鶏のパテの他，鶉，鴫，鶫などの野鳥を使った料理が饗された（児玉　1980）。

②　明治天皇と肉食・牛乳

徳川慶喜が外国公使を饗応したように，日本人でも牛肉を賞味する人びとが現れていたが，日本では675年の天武天皇の詔で稲作期間の肉食禁止令以来，獣肉食を公には忌避してきた。明治4年12月17日（西暦1872年1月26日），天皇の食事を宮中で調える内膳司に，「牛・羊の肉は平常これを供進せしめ，豚・鹿・いのしし・兎の肉は時々少量を御膳に上せしむ」と命じられた。これにより，肉食禁止令が正式に解かれた。また同年11月から，明治天皇は滋養として牛乳を毎日2回飲用されるようになった（宮内庁　1969）。

● 日本における肉食の歴史

縄文時代	狩猟・採集・漁労時代	江戸時代前期	『料理物語』に，鶴，白鳥，鶏，狸，兎，熊などの調理法が記されている。
縄文時代晩期	稲作伝来と農耕社会	江戸時代後期	1866年，江戸に牛肉の汁ものを扱う店ができる。 1867年，牛肉販売がはじまる。 1867年，徳川慶喜が4か国の公使らをフランス料理で饗応
飛鳥時代	675年，天武天皇の詔で稲作期間の牛，馬，鶏，犬，猿の肉食を禁止。鹿，いのししは含まれない。		
室町時代	南蛮料理のレシピに牛，鶏がみられる。1587年，バテレン追放令で，牛馬の食用があげられている。	明治時代初期	1872年，天皇の食卓に牛，羊，豚，鹿，いのしし，兎の肉を解禁した。

橋爪（2009），冨岡（2019），徳川（2005），荒尾（1999）

足立政男：『老舗の家訓と家業経営』広池学園事業部 (1974)

荒川秀俊：「近世の飢饉」『歴史公論』2 - 8，雄山閣出版 (1976)

飯島虚心著・鈴木重三校訂：『葛飾北斎伝』岩波書店 (1999)

飯田泰子：『江戸の仕事図鑑』芙蓉書房出版 (2020)

飯野亮一：『すし天ぷら蕎麦うなぎ』筑摩書房 (2016)

飯野亮一：『すし・天ぷら・蕎麦・うなぎ』筑摩書房 (2016)

石川寛子：『食生活の成立と展開』放送大学教育振興会 (1995)

石川寛子編：『論集　江戸の食　くらしを通して』弘学出版 (1994)

石毛直道・山口昌伴：『講座食の文化　家庭の食事空間』味の素食の文化センター (1999)

稲垣史恒写：「江戸自慢」『未刊随筆百種』臨川書店 (1969)

岩生成一：「オランダ史料から見た江戸時代初期西洋医学の発達」『日本学士院紀要　第二十六巻　第三号』日本學士院 (1968)

イワン・アレクサンドロヴィチ・ゴンチャローフ：『ゴンチャローフ日本渡航記』講談社 (2008)

上野原町誌刊行委員会：『上野原町誌』中甲陽書房 (1975)

栄久庵憲司：『台所道具の歴史』柴田書店 (1976)

『江戸庶民の食風景　江戸の台所』人文社 (2006)

江原絢子：「江戸時代の食生活における大根の利用」『農耕の技術と文化』25 (2003)

江原絢子：「江戸時代の食物関連書の相互関係について（第一報）」『東京家政学院大学紀要』26 (1986)

江原絢子：「江戸時代の食料生産と流通」『日本食物史』吉川弘文館 (2009)

江原絢子：「史料に出会うよろこび」『和菓子』虎屋文庫 (2019)

江原絢子：「真田幸弘の食事記録『御膳日記』」『会誌食文化研究』9 (2013)

江原絢子：「西洋文化との接触と受容」『日本食物史』吉川弘文館 (2009)

江原絢子・石川尚子・東四柳祥子：『日本食物史』吉川弘文館 (2009)

江原絢子：「調理と料理—江戸時代〜明治以降を中心に」『フォーラム人間の食　食の文明論—ホモ・サピエンス史から探る』農山漁村文化協会 (2021)

江原絢子：「日本の食生活における乳の受容と定着に関する一考察」『近代日本の乳食文，その経緯と定着』中央法規 (2019)

江守奈比古：『八百善物語』新文明社 (1962)

大石慎三郎：『江戸時代』中央公論社 (1977)

大平与兵衛：『農家年中行事』『日本農書全集』25 農山漁村文化協会 (1980)

岡本良一監修・朝日新聞阪神支局編：『花の下影—幕末浪花のくいだおれ—』清文堂出版 (1986)

奥井隆：『昆布と日本人』日本経済新聞出版社 (2012)

小野佐知子：「江戸郊外の遊覧地」『造園雑誌』46(4) (1983)

貝原益軒（著）・石川謙校訂：『養生訓・和俗童子訓』岩波書店 (1961)

金井方平編：『金井忠兵衛旅日記』金井方平 (1991)

川合小梅著・志賀裕春・村田静子校訂：『小梅日記』1 平凡社 (1974)

川上行蔵編：『料理文献解題　シリーズ食文化の発見5』柴田書店 (1978)

川路聖謨：『長崎日記・下田日記』平凡社 (2004)

神崎宣武：『江戸の旅文化』岩波書店 (2004)

神崎宣武：『台所道具は語る』筑摩書房 (1984)

喜田川季荘：『類聚近世風俗志　原名守貞漫稿　上』國學院大學出版部 (1908)

喜田川守貞著・宇佐美英機校訂：『近世風俗志』(1 〜 5) 岩波書店 (1996 - 2002)

喜田川守貞：『類聚近世風俗志　原名守貞漫稿』更生閣書店 (1934)

北原進：「浪華っ子と江戸っ子」『日本の近世』17東と西　江戸と上方　中央公論社 (1994)

木津三辰：「御献立帳」，『調味料理栞』6 木津三辰 (1928)

近世史料研究会：『江戸町触集成』1 塙書房 (1994)

近世史料研究会編：『江戸町触集成』11 塙書房 (1999)

宮内庁：『明治天皇紀』2吉川弘文館 (1969)

熊倉功夫・宮坂正英：「シーボルトが記録した江戸の食材」『vesta』27 号，味の素食の文化センター (1997)

熊倉功夫：「日本料理屋史序説」『料理屋のコスモロジー』ドメス出版 (2004)

栗原信充：『柳庵雑筆』『日本随筆大成』3期3吉川弘文館(1976)

黒岩比佐子：『歴史のかげに美食あり　日本饗宴外交史』講談社(2018)

小泉和子：『台所道具のいまむかし』平凡社(1994)

国立国会図書館：「江戸時代の日蘭交流」(2009)
　　https://www.ndl.go.jp/nichiran/ (2020.12.10閲覧)

児玉定子：『日本の食事様式』中央公論社(1980)

小西四郎：「サムライ海を渡る」『日本の歴史　19　開国と攘夷』中央公論社(1966)

駒敏郎・村井康彦・森谷尅久編：『史料　京都見聞記』第1巻紀行Ⅰ　法藏館(1991)

今田洋三：『江戸の本屋さん　近代文化史の側面』日本放送協会(1977)

笹井良隆編：『大阪食文化大全』西日本出版社(2010)

佐藤常雄・徳永光俊・江藤彰彦編『日本農書全集』36農山漁村文化協会(1994)

式亭三馬著・神保五弥校注：『浮世風呂他』岩波書店(1989)

白井光太郎考註(貝原益軒著)：『大和本草』有明書店(1983)

市立米沢図書館：『かてもの　復刻本・読下し本』市立米沢図書館(1974)

醍醐山人：『料理早指南』『翻刻江戸時代料理本集成』6臨川書店(1980)

高正晴子：『朝鮮通信使の饗応』明石書店(2001)

高橋雅夫：『守貞謾稿図版集成・上』雄山閣(2012)

立川美彦編：『訓読雍州府志』臨川書店(1997)

谷釜尋徳：「近世後期における江戸庶民の旅の費用　江戸近郊地の庶民による旅との比較を通して」『東洋法学』53
　　(2010)

茅ヶ崎市編：『茅ヶ崎市史』1資料編(上)茅ヶ崎市(1977)

著者不詳『和歌食物本草』『食物本草書大成』2臨川書店(1980)

東京家政学院生活文化博物館編：『大江文庫にみる江戸時代の料理ものがたり(第十二回特別展目録)』東京家政学院
　　生活文化博物館(2000)

東京大学史料編纂所：『大日本古文書　幕末外国関係之書之五』東京大学出版会(1984)

東京都世田谷区教育委員会編：『伊勢道中史料』東京都世田谷区教育委員会(1984)

東京大学史料編纂所：『大日本古文書　幕末外国関係文書之三』東京大学出版会(1972)

徳川慶朝：『徳川慶喜家の食卓』文藝春秋(2005)

冨岡典子：「副食の文化」,『日本の食文化－「和食」の継承と食育』アイ・ケイコーポレーション(2019)

虎屋文庫：『歴史上の人物と和菓子』ゴンチャローフと菓子(2009)
　　https://www.toraya-group.co.jp/toraya/bunko/historical-personage/097/ (2020.8.26.閲覧)

長崎県立長崎図書館：『いしだたみ』138　長崎県立長崎図書館(2002)

中山彌助美石：『飢饉の時の食物の大略』(古橋懐古館所蔵)(1837)

西村眞琴・吉川一郎：『日本救荒史考』有明書房(1983)

橋爪伸子：「異文化接触と受容」,『日本の食文化　「和食」の継承と食育』アイ・ケイコーポレーション(2019)

原田信男：『江戸の食生活』岩波書店(2003)

原田信男：『江戸の食文化　和食の発展とその背景』小学館(2014)

原田信男：『江戸の料理史　料理本と料理文化』中央公論社(1989)

原田信男：『木の実とハンバーガー　日本食生活史の試み』日本放送出版協会(1995)

原田信男：『和食と日本文化　日本料理の社会史』小学館(2005)

東昇：「近世京都・山城国の産物と鮎」(上田純一編『京料理の文化史』)思文閣出版(2017)

東四柳祥子：『料理書と近代日本の食文化』同成社(2019)

人見必大(著)・島田勇雄(訳註)：『本朝食鑑』5平凡社(1986)

日比野光敏：『すしの歴史を訪ねる』岩波書店(1999)

廣山堯道：『塩の日本史』雄山閣出版(1990)

福沢諭吉(片山淳之助)：『西洋衣食住』慶応義塾大学メディアセンターデジタルコレクション(1867)

福留奈美：「紀伊半島と小豆島のしょうゆづくり―木桶造りの伝統と変化―」『フードカルチャNo.29』キッコーマン国
　　際食文化研究センター(2019)

福留奈美：「北陸のしょうゆ造り―江戸時代から昭和にかけて―」『フードカルチャーNo.28』キッコーマン国際食文化
　　研究センター(2018)

伏木亨：『だしの神秘』朝日新聞出版(2017)

船越誠一郎：『大阪商業史資料』『浪速叢書』9浪速叢書刊行会(1929)

古橋茂人：『古橋家の歴史』財団法人古橋会(1977)

松浦茂樹：「関宿から利根川東遷を考える」『水利科学』59巻1号(2015)

松下幸子：『江戸料理読本』ちくま学芸文庫(2012)

松下幸子：『図説江戸料理事典』柏書房(1996)

真柳誠：「『本草綱目』に日本渡来記録と金陵本の存在」『漢方の臨床』45 - 11(1998)

丸屋甚七：『家業考』『日本農書全集』9農山漁村文化協会(1978)

宮内泰介・藤林泰：『かつお節と日本人』岩波書店(2013)

宮崎勝美：「江戸の土地—大名・幕臣の土地問題」『日本の近世』9都市の時代　中央公論社(1992)

宮田純：「徳川日本・ロシア・アイヌ交流史と本多利明の開発経済論(1)—天明6年(1786)成立最上徳内書簡」『Asia Japan Journal』13国士舘大学・日本研究センター(2018)

宮本常一：『甘藷の歴史』未来社(1962)

向山雅重：「農村の食生活—江戸末期信州伊那郡前沢村　小輪田の一事例—」『全集日本の食文化』10日常の食　雄山閣出版(1997)

矢部良明監修：『増補新装　日本やきもの史』美術出版社(1998)

山田龍雄・飯沼二郎・岡光夫・守田志郎：『日本農書全集』9(1978)

山本紀夫：『ジャガイモのきた道—文明・飢饉・戦争』岩波書店(2008)

吉井始子監修：『江戸時代料理本集成〔資料篇〕別冊』臨川書店(1982)

李利・江原絢子：「『本草綱目』と『本朝食鑑』の分類にみる食文化的な特徴」『日本調理科学会誌』40 - 3(2007)

蘆桂洲：『食用簡便』『食物本草本大成』6臨川書店(1980)

和田常子：『長崎料理史』柴田書店(1958)

渡辺信夫：「船による交通の発展」『日本の近世』6中央公論社(1992)

近　代

大隈重信邸花壇室内食卓『食道楽』
（個人蔵）

5章　近　代（明治・大正・昭和初期時代）

　西洋文化を受容した明治政府は，太陽暦や近代学校制度などを取り入れた。また，富国強兵などの一環として肉食を積極的に受容するなど，前代とは異なる新しい食文化の創成を目指した。

　殖産興業により推進された養蚕業は1900年以降盛んになり，家族形態も変化する。家庭向けの料理書が急増し，雑誌類の発刊が相次ぐ。さらに1920年の内務省栄養研究所の開設により，栄養学の研究が進み，合理化を追求した生活改善運動も盛んになる。しかし戦時期には食料統制がはじまり，人びとの食生活は逼迫し，食糧難は戦後しばらく続いた。

西洋料理の食事：花に囲まれた西洋風食卓。大隈重信は政治家であり，早稲田大学創設者。明治以降，上流階層より新しい西洋の文化を取り入れ，都市部を中心に西洋風の食事が広がっていく。

♣キーワード：開国，西洋人との出会い，乳製品，洋風調味料，食肉加工品，パン食，近代農業，牛肉，牛鍋屋，アレンジされた牛肉料理

1.　西洋文化の導入と肉食奨励

（1）　新しい食品との出会い

①　欧米諸国の食材・食品の普及

　開国後の日本では，近代国家建設の範を西洋に求めた明治政府の意向もあり，欧米諸国への積極的な留学生の派遣，ならびに教育，法律，医学，薬学，美術，音楽など諸分野発展への寄与が期待され，多くのお雇い外国人が招聘された。なかには食品加工技術の指導者として来日した専門家や技術者の存在も確認され，彼らの指導と尽力のおかげで欧米諸国の食材や食品が国内に普及する動きもみられた。例えば1871年（明治4）には，アメリカ人ホース・ケプロンの提言を受け，政府は東京府内で舶来の家畜・作物の実験的飼育・育成に着手した。

　1873年（明治6）以降には，北海道開拓使庁が動物性食品の加工工場を設置し，本格的製造に乗り出している。またアメリカ人獣医師エドウィン・ダンは，牛羊を買い入れ，家畜の飼育・牧場の整備のみならず，バターやチーズ，練乳などの乳製品，さらにはハム・ソーセージなどの食肉加工品の技術指導に従事し，北海道畜産業の基盤を築いた。なお，お雇い外国人たちの貢献は東京や北海道に止まらず，全国各地におよび，麦酒（ビール）やぶどう酒（ワイン）などの洋酒からケチャップなどの洋風調味料などの発展を促すきっかけとなった。

　一方パン食も導入され，その食べ方が模索されるようになる。その先陣を切った人物が，幕末の伊豆韮山にパン焼き竈を設置し，兵糧パンの試作に乗り出した代官・江川太郎左衛門（担庵）である。その後も長州藩，水戸藩，薩摩藩などで兵糧パンの研究は進み，携帯食糧として保存がきくパン食のあり方が研究された。また1860年（万延元）には，内海兵吉が横浜で日本人による初めてのパン屋を開業すると，居留地界隈において，外国人によるパン屋の開店が相つぎ，フランスパンやイギリスパンの製造も開始された（岡田　2012）。さらに明治期には，あんパンやクリームパンといった日本独自の折衷パンも考案され，間食としてのバラエティ豊かな菓子パンが誕生した。

②　国内における近代農業の発展

　1872年（明治5）には内藤新宿試験場が開設され，海外から持ち込まれた種苗の試作が行われ，優良品種が全国各地に配布された。さらに，1876年（明治9）には札幌農学校（現在の北

●日本の果樹栽培の父・福羽逸人

　福羽逸人は，実習生時代から内藤新宿試験場での研究に従事し，津田仙（津田塾女子大学創設者・津田梅子の父）が創設した学農社で近代西洋農業を習得した。欧米での現地調査後には，前田正名らの支援の下，国内におけるぶどう栽培の技術導入に貢献。さらに大久保利通の依頼でワイン製造にも従事した。また1898年（明治31）には，国内初のいちご栽培に成功し，「福羽」と命名した。日本の温室栽培研究の改革者でもある。

福羽逸人の代表著
（国立国会図書館デジタルコレクション）

海道大学農学部），1878年（明治11）には駒場農学校（現在の東京大学農学部・東京農工大学農学部の前身）が開校（図1-1）。外国人講師らの指導による西洋野菜や西洋果実の試験栽培も本格化し，国内における近代農業発展の弾みとなった。

図5・1-1　駒場農学校
（東京大学大学院農学生命科学研究所所蔵）

（2）　肉食に期待された体格改良

　　明治の日本人が西洋食文化の受容に奔走した理由に，富国強兵に基づく国民の強壮な身体づくりが求められた背景があった。この流れのなかで，「滋養がある」と評価された獣肉や乳製品を摂取する西洋料理に注目が集まり，徐々に食生活に取り入れる主張が展開された。

　　しかし，旧来の穢れ（けが）の思想から迷信にとらわれ，肉食に抵抗する動きがあったことも確かである。例えば，屋内での四足獣の調理は火を穢すという迷信や，獣肉を食べる日にはご先祖様に顔向けできないと仏壇に目貼りをする状況があったことも，当時の文献から確認される（杉本1994）。また『明治天皇紀』によると，1871年（明治4）12月には，明治天皇の御膳に牛肉と羊肉が常時提供されることが定められた（宮内庁　1969）。しかし，その様子が，翌月の『新聞雑誌第26号』に報道されるやいなや，天皇の肉食に反対した10名の御岳行者による宮中乱入事件が勃発（1872年2月18日）。その後も肉食反対論が相ついでおり，賛否に揺れていた様子がうかがえる。

　　一方滋養品としての牛肉への関心の高まりは，当時の記録でも確認できる。例えば，石井研堂が著した『明治事物起原』には，幕末の牛鍋屋，伊勢熊の繁昌ぶりを物語るエピソードがみえる（石井　1997）。さらに横浜在住の中川屋嘉兵衛は，荏原郡白金村（現在の東京都港区）で日本人初の牛肉店の開業に着手し，大きな成功をおさめた。しかし，中川も，これまでの肉食忌避の影響で，土地探しには苦慮したとされる。なぜならば，当時の屠殺は，御幣を結んだ青竹を四本立て，四方をしめ縄で張り，つないだ牛を掛矢（木の大づち）で撲殺するスタイルであり，屠畜後の残余は土中に埋め，お経をあげるのが常であったからだ。

　　しかし，肉食への懸念が払拭されるにつれ，伊勢熊や中川屋のみならず，太田の縄のれん，いろは，米久，河合，伊勢重，三河屋など多くの名物牛鍋屋が話題を集め，客層も身分の低い職人や車夫のみならず，一般へと徐々に普及する。特に牛肉は体格改良を実現する優良食材として期待され，多くの出版物の中でその食味の良さと滋養分が高く評価された。

● 隠語がうまれた理由

　江戸時代においても，肉食は薬食いという名の下，行われていた。明治期の文献には，おできには，きつね，五臓の病には，いのしし，産後の肥立ちには，しかの効能を薦めていたとする記述が確認でき，完全に否定されてない様子もみえる。しかし，肉食を「蘭学者たちの悪習」と批判する声があったことも事実である。しかを紅葉，いのししを牡丹や山くじらと称する隠語が使われたのは，このためである。

江戸期の山くじらの看板
「名所江戸百景　びくにはし雪中」
（味の素食の文化センター所蔵）

（3）　牛鍋の考案

　　開国に伴う来日外国人の増加は，牛肉をはじめ
とする獣肉の国内需要を拡大させた。しかし，食
べ慣れない牛肉の味や匂いに戸惑う日本人も少
なくはなかった。

　　牛肉普及の一助となったのが，牛鍋屋である
（図1-2）。幕末明治の戯作者・仮名垣魯文が著し
た『牛店雑談　安愚楽鍋』（1871-2）においても，
「牛鍋を食はねば開化不進奴」との一文が確認で
き，牛鍋はまさに「文明開化」の象徴としての地
位を得た（図1-3）。なかには，「牛鍋一鍋で気力

図5・1-2　牛肉店いろは『東京風俗志　中』
（1901）（国立国会図書館デジタルコレクション）

を発し良薬となる」ほか，「飯を食べなくとも100年まで生きら
れる」とまで語る書籍も出版され，その滋養価に期待する声が
高まっていた様子が理解できる（江原・石川・東四柳　2009）。

　　牛鍋とは，味噌や醤油などの和風調味料で調理する鍋仕立て
の料理である。横浜で営業を続ける「太田なわのれん」（1868年
創業）は，現存する最古の老舗として，今も角切り牛肉を味噌
で調味した牛鍋を提供している。さらに1887年（明治20）には，
牛のこま切れとねぎを一緒に煮込んだものを，どんぶり飯にか
けた「牛めしブッカケ」が誕生。1899年（明治32）には，松田栄
吉（現在の吉野家の創業者）が牛肉と豆腐，野菜を一緒に煮込
み，飯にかけて提供する「牛めし」の販売に乗り出しており，
多様な牛肉の食べ方が生まれている（東四柳　2019a）。

図5・1-3　牛鍋を楽しむ人
　　　『牛店雑談　安愚楽鍋』
　　　（1872）
（国立国会図書館デジタルコレク
ション）

　　ところで初期の牛鍋は，ぶつ切り牛肉を味噌だれで煮込むス
タイルであったが，現在でもおなじみのすき焼きは関西発祥といわれ，関東流の割り下で煮
込む牛鍋と違い，薄切りにした牛肉を焼いて，醤油と砂糖で味付けするスタイルで定着した。

　　すき焼きという名称は，鋤や鉄鍋で雁や鴨などの鳥肉やハマチを焼いて調味する料理とし
て，江戸時代の料理書にすでに登場している。

●文豪・夏目漱石と牛肉

　　明治生まれの文豪・夏目漱石は，若い頃より牛肉を
嗜好しており，大学の卒業祝いに「牛肉を腹いっぱい
食べてみたい」と叔母に頼みこみ，食べきれないほど
の牛肉のもてなしを受けた逸話が残る（江藤　2013）。

　　また高浜虚子の随筆『漱石氏と私』（1918）のなかに
は，松山滞在中，噛み切れないほど堅いビーフステー
キであっても残さずに食べきった漱石の様子も紹介さ
れている。

夏目漱石
（1914年2月）

（4）　アレンジされた牛肉料理

　　日本の食生活史には，いつの時代も柔軟に異文化と向き合い，折衷というスタイルを重ん
じながら，独自の食文化を発展させてきた経緯がある。特に明治期には高価でなじみのない
西洋の食品の代わりに，日本の食材や調味料でアレンジされた肉料理のレシピが多数考案さ
れ，手軽に，おいしく，経済的に調理できる工夫がこらされた。

　　明治後期の料理書には「牛肉の味噌漬」，「牛肉白ごま和え」，「牛肉とねぎの清汁（すましじ
る）」など，近世までの日本で一般的であった調理法をベースとした牛肉料理が提案されている。

　　なお明治後期の日本社会には，牛肉は徐々に国民生活にも浸透しつつある様子がうかがえ
る。例えば，島津家の家庭教師として来日したイギリス人エセル・ハワードのエッセイには，

> ほとんど毎食ごとに，ほかに御馳走が出たうえに，私に故国の料理を味わわせようと，ビーフ
> ステーキが出されるのだった。外国料理をよく知らない日本人にとっては，ヨーロッパ風の食
> べ物の代表的なものはビーフステーキであると信じられていて，お付きの人びとは私がどこへ
> 行っても，必ずそれを出さなければならないと思い込んでいた。

といった記述がみえ，西洋人が喜ぶだろうと，食事ごとにビーフステーキが出されていたこ
とが記されている（ハワード　1999）。また明治後期の中流階級の主婦の日記にも，月に1回，
誕生日などの祝いの席で「ビーフの日」・「ビーフ会」などと称し，すき焼きを楽しむ日を設
けており，ビーフの御馳走を家族で楽しんでいた様子がうかがえる（中野　1981）。

　　一方海軍や陸軍の兵食においても，明治の早い時期より牛肉は採用されている。1908年
（明治41）に出版された『海軍割烹術教科書』には，「ビーフステーキ」，「ローストビーフ」な
どの西洋料理のみならず，ここでも牛肉の味噌漬や佃煮などの折衷料理のレシピが確認でき
る。こうした状況から，滋養品を超え，日常の食材としての牛肉の楽しみ方が徐々に模索さ
れる時期であったことが類推される。

> ●牛肉の吸物　牛のロース肉一寸角位に切りて，それを小口よりなるべく薄く切り，片栗粉を
> つけて板の上にのせ，擂粉木にてとんとんと打ち，又片栗粉をつけて，スップ又は鰹出汁にて，
> 椀の汁を仕立て，汁のよく煮立ちたる中へ，叩きたる牛肉を入れ，ささがき独活を入れ合わし
> て少し煮て，椀に盛り粉山椒少々落して出す。

明治後期の家庭向け料理書にみる牛肉料理「牛肉の吸物」

『時事新報文芸週報懸賞当選　家庭料理の栞』（1908）

●軍隊での肉食体験がもたらしたもの

　日本社会への肉食の普及に大きな影響を与えた動機
に，徴兵制による従軍経験があげられる。

　海軍では，早い時期からパン食を採用し，肉料理を
メインとした西洋食を実践していたとされ，一方，陸
軍でも，前線では鶏肉，牛肉，牛缶が支給されたとい
う。

　こうした軍隊生活での喫食の機会が，肉食への抵抗
を払しょくし，そのおいしさを地方に広めるきっかけ
となったのである（原田　2005）。

牛肉エキスの缶詰
の広告『官報』
1919年6月10日
（国立国会図書館デ
ジタルコレクション）

♣キーワード：西洋料理店，西洋料理書の特徴，家庭で楽しむ西洋料理，洋食という言葉，西洋料理のお
けいこ，洋食の大衆化

2.　西洋料理と西洋料理書

（1）　西洋料理の悲劇と喜劇

西洋人たちの来日が本格化してくると，西洋料
理と名乗る飲食店が街中に姿を現しはじめる（図
2-1）。なお当初の利用者は，外国人が主であっ
たが，西洋料理の理解が進むにつれ，上流階級層
のみならず，様々な業種の日本人の出入りが盛ん
になっていく。また明治中期には，フランス式，
アメリカ式，和洋折衷式といったバラエティ豊か
な西洋料理店も誕生しており，精養軒，萬里軒，
三河屋，青陽楼など，話題を集めた名店もすでに
うまれている（東四柳　2019 b）。

図5・2-1　西洋料理で接待
『西洋日本支那礼式食法大全』(1886)
（国立国会図書館デジタルコレクション）

西洋料理の受容が急務とされた背景には，強壮なからだづくりという目的とは別に，西洋
諸国との円滑な外交関係構築の手段としての期待もあった。特に1880年代は，鹿鳴館の建
設（1883年完成）に象徴されるように，安政の不平等条約改正をめざした国賓の接待が本格
化し，交流の場への参加が求められた政府高官たちの指南となるべきマナーブックが多数出
版された。

しかし当時の日本人にとって，交際の要ともいうべき西洋料理の理解は，ことのほか難し
かったようで，当時の書籍には失態と試行錯誤が繰り返された状況も散見される。

『即席簡便西洋料理方』(1894)の例言には，外国人との会食に招かれた西国のある武士が，
テーブルナプキンを風呂敷と勘違いし，食べきれなかった料理を包んで持ち帰った滑稽話が
みえる。また別の資料では，カトラリーの使い方を理解せず，手づかみで西洋料理を食べる
日本人をからかう記述，スプーンを使わず，そのまま食器に口をつけ，スープを浴びてし
まった逸話，さらにはフォークではなく，料理をナイフで口に運び，唇が切れて流血騒ぎに
進展した騒動が登場する。また，こうした西洋式食事作法に関する解説は，外国人との会食
の機会がある「婦女」「貴婦人」といった上流階級層の女性たちを対象とした出版物にも取り

●相つぐホテルの開業と西洋料理

幕末の開国以後，西洋人の来日に伴い，社交場とし
ての機能も併せ持つ欧風ホテルが続々と開業した。初
期のものとして，築地ホテル館，精養軒ホテルが挙げ
られるが，いずれも1872年（明治5）の火災で焼失し
た。その翌年，北村重威により再建された精養軒ホテ
ルは築地精養軒とよばれ，招聘されたフランス人シェ
フの尽力もあり，日本を代表する名シェフ・西尾益吉
や秋山徳蔵がうまれる土壌となった。

築地ホテル館
（東京都立中央図書館特別文庫室所蔵）

上げられ，書籍での理解のみならず，女学校や宣教師の家などで習得に励むことを推奨する動きもみえている（東四柳　2019）。

　一方，来日外国人の記述には，当時提供された西洋料理の味のわるさを批判する記述も確認でき，食事マナー同様，調理法にも苦慮していた状況を読みとることができる。1873年（明治6）に来日し，後に東京帝国大学（現在の東京大学）教授となったバジル・ホール・チェンバレンは，明治初期の西洋料理について，次のように述べている。

> 　たいていの日本の町は，大きな町も小さな町も，いわゆる「西洋料理」（その意味は外国料理店である）を自慢にしている。不幸にも，第三流のアングロサクソンの影響がここでは大威張りである。その結果，日本式西洋料理の中心思想は，板（靴底）のような堅いビフテキに，芥子と，紛いもののウスターソースをかけることに徹している。ビフテキという，料理の最高潮に達するまでには幾つかの料理を経なければならぬ。第一コースは水っぽいスープで，第二コースは悪臭のするバターでいためた魚，第三のコースは，これまた腐ったようなバターで揚げた鶏の足である（チェンバレン　1969）。

　まさに外国人の嘲笑の的とならないためのマナーの習得のみならず，対外的に評価される西洋料理の調理こそ，国際社会への参入に乗り出した日本にとって，緊要な課題であった。そしてこうした状況を打開するために登場したのが，西洋料理書だった。

（2）　西洋料理書の誕生

　諸外国との交流が盛んになる明治期以降，料理書の新たなジャンルとして，調理法のみならず，西洋の食材や調理道具の解説から，食事マナーに至るまで詳述された西洋料理書が出版された。なお明治前期の西洋料理書は，西洋諸国の料理書からの翻訳であることが多く，西洋料理の体得が求められた上流階級層やプロの料理人を読者対象とする傾向にあった。

　しかし，1890年代にさしかかると，書名に「素人」「簡便」「日用」などの用語が含まれるようになり，豊富な経験と知識を語る日本人執筆者たちによって手がけられた西洋料理書が誕生する。この種の西洋料理書の共通項として，これまでの翻訳料理書の非実用性に言及し，日本人の台所と嗜好性にあった西洋料理の提案の必要性が主張されたことが指摘できる。

　1900年代に入ると，今度は家庭の主婦や女学生などをターゲットにした西洋料理書が著された。なお女性読者に向けられた西洋料理書は，わかりやすい文体や挿絵の多用を心がけるなど，実用性を追究した内容となっており，家庭での調理を前提とし，日本の調味料や食

● 新年の宴の献立（延遼館）
　明治初期に開設された延遼館では，鹿鳴館が建設されるまでの外国人接待所として，多くの宴が催された。1881年（明治14）の新年の宴の記録には，スープ2種，鯛料理，フォアグラ冷製，羊，牛肉の料理，雉子・山鴫（しぎ）の蒸焼，デザートなど古典的なフランス料理をベースとした豪華な内容が記されている。なお，列席者には各国の公使に加え，岩倉具視，大隈重信，伊藤博文らが名を連ねている（江原・石川・東四柳　2009）。

浜離宮宮井延遼館之図
（1887）
（国立国会図書館デジタルコレクション）

材で調理可能なレシピの発案に努めている。また理解を助けるための工夫として、外国語の料理名を日本語に置き換える工夫もみられる。例えば1906年（明治39）に出版された『家庭西洋料理と支那料理』（図2-2）では、「スープとは即ち肉汁のこと」「スチユーとは、我が料理で云ふ煮物のこと」「フライとは我が料理の天ぷらと同じことにて、即ち揚物料理のこと」「オムレツとは即ち日本料理にて云ふ卵子焼のこと」「ライスカレーの事を本邦の意義に訳せば五もく飯又はかやくめし」と言い換えることで、日本料理と対比させながら解説している。さらに西洋料理の滋養分の高さを評価する動きも顕在化し、家庭で楽しむ西洋料理が徐々に日常生活に浸透していった。

図5・2-2　家庭で味わう西洋料理
『家庭西洋料理と支那料理』（1906）
（味の素食の文化センター所蔵）

（3）　洋食という言葉

　明治期の料理書で、西洋料理とほぼ同義語として使用された言葉に洋食がある。しかし、明治後期から大正期にかけての時期になると、洋食は日本風にアレンジされた西洋料理という意味も併せもつようになる。

　特に1900年代以降には、日本の調理道具を駆使し、伝統的な調理法や調味料でアレンジした和洋折衷料理としての洋食の誕生を望む主張が相ついでくる。

　1907年（明治40）に出版された『家庭応用洋食五百種』所収「洋食器具の説明」には、西洋の調理器具が入手できなくても、「スチユー鍋」は「深き瀬戸引」や「青銅鍋」、「フライ鍋」は「普通の浅き鉄鍋」や「玉子焼鍋」で応用できると奨めている。なお本書には、「ハンブルグステーキ（一種の牛肉ステーキ）」（ドイツ料理）、「インデアン、カレー（印度のライスカレー）」（インド料理）、「サコタッシュ（豆と玉蜀黍の煮付）」（アメリカ料理）、「イタリアン、マカロニー（伊太利マカロニー）」（イタリア料理）、「フレンチ、フライドポテト（佛蘭西流馬鈴薯の油揚）」（フランス料理）と、国名が明記された料理名が日本語に翻訳され、収録されている（赤堀　1907）。

　一方本書と同時期に出版された『和洋実用家庭料理法』（1908）では、「洋食の調理法」は決して難しいものではないとし、「日本人の口」に合った洋食のレシピの提案にふみきってい

● カツレツからとんかつへ

　1895年（明治28）、東京銀座の煉瓦亭が、「ポークカツレツ」を考案。醤油風味の自家製ソースで食べるスタイルは、またたく間に銀座の話題となった。なおカツレツのレシピは、明治初期の西洋料理書にすでに「メリケン粉」と「玉子の黄身」と「パン粉」をつけ、少量の油で揚げる西洋料理として紹介されている。このカツレツがベースとなり、後にてんぷらの要領でたっぷりの油で揚げるとんかつが誕生するのである。

カツレツをつくる女性
『最新和洋料理法　附家庭菓子の製法』（1908）
（国立国会図書館デジタルコレクション）

る。本書所収の「ライス，カルレー」のレ
シピでは，日本人の嗜好に合う食材として，
かも，にわとり，うさぎ，あひるの肉の使
用を奨め，しいたけやくわいなどを加える
こと，さらには辛みを和らげるために，食
前に卵を割りかける提案がみえる（割烹講習
会　1908）。

図5・2-3　西洋料理のおけいこ
『家庭実用西洋料理法』（1919）
（国立国会図書館デジタルコレクション）

　また料理書の出版と同時に洋食と銘打っ
た講習会やおけいこが中流階級層以上の女
性たちの間で人気を集めていた様子も，当
時の料理書や日記に求めることができる（図2-3）。大阪・中之島公園内の自由ホテルにて発
会式が行われた「洋食研究会」は，滋養豊富な「欧米式の西洋料理」の習得を目指し，12名の
女性発起人の下で設立された団体であり，初回の講習会には153名もの主婦や令嬢たちの参
加があったことが伝えられている（松田　1904）。

　さらに大正期以降に創刊された女性向け料理雑誌には，「十銭前後でできる西洋一品料理
①ポークデビル，②魚肉カレーライス，③ハンバークステーキと素麺，④豚肉サラダ，⑤浅
蜊チャウダー，⑥鮭スカロープ，⑦挽肉カツレツ馬鈴薯，⑧クリームド　オイスター，⑨ロー
ルドポーク　サラダ）」（『料理の友』1930年2月），「二十銭でたっぷりしたチキンライス」「一円
五十銭の洋食を」「十一銭でできるライスカレー」（『料理の友』1930年11月）といった一家の
家計を意識した経済的なレシピが掲載され，こうした特集もまた洋食が家庭生活の中へ浸透
するきっかけとなった。

　一方街中では，食堂車，ビヤホール，ミルクホール，カフェ，百貨店食堂，大道洋食，簡
易洋食店といった洋食を提供する多様なビジネスモデルも誕生した。なかでも大道洋食は，
西洋料理店の残飯や中古のカトラリーを使用し，「フライ」「ビフテキ」「オムレツ」などの単
品洋食を屋台などで提供する営業業態であり，車夫や職工たちの間で話題をよんだ。

　加えて，女性向けの職業ガイドに登場する簡易洋食店という商売は，テーブル2脚と椅子
5〜6脚があれば成り立つとし，こちらも労働者の多い地域で，ビール，サイダー，カツレツ，
ビフテキ，コロッケ，ライスカレーなどの簡単な洋食を提供し，人気を博したという（日本職
業調査会　1923）。いずれの業種も，洋食の大衆化促進の弾みとなったと考えられる。

●お子様も洋食を！
　1930年（昭和5），日本橋の三越食堂主任・安藤太郎
によって，日本で初めてのお子様ランチが考案される。
　さらに1935年（昭和10）には，同食堂で，お子様ラ
ンチに加え，お子様向けの「オムレツ」「チキンライス」
「ハヤシライス」「子供パン」「アイスクリーム」「ココ
ア」「フルーツ」といった洋食メニューも登場した。
　なおこうした子ども向けメニューは海外ではみられ
ず，日本独自の食文化といえる。

三越本店食堂『東京名物食べある記』（1930）
（国立国会図書館デジタルコレクション）

3.　産業革命期からの食生活の変化

（1）　穀物消費の推移

　　明治期の日本は，日清戦争，日露戦争という2つの戦争を経験した。この両戦争への参加により，国内では軍備の拡張のみならず，製糸・紡績業の発展が促され，日本の産業革命期ともいえる新しい局面へと移行することとなる。

①　食生活の分化

　　上記の社会変革は，国民の食生活を大きく改変させる転機ともなり，米食率の向上に伴う雑穀食の減少といった穀物消費構造を一変させた。なお，江戸期におけるこめは，年貢として幕府に徴収されたため，農民が常食できる食材ではなかった。実際18世紀に著された『民間省要』（1721）や『百姓嚢』（1721）などの資料にも，農村では米食よりむしろ，さつまいも，麦，雑穀が主食とされていたとある。

　　一方，都市部においては，明治期以前よりこめの常食はすすんでいた。しかし，明治期以降の諸記録においても，地方の米食は広く普及していたとは考えにくく，身分差により，こめの混合比に違いがあったことは明らかである。

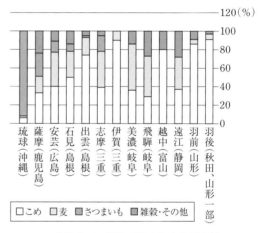

図5・3 - 1　明治初期の主食食材比率
「人民常食種類比例」（1881）

一部を基に江原絢子作成

　　明治初期における各地の主食の内訳を知る手立てとしては，農商務省が1880年（明治13）に実施した全国調査「人民常食種類比例」（1881）が役立つ。同調査の結果によると，主食食材の全国平均では，こめが53％，麦が27％という普及状況にあったという（江原　2019）。しかし琉球（沖縄）では，90％以上がさつまいもであり，こめと麦は10％であるのに対し，羽後（秋田・山形の一部）では，90％以上がこめであるなど，地域差は顕著であった（図3-1）。また都市部の東京市や京都市の米食率も，麦の

●米食常食率の地域差

　東京帝国大学の教師を務めたバジル・ホール・チェンバレンの『日本事物誌』には，1880年代の状況について，「基本的な食物はこめである　貧困な田舎では，こめの代わりに大麦，きびやその他の安価な穀物である　こめには魚と卵，新鮮なものを漬物にした野菜が少量つく　大豆は特に重要とされている」という記述がある。全国的なこめの常食化の広がりがみられながらも，その普及に地域差が生じていたことも指摘されている。

　また自然環境と歴史的経緯の違いにより，美濃と飛騨，伊賀と志摩，岩見と出雲など，同県内でも米食率が異なる状況があったようである（江原　2019）。

　特に明治期以降，日本海側の東北・北陸地方では，70〜80％という高い米食率となり，飯と汁に，塩だら，漬にしん，油揚げなどのおかずを組み合わせた食事記録も残る（江原・石川・東四柳　2009）。しかし身分差によるコメの混合比にも差があり，所得が低いほど，ひえや麦を混ぜる傾向にもあった。

混合はありながらも，90%という高い数字となっており，金沢市，新潟市，長崎市に至っては，こめの主食率が100%であったことも確認されている(江原 2019)。

② 米食率の向上

全国的な米食率の高まりが顕著になるのは，日清・日露戦争前後である。米食率向上の諸要因には，地租金納による余剰米の出現，米作改良による増産体制の充実，さらには産業革命期(1890〜1900年代)により加速する都市化が，こめの消費量を増大させたなどの見方がある(大豆生田 2001, 2007)。また明治期の養蚕業市場の成熟があわやひえなどの雑穀畑を桑畑へと転換させ，養蚕業による現金収入でこめを購入する農家が増加したことも一因として考えられている(大豆生田 2006)。養蚕業は近世までの日本においても，農村の内職として重んじられていたが，近代以降，製茶同様，生糸が輸出品の中核として注目されるようになり，桑苗と蚕種の生産力拡充がはかられた。1870年代に設立され，西洋からの技術で大規模経営が目指された官営の「富岡製糸場」(1872年に操業開始)は，その象徴といえよう。

(2) 都市部の食生活

産業化の進行で，都市部への人口流入がはじまると，生活に余裕がうまれ，西洋料理を家庭で楽しむなどの新しい動きがみられるようになる。例えば，1910年(明治43)に出版された家庭向け料理書『四季の台所』には，著者である統計学者・柳澤保惠(やなぎさわやすとし)(1860〜1936)家の1年間の献立記録(朝・昼・茶・夕・食後)がみえる(中川 1910)。これによると，東京の華族の家庭では，週に1〜2度は西洋料理のフルコースを楽しみ，またオムレツ，サンドウィッチ，カツレツ，シチュー，ライスカレー，海老フライなどの西洋料理が定期的に登場した様子がわかる。しかし西洋料理が単品で提供される日は，飯と汁の献立に和風のお惣菜と一緒に組合わせるかたちとなっている。このように不慣れな西洋料理をなじみのある伝統的な献立形式に組み入れる折衷スタイルは，明治

柳澤家の献立記録(『四季の台所』より)		
3/1	朝	薩摩芋の汁 蓮根の煮付
	昼	洋食(野菜ソップ，フリカツセ，チキンカツレツ，ロースビーフ，マカロン，ブッテング，珈琲(こーひー)，果物(くわぶつ))
	夕	かき玉子のつゆ かまぼこ
3/12	朝	豆腐の汁 鮭
	昼	玉子焼 肴のつゆ
	夕	シチウ 鯛のてり焼
3/14	朝	かぶの汁 つくだ煮 黒豆
	昼	貝柱の玉子とぢ ライスカレー
	夕	しらすと海苔のつゆ 親子めし 魚の酢づけ

●文豪たちの西洋料理

西洋料理を楽しむ状況は，明治期の文豪たちのエッセイなどにも登場する。

例えば『蒲団』や『田舎教師』などの代表作をもつ作家・田山花袋は，親友の国木田独歩邸で初めてライスカレーを食べたときの回想を，自著『東京の三十年』にて，右のように綴っている(田山 1981)。こうした文献も，食文化研究において，当時の状況を知る貴重な資料となる。

「もう少し遊んで行き給へ。好いぢやないか」
袖を取らぬばかりにして國木田君はとめた。
「今，ライスカレーをつくるから，一緒に食って行き給へ。」かう言って，國木田君は勝手の方へ立って行った。(略)大きな皿に炊いた飯を明けて，その中に無造作にカレー粉を混ぜた奴を，匙で皆なして片端からすくって食ったさまは，今でも私は忘れ、ることが出来ない。
「旨いな，實際旨い」かう言って私達も食った。

期の他の資料でも確認できるため，柔軟に異文化を受容するための工夫であったと思われる。

　一方同時期に京都で書かれた薬屋の主婦・中野万亀子の日記にも，西洋料理のフルコースを，東家，五条倶楽部といった料理店で楽しむ記録が確認される。なお，フルコースを味わう回数は年に2回しか確認できず，先ほどの柳澤家の頻度に比べると，その機会は圧倒的に少ない。しかし同日記には，「バナナ」「セリー酒」「サラダ油」「アイスクリーム」「ミュンヘンビール」などの新しい用

図5・3-2　家庭でのアイスクリームづくり
『食道楽　秋の巻』（1903）
（個人蔵）

語も登場しており，中流階級の生活の中にも徐々に西洋の食文化が入り込む状況もみてとれる（図3-2）。さらに万亀子は，ホテルのコック長から直接指導を受ける「西洋料理のおけいこ」に通い，「スープ」「シチュー」「カステラ」などの実習，さらには立食の手はずなどを学んでいる。こうした経験からか，普段の家庭料理の中にも白菜で調理した「ロールキャベツ風料理」，前日の残り物で間に合わせたオムレツなどの工夫もあり，柔軟に西洋料理の会得に力を尽くす主婦の努力も垣間みえる（中野　1981）。

　しかし，これらはあくまで都市部の中流階級以上の生活状況の一端であり，階級や地域による格差が存在したことにも注意しなければならない。

（3）　突出する格差問題

　日清・日露の両戦争間に急激な勢いで発達した日本の資本主義社会は，資本家と労働者という2つの階級を発生させた。しかし，労働条件には，良し悪しあったようである。例えば武家や両家の子女を受け入れた富岡製糸場（図3-3）では，西洋方式に基づき，一般教養を学ぶ場の提供に加え，三食付き，医療費も無料という恵まれた環境にあった。しかし貧しい農村から上京し，低賃金で雇われた女工たちの生活は，衛生面においてもきわめて劣悪な環境にあり，

図5・3-3　富岡製糸場
（画像提供　富岡市）

●新しい食品メーカーの誕生
　明治期から大正期にかけての時期には，キャラメル，チョコレート，ケチャップ，マヨネーズ，ソース，炭酸飲料，ワイン，ビール，ウィスキーなど，今も家庭の定番として愛されている西洋の味がいくつも商品化されている。それぞれの製造に従事する食品メーカーも，都市部を中心に設立され，センスのよいポスターやキャッチフレーズを盛り込んだ広告を打ち出しながら，宣伝に努めていた様子がうかがえる。

大正期の森永のポスター　（森永製菓株式会社 HP）

食事内容もかなり粗末なものだった。例えば『女工哀史』(1925)にみるまかないは、「工場の食物は不味いといふ以上まずい。さうしてまた不潔なのである」とあり、漬物も煮物も区別なく皿に盛られ、腐敗した臭いが漂うのが常であったとの記述がみえる(細井　1925)。

　一方、工場労働力の主軸となった職工の食環境もまた質素なもので、『綿糸紡績職工事情』(1903)にみえる寄宿舎の献立には、こめを主食(まれに麦飯)に、朝食は漬物のみ、昼の弁当は「乾瓢(かんぴょう)」「豌豆(えんどう)」「黒豆」「蒟蒻(こんにゃく)」「目刺」「芋羹」「高野豆腐」などのおかずが一品、さらに夕食も「高野豆腐」「麩生揚」「唐茶」「焼豆腐」「水菜　刻昆布」「葱揚豆腐」などのおかずが一品といった慎ましやかな食事構成となっている。西洋料理を柔軟に楽しむ上流・中流階級の食生活と比較すると、変化に乏しい簡素な食事であった様子がうかがえる(p.133参照)。

　また資本主義経済の成熟は、都市に貧民窟を生み出すきっかけともなった。明治期の東京の様子を詳述した『東京学』(1909)によると、貧民窟では家で調理をすることはなく、通常生活レベルに応じた惣菜を購入するとある。しかし生活の程度によっては、食事の回数を減らし、学校や兵営の残飯に頼る動きもあったという。なかには1人前を3人で分け合う家族、また父親が賃金を家に入れずに外で飲み食いをするため、喧嘩が日常茶飯事であったことについても記されている。

　さらに軍隊の残飯が買えないときなどは、パン屋や菓子屋の製造過程で出る屑粉を丸めた団子状のものを、朝早くから「大騒ぎして」買いに走る動きもあったという。こうした食生活事情から、貧民窟の栄養状態は劣悪そのもので、住民の血色もわるく、病気もはやりがちだったことが言及されている(石川　1909)。

　また明治期の下層社会を描いたルポルタージュ『最暗黒の東京』(1893)には、夜通し人力車を引く「夜業車夫」の食事の様子が記されている(図3-4)。

　それによると、おでん、煮込、大福餅、海苔巻、稲荷鮨、すいとん、蕎麦がき、雑煮、ウデアズキ(ゆであずき)、焼鳥、茶飯餡かけ、饂飩(うどん)、五目めし、燗酒、汁粉、甘酒などの屋台が深夜に軒を並べ、車夫たちの食欲を満たしていたとある(松原　1893)。

図5・3-4　車夫のための深夜の屋台店
『最暗黒の東京』(1893)
(国立国会図書館デジタルコレクション)

● 残飯屋という現実

　当時の貧民窟には、残飯屋という職業があった。兵営や学校の残物を運搬すれば、ざる、面桶(めんつう)、重箱、飯櫃、小桶、丼などを手にした黒山の人だかりができるほど繁盛したという。

　なお、造兵の職工、市中の飯屋や料理屋の残飯は麦が混入しない「極上等」品であり、一方南京米と麦の混合飯である監獄の囚人の残飯は最下等とされ、残飯にもランクがあつた(森末・寶月・小西　1969)。

残飯屋
『最暗黒の東京』
(1893)
(国立国会図書館デジタルコレクション)

❖キーワード：家庭料理の誕生，栄養経済料理，家庭向け料理書，三食献立，代用食材，米騒動，林末子とじゃがいも，田邊玄平と玄米パン，田中宏と豚肉

4. 家庭向け料理書と主婦

（1）　家庭料理の誕生

①　近代家族の芽生え

　　家庭向け料理書という概念は，近代の産物である。実際，江戸期までの料理書は，実用性や経済性よりむしろ遊び心満載の趣味本的なものや料理人に向け出版された専門書の類が主であり，女性の読み物としての性格は，ほとんどなかった。しかし明治期以降に発達した資本主義経済は，「男は外，女は内」といった性別役割分業観を確立し，「夫・妻・未婚の子ども」からなる「近代家族」という新しい家族規範を創

図5・4-1　一家団欒『衛生と衣食住』（1911）
（個人蔵）

出した。さらに家内領域の指揮が求められた女性たちには，「淑女良妻賢母」という理想的な主婦役割が課され，明治新政府がスローガンとして打ち出した富国強兵のもと，国家の礎（いしずえ）となる家庭の団欒を創出する要としての役割が期待された（図4-1）。なお，漢語として古くからあったものの，さほど使われることのなかった「家庭」という言葉が，頻繁に使われるようになるのも明治中期からである。

②　経済的な家庭経営

　　こうした社会変革のなかで重点をおくよう注目された家事が，日々の食事管理であった（東四柳　2019b）。つまり経済的に家庭経営を担うことが求められた主婦たちにとって，収入を考慮しながら，物価の高低や食材の良し悪しを見定め，家族の嗜好を考慮した家庭料理の習得に励むことが新たな課題とされた。実際当時の女性向け出版物においても，食は毎日のことであるからこそ，なおざりにすることで生じる弊害が強調され，家庭料理の熟達が家計に利益をもたらすのみならず，伴侶の心を取り戻すきっかけになるとの主張もあった。

　　また『日常生活　衣食住』（1907）所収の「家庭料理」の項では，衣食住のなかで「食物」が最も大切であるとしながら，「旨いもの」を食べたいと思うと，ホテルや料理茶屋に行って，そ

●割烹教師という職業

　家庭料理の腕を磨くことへの関心が高まりをみせていくなかで，料理学校や料理講習会に勤務する割烹教師とよばれる女性の職業が人気を集めるようになった。『女子職業案内』（1906）によると，女性を教育する立場としては，経験豊かな「婦人の教師」が望ましいとの考えがはっきりと示されている（近藤　1906）。

　また，通常の料理講習のみならず，割烹教師の育成に着手する料理学校も誕生している（東四柳　2019）。

東京割烹女学校の料理実習
『家庭和洋保健食料　三食献立及料理法』（1913）
（国立国会図書館デジタルコレクション）

の欲を充たすといった習慣を改めるよう説く意見もみえる（山方　1907）。こうした主張は，同時期の出版物にも散見され，不経済の原因となる外食を避け，家庭の和楽の核となり得る家庭料理研究の充実こそが，急務であるとされた。

③　家族の健康管理

　大正期に入ると，経済を考慮しつつも，家族の健康管理を重んじる栄養経済料理への理解が求められるようになる。家族の健康管理こそ，家計のやりくり同様，一家団欒を実現する素地になるとし，栄養素に関する知識を深めると同時に，飯と汁を基本におかずを組合わせる献立作成にも積極的に努めることの必要性が議論された。なお1924年（大正13）には，国立栄養研究所所長・佐伯矩が毎日提案した「経済栄養献立」が，東京毎日新聞，東京朝日新聞，読売新聞，時事新報，国民新聞などに転載され，1年分の献立を収録した料理書『国立営養研究所公表　美味営養経済的家庭料理日々の献立　其調理法』も出版された。

（2）　多様化する家庭向け料理書

①　家庭の主婦に向けられた料理書

　家庭料理の重要性が叫ばれるようになると，その習得の手助けとなる家庭向け料理書という新しいジャンルが誕生する（図4-2）。とりわけその出版数は，日本の産業革命期ともいえる日清・日露戦争期頃より急増し，読者対象もプロの料理人を対象とする専門料理書とは異なり，家庭の台所管理を任された女性たちを明確にターゲットとしはじめるようになる。

図5・4-2　明治期の家庭向け料理書
（撮影　東四柳）

　なお初期の家庭向け料理書には，毎日のおかずに関するアドバイスのみならず，来客時，料理屋に仕出しを頼むより，むしろ手料理でもてなすことが経済的であると説く動きもみえる。さらにこの時期の料理書名には，『即席料理素人庖丁　附手軽西洋料理』(1893)，『日用素人料理　附諸料理の献立及秘伝製造法』(1894)，『惣菜独案内　くりやの経済軽便素人料理　一名万家日用細君家政の宝』(1894)，『素人案内　日用料理の仕方　全』(1896)といったように，料理屋で働くプロの料理人とは区別された「素人」の主婦向けと標榜しはじめる傾向も指摘できる。

●女性読者の変遷
　家庭向け料理書の読み手は，時代によって変化する。明治前期の主なターゲットは，使用人を指導するための知識の習得が求められた上流階級の「指導型主婦」を対象としていたのに対し，明治後期になると，使用人まかせで，家事を放棄しがちな主婦を否定する記述が増えるようになり，率先的に調理に携わることが求められた「実践型主婦」に向けて出版される動きが顕著となる（東四柳　2019）。

主婦と使用人
『素人料理年中惣菜の仕方』
(1893)

（個人蔵）

② 料理学校の開設

　明治中期になると，家庭向け料理書の出版のみならず，女性をターゲットとした料理学校（割烹教場）の開設や料理の研究会や講習会の開催も各地で相つぎ，直接専門家から料理法の指導を受ける機会も増えはじめる様子が確認できる(江原・東四柳　2008)。さらに近世までの日本社会においては，料理は「賤しき業」とみなされがちであったが，西洋諸国の夫人令嬢たちが料理講習会に出向き，料理の腕を磨く風潮にあることにふれ，日本においても，主体的に関わることの必要性を促す主張が本格的に展開する動きもみられた(半渓　1904)。

③ 三食献立の立案

　家庭料理への関心が徐々に高まりはじめると，料理書名に「家庭」「手軽」「簡易」「実用」「経済」などの語句が含まれるようになり，家計を考慮した日常食のレシピのみならず，朝・昼・夕それぞれの食事内容を計画的に立てることを推奨する三食献立の必要性を強調する執筆者も現れた(図4‐3)(東四柳　2019)。例えば，女子教育者の下田歌子は，家族の気持ちに寄りそう献立の立案こそ，主婦が重視すべき職務であると説いている(下田　1898)。

　さらに家庭向け料理書の出版数が増えてくると，子どもの発育や高齢者の体調などを考

図5・4‐3　「一月の三食献立」
『一品五銭今日の料理』(1916)　(個人蔵)

慮した消化のよい食事づくりに努めるだけでなく，台所の衛生管理への言及もみられるようになる。女性執筆者による出版も確認でき，実験と経験を考慮した実用的なレシピの提案のみならず，専門的な知識がないと理解に苦しむこれまでの料理書の非実用性を指摘し，ひらがなを多用し，詳細に図解を加えるなど，読みやすさを追求したこだわりも工夫された。

(3)　代用食材へのまなざし

　大正期(1912〜26)に入ると，日清・日露戦争から第一次世界大戦に至る度重なる戦争の影響，さらには，米騒動や関東大震災などの発生に伴う物価高騰に対応するため，安価な食材で節約を目指す経済的な家庭向け料理書の出版が相ついだ。

●主婦と米騒動

　日清・日露戦争から第一次世界大戦に連なる種々の流れの中で，シベリア出兵(1918〜22)による軍用米の買い占め，農村の労働力不足などで惹起した国産米の収穫量の減少により，国産米不足は深刻な問題と化し，ついに1918年(大正7)に，魚津で米騒動が勃発した。鍋やしゃもじを持った女性たちの暴動は瞬く間に全国に拡大。これを機に寺内正毅内閣は失脚し，鎮圧には軍隊が乗り出す事態ともなった。

●食費を考慮した料理書

　大正期には，顕在化する物価上昇に呼応し，『一品五銭今日の料理』(1916)，『三品十銭今日の御料理』(1917)，『一品三銭で出来るおいしい料理』(1917)といった，読者の家計管理を斟酌し，食材の価格を設定したレシピを提案する料理書が出版された。なお，この時期の料理書は節約へのまなざしだけでなく，おいしさへの追求はもちろんのこと，衛生面や滋養面を配慮し，常に生活と寄り添う姿勢も重視されている。

特に米価の暴騰は著しく，節米対策を講じた種々の料理書（『実験外国米の炊き方』1918・『美味しくて徳用御飯の炊き方百種』1918・『脱脂豆飯と玄米麺麭』1918・『簡易百珍御飯の炊き方』1919・『報知新聞懸賞当選　米代用食料品料理法』1919・『家庭経済米の調理法百種　全　一名節米の仕方』1919）が出版され，国産米の代用となる外国米の炊き方や臭みの取り方から，豆かすや雑穀などを混ぜ込んだかて飯（雑穀や野菜の炊き込みご飯）の調理法が収録された。

　また，この時期にこめの代用食材として見直されたのが，パンとじゃがいもである。それぞれの特性や効能を理解した料理書執筆者も登場し，家庭料理のバラエティ拡大に寄与した。例えば，じゃがいもの普及に尽力した執筆者に，林　末子がいる。1852年（嘉永5）に福島で生まれた林は，会津戦争（1868）で芽生えた愛国心から，江戸期にさつまいもの食用を推し進めた青木昆陽の功績を参考に，じゃがいもの栄養価・有効活用に目を向けるようになった。さらに1910年（明治43）には，じゃがいもの料理法をまとめた『食物界大革新馬鈴薯米製造及調理法』を著し，特許を取得した「馬鈴薯米」（じゃがいもを米粒の形に加工した保存食品）の製法と併わせ，「薯餡」「薯白玉」「薯餅」「薯団子」「薯饂飩」などのレシピを提案している（林　1910）。しかし従来家畜の飼料としての印象が強かったじゃがいもは，依然最下級の食材としての認識があり，その食用には，しばらく賛否があったことも覚えておきたい。

　一方1917年（大正6）には，明治期に海外でイースト菌の研究に励み，ドライイースト（乾燥酵母）の国産化に初めて成功した田邊玄平が，75種のパン製造法を収録した『最新麺麭製造法』を出版している。節米対策として，国内におけるパン食の普及を主張する動きが顕在化するのも大正期の特徴で，利便性においても，栄養面においても，米食に代わるパン食の励行が食糧問題解決の糸口になると提起された。特に田邊考案の玄米パンは，玄米粉と小麦粉を2対3の割合で混合し，コッペパン風に焼き上げたもので，大正末期から昭和初期にかけて，東京や横浜で流行した（江原・東四柳　2008）。田邊のドライイーストのおかげで，パン職人たちのパン種づくりの負担が軽減したことは確かである。

　また1920年代になると，食材の廃物利用が叫ばれるようになり，せりの根，だいこんの葉，なすのへたや皮，しいたけの石づき，ごぼうの茎，ふきの葉，すいかの白皮，三つ葉の根，さといもの皮，キャベツの芯などを使ったレシピも登場する（小出　1922）。また残飯，魚類の頭部や骨，茶がら，米のとぎ汁などの利用法が明記されている様子からは，インフレで切迫した日本社会が直面する課題が一層浮き彫りとなる。

●豚肉料理の改革者・田中　宏

　パンやじゃがいも同様，この時期に見直された豚肉の普及に尽力したのが，東京帝国大学教授・田中　宏である。田中は，寄生虫の心配もあり，忌避されがちだった豚肉を，牛肉と比べ安価であり，豊富な滋養分に満ちていると賛美し，肉のみならず，頭肉，脳脊髄，尾，皮，足，舌，鼻唇，内臓，血液などの部位に至るまで，あますところなく使用する多くのレシピを「田中式豚肉料理」として提案。調理法には，塩焼き，味噌焼，おろし和え，木芽和え，佃煮，野菜味噌汁（さつま汁）などが登場する。また社会への一層の浸透を目指し，全国各地で豚肉料理講習会も開催した。講習会は，大変好評だったという。

田中　宏
『田中式豚肉料理』（1919）
（個人蔵）

♣キーワード：新聞，料理記事，主婦之友，庖丁塩梅，月刊食道楽，料理の友，婦人画報，家庭料理理論
　　　　　　の研究，ラジオと食

5. メディアと料理　～新聞・料理雑誌・婦人雑誌～

(1)　新聞の料理連載のはじまり

　　開国後の注目すべき社会変革の一つに，メディア産業の発達があげられる。なかでも明治
新政府の出版奨励に伴い，新聞や雑誌などの各活字メディアが躍進し，民間出版業も目覚ま
しい発展を遂げた。

　　特に早い段階で発達したのが，新聞業である。幕末の1864年(元治元)には，アメリカ帰
りの浜田彦蔵(ジョセフ・ヒコ)によって，英字新聞を翻訳した国内初の邦字新聞『海外新聞』
が発行された。さらに1868年(慶應4)には，国内ニュースを初めて扱った邦字新聞『中外新
聞』，日本で初めての日刊紙『横浜新聞』(1870　翌年『横浜毎日新聞』と改名)の発行を先駆け
に，『東京日日新聞』(1872)，『郵便報知新聞』(1872)，『朝野新聞』(1874)などの新聞の創刊
も相ついでいる。しかし，いずれも新政府の保護を受け，政論を色濃く反映したものがほと
んどであり，主に知識人層を対象とする傾向にあった。

　　しかし少し趣向の異なる新聞が，1882年(明治15)に発行される。特定の政党に偏ること
のない「不偏不党」の主義のもと，福沢諭吉によって創刊された『時事新報』である。『時事新
報』は政治・経済に関するニュースのみならず，連載小説やエッセイ，さらには漫画や家庭
実用記事をも特集した大衆向け中立新聞としての体裁を整えたもので，大正期にかけて，一
流メディアとしての評価を得た。なお，初めて料理記事を特集した新聞も同紙であり，1893
年(明治26)9月24日より「何にしようね」という連載を開始している(図5-1)。日々のおか
ずづくりに苦心する主婦を対象に編まれた料理記事であり，家庭での実践を目指したレシピ

```
　9月26日　焼肴(松魚を醤油に漬けて焼く)　すり流し椀　いり豆腐
　9月28日　つゆ物(蛤のうしほ)　しめ鯖の山葵醤油ぽん酢　煮物(鳥・大根)
10月13日　ふろふき大根　酢の物(蓮根)　あなごの蒲焼
10月21日　土耳其めし　＊現在のピラフのこと
　　　　　とるこ
10月27日　牡蠣のミルク煮　藻づくの酢の物　鰈のけんちん蒸し
```

図5・5-1　「何にしようね」に掲載された料理　　　　　　　　(抜粋して作成)

● 出版事業の発展

　手工業的な生産に従事した江戸期までは，江戸，大
坂，京都の三都市が主に出版文化の中心的な役割を
担っていた。さらに幕末期の長崎出島では，オランダ
から導入された印刷機に魅せられ，アメリカ人ウィリ
アム・ガンブルの下で修業を積んだ近代活版印刷の
父・本木昌造のような改革者も活躍した。1870年(明
治3)には，本木によって民間初の「新町活版所」が開設
され，近代印刷の要としての地位が築かれていった。

　本木は，同年
に大阪，1872
年(明治5)には
東京にも活版所
を設置。本木の
功績は，多くの
近代偉人伝で語
られている。

本木昌造『高台に登りて』(1923)
(国立国会図書館デジタルコレクション)

がわかりやすい言葉で解説された。

　また掲載内容は，同時期の婦人雑誌『婦女雑誌』に「日々のさうざい」と改題し，転載されている（小菅　1993）。ともあれ家庭料理への関心の高まりと並行し，時代のニーズにそった料理記事の提案に踏み切った福沢の機転もまた，注目に値する新しい動きであった。

（2）　婦人雑誌にみる料理記事

　近代以降の日本社会では，新聞同様，定期刊行物である雑誌もまた盛んに出版された。特に明治期には，『女学雑誌』を先駆けに，女性読者を対象としたバラエティ豊かな婦人雑誌が発行され，新たな時代に求められた理想的な女性像が議論された。1900年代に差しかかる頃には女子教育の拡充に伴う識字率の向上に期待し，大量読者層の獲得を目指した様々な商業婦人雑誌（『婦人世界』『婦人画報』『婦女界』『新婦人』など）の発刊が本格化した。さらに同時期には，興隆する家庭改良論の流行を受け，「家庭」と冠した婦人雑誌（『家庭之友』『家庭の新趣味』など）が企画される動きもみられた。大正期以降は，より実用的な商業婦人雑誌の出版が相つぐようになり，大幅に出版部数を伸ばす『主婦之友』（1917年創刊）のような大型婦人雑誌も誕生する。メディア大量消費時代の画期となった。

　さてこうした婦人雑誌にも料理に関する記事が多数収録され，調理法や衛生に関する知識のみならず，当時の割烹教育事情や社会状況などにふれる内容が掲載された。明治期の婦人雑誌『婦人画報』所収の記事をうかがうと，「女子大学の割烹教室」「女学校の食堂」「料理本の選択」「女学生の自炊生活」「割烹服の仕立て」といった読み物的な特集から，「西洋料理法」「スープの飲み方」「プリンの喰べ方」「日本料理の献立」「昨今の総菜料理」「御馳走の準備」などの調理法やテーブルマナー，献立の立て方といった内容が確認できる。なお，この時期に家庭料理習得を目指す理由として，「兎角邪魔臭い，五月蠅い」といって，「大根おろしに醤油ぶち込んでも食へるぢやないかといふ人もある」が，「家族が内で麁食をするのに主人は外で美食をする悪い習慣を破る」ためにも，家庭料理の研究に積極的に励まなければらないとの思いも示されている（『婦人画報』1907年4月号）。

　一方婦人雑誌に具体的なレシピが登場するのは，明治中期以降である。例えば『家庭雑誌』には，「松葉うどの調理法」「仏蘭西田舎料理法」「じやが芋料理」「梅干のジヤム製法」「手軽西洋料理」「パンのフライ」などの特集がみえる（江原・石川・東四柳　2009）。しかしこれらの記事内容からうかがえるように，実用性というよりむしろ西洋諸国から新たに受容された珍し

●流行りを伝える新聞
　当時の食の流行や世相を探るには，最新のニュースを伝える新聞は最適な情報源となる。例えば，1915年6月13日発行の『読売新聞』には，西洋式の結婚披露宴が流行りだした事例を引き合いに出し，「新郎新婦」はフォークとナイフで西洋料理を親しむ一方で「舅姑」は日本料理を好む状況が記されている。話題のブームや衛生論のみならず，もてはやされた名物料理や飲食店情報などを知る手助けともなる。

新しい西洋式結婚披露宴
1915年6月13日『読売新聞』

い食材や新しい調理法を用いたレシピが主だったものとなっており，ハイカラな味に憧れる主婦の想いに応える特集が組まれていた様子がうかがえる。

図5・5・2　近代主婦
『家庭洋食調理法』（1924）
（味の素食の文化センター所蔵）

　しかし大正期には，家計に見合った経済的な工夫が反映されたレシピが考案され，使用人に頼ることなく，主婦自らが率先して調理に携わることを勧める主張も増加した。特に1910年代は夫の俸給を家計の柱とする新中間層の勃興により，家事をほぼ一人で負担することで一日が飽和する近代主婦が誕生する（図5・2）。

　またこの時期は，日清・日露戦争から第一次世界大戦に至るまでの種々の戦争を経て，物価高騰に対応すべく，安価で栄養のある料理の追求もまた主婦の新たな課題として注視された。

　例えば，1927年（昭和2）の『主婦之友』には，経済的で消化吸収のよい献立カレンダー（1年間分）が新年号附録として企画され，その後毎月の特集として，カレンダーの内容に基づき，中流階級を標準とした晩餐料理の調理法が解説されている。なお同特集は国際色豊かなレシピで構成された点が魅力であり，「牛肉のシチュー」「鮃のきぬた巻」「炸丸子」「ポアソン・アラ・グラタン」「鯉の広東煮」「梅干と焼昆布の清汁」「鶏肉炊込み飯」「親子丼」「巻きシウマイ」「豆腐トマト煮」など，和の惣菜に限らず，西洋料理や中国料理とのアレンジを積極的に反映する動きもみられた。

（3）　料理雑誌の誕生

　明治中期には雑誌文化の浸透に伴って，料理雑誌というジャンルが創出する。その嚆矢が，『庖丁塩梅』（1886.12～1891.3）と『月刊食道楽』（1905.5～1907.8・1928.4～1930.12）である。前者は新たに受容された外国料理の特徴を織り込みながら，日本料理発展へのまなざしに重きを置いた国内初の料理雑誌であり，専門料理人のほかに，家庭の主婦や飲食業に従事する女性読者層もターゲットとしていた。また編集人・藤松種十と発行人・石井治兵衛（四条流式庖丁相伝）は同誌の出版と並行し，割烹研究会を1889年（明治22）に発足し，読者たちと研究成果の共有を目指す姿勢も貫いている。さらに門人教育を超えた専門料理人の技術向上にとどまらず，広く女性の調理教育の役割を担っていた点も注目すべき特質であり，炊飯や

●大日本料理研究会の買い物代行サービス

　『料理の友』には，創刊早々，調理道具や食品，料理書のみならず，美顔理容器やくせ毛なおしの整髪料，にきびやシミに効く薬，婦人病の漢方薬など，女性の悩みに応える種々の広告が多数収録された。

　なお編者である大日本料理研究会には，買物代理部が設置され，会員や読者のために，手に入りにくい西洋の調理道具や食品の買い物代行サービスが行われていた。

〈代行サービスで購入できた食材や調理道具〉　実用軽便テンピ，フライ返し，フライ鍋，シチュー鍋，ソース鍋，肉挽器，肉叩き器，ビフテキ焼，芋潰器，鶏卵泡立器，裏漉器，油漉器，菓子型，ワツプル型，ゼリ型，ビスケツト型，万調竈，食卓用器具，食料品（バター・ラード・胡椒・カレー粉・西洋カラシ・レモン油・ヴァニラ油・サラダ油・西洋酢・パン粉・メリケン粉・マカロニ・ゼラチン・ベーキングパウダー・苺ジャム・杏ジャム・カレンズ〔山葡萄〕・コーヒー・チョコレート・ココアー・紅茶・食用三島椿油・純良胡麻油）　『料理の友』1914年11月号

味噌汁のつくり方などの基礎知識はもとより，食器や調理道具の扱い方，食品成分の栄養分析，使用人の指導法に至る多彩な内容が収録された（今井　2012）。

　一方，後者の『月刊食道楽』は，明治期の発刊以降，約20年間の中断はありながらも，昭和期まで続いた料理雑誌である。同誌は明治期のベストセラー『食道楽』の成功がきっかけで生まれた月刊誌で，『庖丁塩梅』同様，中流以上の婦人と職業料理人に向け発信された。なお，明治期には，調理法のノウハウや諸注意のみならず，料理屋や料理学校（割烹教場）に関する情報を，家庭婦人などの女性読者に語りかける記事が散見されるが，昭和期に入ると，実用実益を重んじる性質から「大衆趣味雑誌」へと移行し，読者対象も料理屋に頻繁に出入りする社会的地位や経済力のある男性を掌握する動きが顕著となる。さらに昭和期には，日本各地で開催された美食家（食道楽）たちの活動報告や地方の郷土料理や名物店の紹介，文化人によるエッセイなども披露され，明治期にみられた教育的要素は消失し，実用性よりむしろ娯楽性が追求される流れがみられた（今井　2012）。

　また大正期には，大日本料理研究会が主宰する料理雑誌『料理の友』（1913年創刊）が刊行された。本誌は中流階級の主婦に照準を合わせており，会員制をとって，全国に読者を拡大した。身近な食材で調理する和洋折衷料理やおやつの提案から，多彩な食品広告も掲載され，手に入りにくい西洋の調理道具類や食器類，調味料などの通信販売欄も設けられた（図5-3，p.126下欄参照）。

図5・5 - 3　『料理の友』　（個人蔵）

　また創刊当初より教育者や著名人たちによる数々の家庭料理論（「料理と裁縫とはどっちが大切」「米国の台所」「台所道具の改良に就て」「精神修養と食物」「料理と婦人の愛嬌」「将来の食物と婦人の心掛」「日常食卓の改良案」など）が収録され，家庭料理研究の必要性も随時主張された（『料理の友』1914年2・3・4・6月号）。さらに社会状況にそった特集への配慮も確認され，常に読者に寄り添う姿勢もみえている。例えば，第一次世界大戦期の物価高騰にあえぐ1910年代半ばの特集には，「経済で滋養ある風替りな蒸麺麭の製法」「家庭で出来る食麺麭と餡麺麭の拵へ方」「米飯の改良意見」「玄米と大麦の食用法」などといった節米に繋がる主食のあり方を問う記事も収録されている（『料理の友』1916年12月号・1917年4月号）。なお各号の巻頭には，華やかなカラー口絵も加えられており，当時の食生活事情を知るうえでも有効な資料価値を兼ねそなえている。

● ラジオ料理番組のはじまり
　日本のラジオ放送は，1925年（大正14），東京中央放送局（現在の日本放送協会）の開局により幕を開けた。早速ラジオの料理番組も開始され，バラエティ豊かな和洋中の調理法が登場した。

「カシワの水炊き」　　「牡蠣のスープ」
「馬鈴薯のバタ焼き」　「チキンライス」
「湯豆腐」「栗ぜんざい」
「胡麻豆腐の葛あんかけ」　「炒肉絲」など

　番組で紹介されたレシピの料理書も出版され，提案者には，多くの料理書を手がけた料理人や教育者，料理研究家らが名を連ねている。

『ラヂオ放送四季の料理』（1927）
（味の素食の文化センター所蔵）

♣キーワード：脚気論争，高木兼寛，森林太郎，佐伯矩，国立栄養研究所，鈴木梅太郎，ビタミン，
女子教育，高等女学校と専門学校の家事・裁縫，家事教科書，割烹教科書

6．栄養学の発展と女子の食教育

（1）　江戸時代にはじまる脚気論争

　　江戸時代に入ると搗精（とうせい）の技術が発達し，特に江戸の街ではこめの流通量が多く，搗米屋（つきごめや）と
よばれる小売専業の米屋で白米を容易に買えるようになった（原田　2014）。玄米に比べてやわ
らかく食味のよい白米を食べる習慣は，上層階級だけでなく一般の武士や町人の間にも広
がった。その結果，脚気が江戸で大流行し「江戸わずらい」ともよばれるようになった。

　　脚気は，初期の食欲不振と倦怠感にはじまり，次第に足のしびれやむくみ，動悸，息切れ，
感覚の麻痺が現れ，進行すると手足に力が入らず寝たきりになって心不全などで死に至る。
栄養学がなかった時代には，白米に偏った食事が原因であるとは誰もわからず，原因不明の
死病として恐れられた。

　　明治時代になっても脚気の流行はおさまらず，白米を食べる習慣と共に都市部から次第に
地方へ広がっていった。

　　脚気による兵士の死は深刻な問題であったが，大日本帝国海軍軍医の高木兼寛（たかきかねひろ）と陸軍軍医
の森林太郎（鷗外）は，その対処法で真っ向から対立した。高木は脚気の原因をたんぱく質
摂取不足と考え，麦食と洋食を組合わせた食事の効用を主張し，1880年代から兵食に採用
した。この頃，イギリスからカレー粉も入るようになり，海軍では肉入りのカレー料理など
も導入されたと考えられる。こうした献立の改善により海軍では脚気死亡率が激減し，食事
の改善が脚気に効果的であることは海外でも認められていく。

　　一方，陸軍は，脚気細菌説を主張した森のもと，頑なに麦飯食を否定し，日露戦争（1904～
1905）においても兵食に白米が指定され続けた結果，多くの兵士が脚気で命を落とすことに
なった。麦飯は貧しさの象徴であり，軍人になれば白米が食べられるという庶民の憧れが根
強く残っていたことも，陸軍が白米食に固執した一因であったとされる。

　　海軍においても，麦の消化・吸収率の悪さを主張する反対派の意見もあって，大正時代に
なると，再び白米食が復活し，脚気による死者が増加する。全国の脚気死亡者数は大正期に
ピークを迎え1923年には26,772人を記録するが，その後減少し，1972年以降は20人以下と
なった（中村　2002）。

●脚気（江戸患い）の対処法

高木兼寛
（1849～1920）
（東京慈恵会医科大学所蔵）

軍医：1888年に日本最初の博
士号を授与
　麦食による海軍の脚気治療法
は海外では高く評価され，欧米
の栄養学史にその名をとどめた。
　今のように多種類のおかずが
なかったこともあり，軍人は1
日に6合のお米が支給されてい
た。

森林太郎（鷗外）
（1862～1922）
「近代日本人の肖像」
（国立国会図書館デジタルコレクション）

軍医：医学博士と文学博士の両
方をもつ。
　陸軍軍医の公務のかたわら，
森　鷗外の名で小説家・翻訳家
として活動していた。
　森は高木に，麦飯が脚気に効
くという証拠がない限り，白米
をやめないと主張した。

（2） 栄養学のはじまり

① 日本の栄養学の祖

　佐伯 矩（さいきただす）（1876〜1959）は，愛媛県の医師の家に生まれる。北里柴三郎が主宰する伝染病研究所で細菌学や消化酵素の研究などをした後，アメリカ　エール大学，アメリカ　農商務省の技師を経て日本に戻り，私費で栄養研究所を設立した。研究中心の生化学から栄養分野を独立させ，人びとの健康増進のための実践的な学問「栄養学」という新しい分野を切り拓いた人である。栄養とは，生物が必要な物質を生体内に取り入れ，エネルギーを生み出し，成長や活動を行いながら生命を維持していく，一連の現象を表す。

　江戸時代から，医学書の翻訳語として「栄養」という語句が用いられ，類似した意味をもつ「滋養」という言葉と共に使われていた。「営養」の表記が家事教科書などで混在して使われる時期もあったが（江原　1992），佐伯は「栄養」に統一するよう1918年に文部省へ提言した。翌1919年には，国立栄養研究所を設立するよう内務省に要請するなど，栄養学の普及に努めた。

② 栄養研究所の設立とその功績

　1920年（大正9）に創立された栄養研究所は，戦後，国立栄養研究所として再開し，現在は国立健康・栄養研究所として続いている。1923年（大正12）の関東大震災では，職員総出で避難者の炊き出しを行い，小学校児童のための給食を実施した。その給食の献立は，佐伯が考えたという。

　第二次世界大戦末期には，食物消費の実態を調査して栄養素等摂取量の集計を行った。こうして得られた食糧配給対策の基礎データは，戦後，GHQの指示で実施された国民栄養調査の方法論に生かされ，終戦直後の深刻な食糧難を乗り切ることに貢献した。同研究所は，長年にわたり栄養所要量（現在の食事摂取基準）策定や毎年の国民栄養調査（現在の国民健康・栄養調査）の実施における基準となる根拠を提供している。

③ ビタミンB₁の発見者

　鈴木梅太郎（1874〜1943）は，戦前の日本農芸化学者（図6-1）。米糠から抽出した成分を「オリザニン」と名づけ，1910年に発表した。この成分はビタミンB_1のことで，その翌年，ポーランドの生化学者カシミール・フンク（C. Fumk）も米糠に含まれるこの成分の摂取不足が脚気の原因だと発表し，「ビタミン」と名づけた。

　フンクが付けた名称「ビタミン」のほうが世界的に知られるように

図5・6-1　鈴木梅太郎
（国立公文書館所蔵）

● 脚気とビタミンB₁の関係

　脚気はビタミンB_1の欠乏症である。ビタミンB_1は，糖質をエネルギーに変えるために必要な栄養素で，豚肉，レバー，豆類やこめ・麦の胚芽部分に多く含まれる。

　現代の食生活で脚気になる人はほとんどいないが，エネルギー摂取の多くを穀物に依存していた江戸時代には，胚芽ごと食べる玄米食から，胚乳のでんぷんのみの白米食へと変化するなかで，深刻なビタミンB_1不足が起こった。

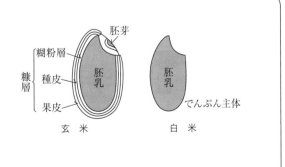

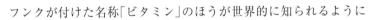

なったが，先んじて，その存在を確認したのは鈴木であった。

（3）　女子教育のはじまりと家事・裁縫

　明治以降，近代学校制度を取り入れた政府は，1872年（明治5）に学制を公布し，まず小学校教育に力を注いだ。小学校の上の女子の中等教育機関としては，小学校の教員を養成する学校である師範学校の女子部などが創設され，1882年には，女子師範学校附属高等女学校なども開学した。また，1899年（明治32）の高等女学校令以降には，各地で高等女学校（略して高女）が設立され，国語，理数科目などと共に女子に固有の科目として家事と裁縫の2教科が教えられた。

　高等女学校令施行規則（1901年）では，週当たり家事科4に対し裁縫科は16，施行規則中改正（1932年）でも家事科6に対し裁縫科16と，かなりの時間数が和装・洋装を含む裁縫に当てられ，食物教育は少ない家事科の内の約半分だった。

　1910～1920年代には高等女学校の生徒数が急増し，都市部だけでなく農村部での進学率も増加した。しかし，都会の女子高等師範学校などで学んだ教師が地方の学校で教科書通りに家事科を教えることに対し，都市と地方の格差，教科書と実社会とのずれに対する批判が高まった（図6-2）。家事と裁縫の教員たちは家事科研究会を設立し，1930年代に入ってもなお，家事科の地方化，実際化をテーマに改善策の検討を重ねた。戦時体制が強化されるなかで，家庭栄養改善など栄養の知識を一般に普及させる方法についても検討された。

図5・6-2　家事教育と実社会の生活のずれを指摘した記事『岩手学事彙報』1045号（1918）

　家事科と裁縫科は，戦時下の1943年の中等教育改革によって家政科として統合され第二次世界大戦後に家庭科として再改定され現在に至る。

　女子教育は，個人としての女性の独立のためではなく，国を支える基盤づくりとして行われ，「良妻賢母」の思想は婦人雑誌などでも補強された。明治10～45年までに女性を主な読者対象とする雑誌は約160種発行されたが，1900年代に創刊された『婦人画報』『婦人之友』

●割烹教科書の構成
　『割烹教科書』の調理用具と台所間取り図。
　割烹教科書には，栄養学的理論，献立作成，調理実習および，調理器具や台所の間取りなどが細かく記載された。

台所の間取り図

調理用具
『割烹教科書心得の部』喜多見佐喜（1907）
『近代割烹教本集成第4巻』クレス出版（2015）

『婦女界』などにわずかに食物記事が掲載されたにすぎなかった。婦人雑誌以外では，雑誌『月刊食道楽』（1905年）や『料理の友』（1903年）などが料理の紹介を中心としていた。

　高等女学校がはじまった時期と並行して，1882年（明治15），赤堀割烹教場（創業者 赤堀峯翁）が最初の料理学校として開設された。ここでは，1887年から西洋料理を，1907年には，中国料理を取り入れ，着物の袖を包み込む日本独自の割烹着が開発された。

（4）　家事教科書と割烹教科書

　明治時代には，子育て，衣食住の管理，家庭の経済訓などに関する家事教科書や外国の家政書翻訳本が刊行され，特に高等女学校令交付（1899年）以降は高等女学校用の家事教科書が多く出された。高等女学校教授要目（1903年）に示された食物教育の内容は，栄養学的理論を中心に，献立，調理実習などを組合せた現在の食物教育に通じる内容であった。しかし，家事教科書自体は理論的内容を教授するためのもので，調理実習の詳しい内容までは含まれていなかったため，具体的な実習計画は各学校で独自に立てられた。高等女学校ができた当初の生徒は，使用人をもつ上層家庭の子女がほとんどを占め，調理実習は饗応料理，洋風料理を中心に，目新しいもてなしの料理を習う機会と考えられていた。

　大正時代に入ると，食物教育に特化した割烹教科書が多く現れる。割烹は，「肉を割き，烹る」の意味で，割烹教科書の実習では和風料理を中心に様々な洋風料理が取り上げられた。中国料理は一部で炒飯の取扱いがある程度だったが，1936年（昭和11）発行の『新時代割烹教本』には，中国語そのままの料理名で，いくつかの中国料理が取り上げられている。専門学校での取扱いが大正時代にはじまったことに比べ，家事教育での中国料理の取扱いは遅い。

●**割烹教科書・指導書**＊　13冊中の掲載上位の料理
1. 澄汁，茶碗蒸し，オムレツ（13冊）
2. 白飯，松茸飯，味噌汁（12冊）
3. えんどう飯，散し寿司，野菜煮物，てんぷら，
　酢の物，浸し物，カレーライス（11冊）
4. 桜飯，栗飯，お萩，潮汁，サラダ（10冊）
5. 筍飯，海苔巻，塩焼，木の芽和え，
　ビーフステーキ（9冊）

　＊1911年から1934年に発行された13冊について集計
　　（『高等女学校における食物教育の形成と展開』表2-10参照）

> 和風のご飯物・汁物で共通するものが多いなか，オムレツ，カレーライスが上位に入る。
> 昭和時代の初め，高等女学校に通う姉がフライパンを買って家でつくってくれたカレーライスの味が忘れられないと語る人もいる。

●科学的な計量法の導入
　大正時代の割烹教科書の材料表には数字で分量が示され，『実用割烹教科書』（武藤じつ子　1917）と『現代割烹教科書』（北村すゑの　1925）に掲載された実物大の大さじ・小さじには尺貫法の質量（重さ）の単位「匁」と漢字の「瓦」が目安量として併記されていた。『割烹ノート』（京都第二高等女学校　1928）になると，計量カップも加わり，大さじ1の目安の重量は，ほとんどg表示に変わる。

●計量器の変遷

大さじ
中さじ
小さじ

大さじ十杯で水約一合，粉は山盛にて約十二匁，砂糖は大山盛二十匁，中さじは大さじの約半分に相当す，西洋料理の分量を計るには多くこれを用ふれば記憶し置くべし

『近代割烹教本集成第1巻』
クレス出版（2015）

大匙　小匙　1/2小匙

大匙1杯（すりきり）の重さ

砂糖	8 g
鹽	9 g
メリケン粉	6.5 g
片栗粉	8 g
バ　ク	13 g

7. 給食の成立

（1） 兵食にみる携帯食・非常食

　　平安時代，律令制における式部省で官僚養成を行う大学寮で出された食事が給食のはじまりとされる。その後，給食を提供する場所は，軍隊，工場，学校，寄宿舎，病院，刑務所など多岐にわたり，時代とともに特徴ある給食が出されてきた。

　　まず兵士が戦場に持っていく携帯口糧（携帯食）として奈良・平安時代には玄米を炊いて干した糒と塩が用いられた。戦国時代から江戸時代にかけては，玄米の握り飯や餅などの主食の代用食と，炒り大豆や勝栗，梅干し，味噌玉など副食品の種類が増えていった。

　　明治時代に兵制が変わり，西南戦争（1877年）では乾麺麭（乾パンの原型）が採用される。しかし，硬く大きくて食べるのに時間がかかることや，兵士の口に合わなかったことから，1885年には再び糒と塩に戻される。日清戦争（1894〜1895年）には缶詰が加わり，日露戦争中（1904〜1905年）には主食は精白米中心で，副食には牛肉や鮭・鰯などの魚，そして福神漬けの缶詰などが出された。また，品質のよくなった重焼麺麭（繰り返し焼いたビスケットの意味。後の乾麺麭）が再び採用されて乾パンも支給された（井舟　1999）。

　　陸軍の兵食調理法をまとめた『軍隊料理法』（1910年）には，野菜の切り方や魚の串の打ち方など基本的な日本料理全般と洋風料理の調理法も書かれている。また，乾麺麭や缶詰肉，乾燥野菜，醤油エキス，圧搾茶など戦時糧食品の使用法が2頁収録されている。昭和初期に刊行された『軍隊調理法』（1928年）には，特別食としての携行食，療養食としての流動食，

表5・7-1　『軍隊調理法』にみる食品の簡易製法と特殊品

食品の簡易製法
煮ハム，塩豚，蒟蒻，甘酒，カルピス様飲料速製法，ウドン，支那饅頭，納豆，（在来法，村松式），ラード，ソース，膨らし粉（ベーキングパウダー）
乾燥野菜及特殊調味品使用法
乾燥甘藷，乾燥馬鈴薯，乾燥里芋，乾燥牛蒡，乾燥胡蘿蔔，乾燥蓮根，乾燥慈姑，乾燥南瓜，乾燥百合，干瓢，切干大根，紫蕨，晒若布，六角菜（ふのり），刻昆布
特殊品使用法
醤油「エキス」，粉醤油，携帯粉味噌

●パン副食の「営め物」

　『軍隊調理法』にはパンに添える「営め物」のレシピが5種類ある。「シロップ」は，でんぷんでとろみをつけた砂糖水と砂糖を焦がしたカラメルでつくる。

　また，「大豆粉クリーム」は，きな粉に砂糖とでんぷんを加えて水溶きにして練り上げる。「甘藷ジャム」は蒸したさつまいもと梅干しをすりつぶし，砂糖・塩・水を加えて弱火で練り上げ，食紅で色をつけた。

●福神漬の缶詰

　軍隊では，牛肉や魚の缶詰のほか，醤油と砂糖で味付けした福神漬の缶詰もよく支給された。野外調理兼用の「福神漬混飯」は，缶詰の福神漬を湯か水に浸しておき，かために炊いた白米か麦飯に混ぜたご飯のこと。

　現在の福神漬は赤く着色されてカレーライスに添えられるイメージが強いが，元々は醤油と砂糖で甘辛く味付けられた醤油漬だった。

軟食などと共に，乾燥野菜の利用法，粉醤油，粉味噌など特殊調味料の使用法などが細かく紹介されている（表7-1）。

（2）　女工の給食－まかない食

　　日本の養蚕業と製糸業は，明治政府が殖産興業と外貨獲得に力を入れたこともあり，ヨーロッパやアメリカへの生糸輸出量の伸びと共に明治時代から大正時代にかけて大いに発展した。大正期の女子工員（女工）の生活を記録した『女工哀史』や，それをもとに後に映画化された『あゝ野麦峠』は，女工がおかれた辛く厳しい環境を描いた作品で，世にその存在を知らしめた。しかし実際のところは待遇に見合った労働という見方もあった。明治時代の繊維産業発展時の女性労働者たちの労働意識を支えたものは，自分たちが産業を支える，家を支える，さらには自立の足掛かりとしての希望だったという（平井　2019）。

　　人間の労働力に頼る割合が大きい製糸業において，ベテランの女子工員の確保・育成は重要な課題であり，賃金水準は高めで，寄宿舎生活では3食のまかない食が付いた。

　　なかには，働きながら学べる家事学校を併設した工場もあった。夏場は暑いうえに日が長く，12時間以上も気を張って労働し続けるのは厳しかったが，正月や田植えの時期に里帰りができることもあり，白米，または麦飯であろうとも，おかわり自由に食べられることと，賃金から仕送りができる工場勤めは，貧しい農村地帯の子女にとって憧れの職業だった。

　　まかない食はご飯と汁物にたくあんなどの漬物が中心で，昼ご飯には野菜やいもの煮物，夕飯には，塩鮭などの焼き魚か豚汁など肉が使われることもあった。昼食にカレー，シチューやうどんが出たという工場もある。一方で魚介類は塩物と干物が中心で，生の魚（さし身）が出ないことを嘆いた女工の記録が残っている。

　　昭和30年に組合員3万人（内，80％が女子労働者）を対象にした全蚕糸労連婦人対策部の調査がある。給食費は1日60円前後で，その時代，国家公務員初任給が8,700円ほどだったことから換算すると1日の給食費は，今の1,500円前後に相当する。改善点などの調査結果では，職員のいる昼の献立だけはまともであるが朝夕が貧弱である，味噌汁や漬物は毎日同じではなくもっとよくして欲しい，醤油をいつでももらえるようにしてほしいという意見もあった。卓上に何も置かないところもあれば，醤油やソース，梅干し，ごま塩，漬物，唐がらしなどを置くところもあり，特に塩分補給のために夏だけ，ごま塩を置くという工場もあった（労働経済旬報　1955）。

● 製糸工場の食堂と家事学校

　石川組製糸（創業明治26年）は，大正11～12年の最盛期には全国に9工場を展開するまでになった。本店工場（埼玉県入間市）には約1,200人が働き，繭から生糸を取り，外国に輸出する製品にしていた。敷地内には女工が暮らす建物や医務室，テニスコートや芝生広場，池もあったという。本社工場2階には，広い座敷の食堂があり，女工の勧誘と引き留め策に家事学校も開講され，裁縫のほか，英語や商事要項などの科目もあった。

食堂

裁縫の授業風景

『石川組製糸ものがたり』（入間市博物館所蔵）

（3）　病院の給食－療養食，病人食

　　栄養学を基にした「食事療法」として病人食を最初に導入したのは，1888年，順天堂病院の平野千代吉だとされる。それは西洋式の病人食であったが，日本人の食事に合うように『食餌療法新書』を刊行して広められた。1890～1920年代にかけて，糖尿病，甲状腺腫，胃腸炎，腸チフス，腎臓炎などの病人用食餌療法が実験的に試されるようになり，1926年には福沢諭吉が北里柴三郎を迎えて，慶應義塾大学病院に食養研究所を開設し，本格的な食餌療法の研究がはじまった。1930年代にかけて胃腸疾患，肝臓疾患，貧血の食事療法に加え，結核の無食塩食事療法などが積極的に試みられた。

　　戦前の死因をみると，胃腸炎，結核，肺炎による死亡率が高い（図7-1）。当時，こうした疾病に対する食餌療法を反映した病院給食の提供が望まれたが，実際は表7-2にあるような国民全体の食事の問題が大きかった。欧米諸国が進めた食餌療法を課題とする臨床栄養よりも，まずは低栄養状態にある日本人全体の食事の底上げのため，公衆栄養を中心として栄養改善を進めたことが日本の特徴としてある。

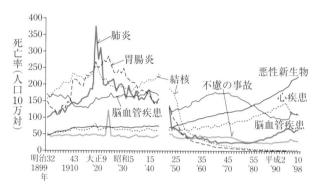

図5・7-1　死因別の死亡率年次推移

厚生労働省「人口動態統計」

表5・7-2　日本人の伝統的食事（1970年代以前）の問題点

1980年頃の理想的な日本型食生活に至るまでに，改善すべき点があった。

①　主食偏重による，たんぱく質，脂質，各種のビタミン・ミネラルの不足とその栄養欠乏症の発症（エネルギー・たんぱく質欠乏症，脚気，夜盲症など）。
②　低栄養により乳幼児の死亡率が高く，抵抗力がないため結核等の感染症も多かった。
③　エネルギーや各種栄養素の不足による子どもの成長不良（低身長や体力不足）
④　低栄養に食塩の過剰摂取が重なり，高血圧，脳卒中が多く，胃がんの死亡率も高かった。

（中村　2019）

（4）　学校給食の歴史

　　学校給食は，1889年（明治22），山形の私立忠愛小学校でおにぎりと漬物が配られたのが最初だとされる（図7-2）。1886年制定の第一次小学校令では，義務教育期間は6歳からの尋

●公衆栄養行政と活動の歴史

　1872年，わが国初の給食が群馬県富岡製糸工場で実施され，1882年には最初の食事調査が行われた。1926年には佐伯矩によって創設された栄養学校から世界初の栄養士（当時は栄養技手）15名が誕生した。栄養士たちは官公庁，病院，工場，鉱山，療養所，児童施設，栄養食配給所などに配置され，疾病と栄養の関連を明らかにしたり，工場，地域集団，学校給食など集団を対象にした栄養改善を実践して成果を上げた（吉田ら　2007）。

●戦後にはじまる病院の完全給食制度

　戦後，GHQの指導の下に日本の医療改革が行われ，医療法（1948年）が制定された。病院には給食施設の設置と栄養士の配置が義務づけられ，1950年には完全給食制度がはじまった。

　戦前までは入院患者の食事は，患者や家族が病室や廊下で自炊したり家庭から料理を持ち込んだりしていたが，栄養・衛生両面の問題から食事を医療の監視下におく制度に変わった（中村　2019）。

常小学校（修業年限4か年）とされ，昼飯は弁当を持参するか家に帰って食べていた。しかし，十分に昼食を摂れない児童がいたため，成長期の児童の栄養確保を目的に，貧困児童救済から，給食の歴史ははじまった。

図5・7-2　明治22年の学校給食一例（おにぎり，塩鮭，菜の漬物）
（独立行政法人日本スポーツ振興センター所蔵）

災害時にも給食は人びとを救った。1923年9月の関東大震災では，神奈川と東京の大部分と千葉，静岡の一部が壊滅的な被害を受け火災などにより10万人以上が亡くなった。10月には文部省から通牒が出され，児童の栄養改善のために学校給食が奨励された（図7-3）。炊き出しや給食で使われる味噌が不足し，長野県の製紙工場から賄い用味噌が供出され，信州味噌とよばれて関東地方でも親しまれるようになった（福留 2019）。1931年と1934年の東北では，冷害による凶作がひどく，学校給食を残して持ち帰り，家族の飢えをしのぐ児童もいたという（朝日新聞社 1972）。

図5・7-3　大正12（1923）年の学校給食の一例（五色ごはん，栄養味噌汁）
（独立行政法人日本スポーツ振興センター所蔵）

1932年には，国庫補助による貧困児童救済のための学校給食が初めて実施される。1940年には「学校給食奨励規程」に変わり，対象を栄養不良児，身体虚弱児にも広げ，栄養的な学校給食の実施が全国的な広がりをみせる。1938年頃には一部で牛乳給食の試みもはじまり，体位向上に有効な牛乳を子どもたちや兵士に飲ませる習慣は，戦後の脱脂粉乳の完全給食につながっていく。

戦時下の1944年には，こめ，味噌などを特別配給して6大都市の小学校児童約200万人に学校給食が実施されたが，終戦が近づくにつれて配給の主食不足と副食の偏りなどが深刻化する。食料をはじめ，あらゆる生活物資が不足してきたことから，学童約20万人が関東近県，東北地方，新潟などに疎開し，学寮生活を送った。当事者たちの当時の回想には，食料運びの途中に空腹で野菜を生のままつまみ食いした，ご飯のさつまいもをより出して干しておやつにしたなどの話が出てくる（萩原 2009）。

学校給食は，貧困，災害，戦時下などにあって十分な栄養が摂れない児童を救い，日本の未来を担う次世代の健康・栄養のセイフティネットの役割を担ってきた。それは，戦後の完全給食の実現や現在の子ども食堂などの考え方につながっている。

●東北の凶作と娘の身売り

昭和9年（1934）の大凶作で，東北の米作平均が40%近く減収となった。豊作の年でもひえやあわを常食にしていた東北では，それすら足りなくなり酷寒のなか，草の根や木の皮を食べてしのぐ人びとの惨状が新聞で報じられた。岩手県などで出された学校給食は5,600人分にすぎず，欠食児童は24,800人にものぼった。こうした窮状に，娘の身売りが行われたことは，後に社会問題となる。

この年の東北6県の女子の出稼ぎは58,000人にものぼり，その多くが芸者，娼妓，酌婦，女給として働かされた。

『眼でみる昭和　上巻』（1972）
朝日新聞社編

♣キーワード：西洋料理の新しい調理器具，ガスと電気の普及，台所空間の変遷，水道と熱源の変化，台所改善と生活改善

8.　台所の変化と調理道具

（1）　西洋料理の導入と新しい調理器具

①　鍋の変遷

　江戸時代までは日本の伝統的な鍋といえば，つるつきの鉄鍋で，囲炉裏や竈にかけて使った。大家族では直径90 cmもの大鍋が使われ，江戸時代後期になると，単身者の多い都市部では小型の鉄鍋が流行した。明治時代には肉食解禁により「すき焼き鍋」が登場する。これは，牛肉を調理するための浅い鍋で，鋳造（ちゅうぞう）の鉄，または銅製で七輪にのせて供された。

　フライパン（フライ鍋）は，西洋料理と共に日本に紹介され，1920年代には一般化していた。フライパンの普及は，伝統的な日本の料理にほとんどなかった「油を使う調理」の普及を意味する。

　鍋素材としては，1860年代にはブリキ材が，1870年代には琺瑯引き（ほうろうびき）が登場する。また，アルミニウム産業が軍と政府の強力な支援を受けて発展したことで，日露戦争（1904年）前にアルミ鍋が使われるようになり，1937年からは「アルマイト」とよばれる表面を電解被膜加工したアルミ鍋が使われるようになった（面矢　2020）。

②　西洋料理の影響を受けた調理器具

　明治時代には，西洋料理とその影響を受けた洋風料理（p.140～143参照）が外食店で提供されるようになり，高等女学校の調理実習や家庭でも徐々につくられるようになった。それに伴い新しい調理器具が台所に取り入れられた。オムレツを焼いたりカツレツを炒め揚げにするフライパン，カレーやシチューを煮込む蓋つきのスープ鍋や深いシチュー鍋，ゼリー型，抜型などの小物類，その他，アイスクリームをつくる専用桶などもあった。ケーキやカステラを焼く天火（てんぴ）（オーブン）は，欧米にあるような煉瓦（れんが）の作り付けのものではなく，鉄製の箱型で七輪，または火鉢の上に置いて下火とし，上にも炭を置いて上火として加熱する簡易的なものだった（図8-1）。

図5・8-1　「スパンヂ，ケイク」を焼く天火
『現代料理教本』（1930）
『近代割烹教本集成第6巻』
クレス出版（2015）

●新しい実生活に必要な台所用品

　『割烹の栞』（中村　1923）に示された2人世帯に必要な炊事道具のうち，食器，清掃用品などを除く台所用品は以下の通り（無印は数量1）。

まな板2，甑，蒸し鍋，裏漉，炭斗，灰卸し，かつお節削り，勝手用丼5，卵焼器，漬物桶2，水甕，水甕蓋，肴籠，炊事ばけつ，柄杓，笊，山葵卸，杓子2，汁杓子，薄鍋2，飯炊釜，飯櫃2，飯臺，摺鉢，摺古木，七輪，湯わかし，火鉢，泡立用網杓子，包丁3，フライ鍋，巻鮨用簀，たわし，箸差，十能，火箸3，蠅入らず，肴焼網3，金串5

蠅帳（蠅入らず）
（著者作成）

（2） ガス器具・電気器具の開発と普及

① 加熱機器の開発

　明治時代前半まで加熱調理の熱源は薪・炭だったが，街灯のシェアを電灯に取られてしまった瓦斯会社は，明治35年(1902)からガス調理器を積極的に開発するようになった(図8-2)。単品の機器だけでなく，羽釜での炊飯と鍋での煮炊きができる加熱調理台が開発されるなど，床に座って調理する床座式から立式への対応が進んでいった。ガスであれば火加減の調整がしやすく灰の処理もない。明治8年(1875)にマッチの国内製造がはじまったことで火起こしの労力が軽減され，炊飯をはじめとする毎日の炊事はたいへん楽になった。

| 4升炊きガスかまど | 瀬戸火鉢(草花模様) | 卵ゆで器 | 食パン焼き器(四面式) | パーコ瓦斯珈琲器 |
| (明治後期) | (大正期) | (昭和初期) | (昭和初期) | (昭和初期) |

図5·8-2　ガス調理機器

（東京 Gas Museum がす資料館）

　大正時代には，フィラメントの大幅改良によって電気が余るようになり，電気会社は電化製品の開発に力を入れるようになった。電気釜，温水器，トースターやコーヒー沸かし，皿洗機など，現在使っている家電製品の多くが昭和10年頃までに開発された(山口　1999)。

② 冷蔵庫の変化

　冷却技術の発達と調理機器への応用は近代以降に進んだ。明治時代のはじめまでは冬に自然にできた氷を夏まで保存して使う天然氷室の氷を利用していたが，大正時代になると人造氷で冷やす氷冷蔵庫(氷蔵庫)が普及する(図8-3)。

　1918年にアメリカで世界初の電気冷蔵庫が開発され，1927年に輸入がはじまった。国産第1号の家庭用電気冷蔵庫は1930年に発売されたが一般に広く普及するのは戦後のことで，ガス冷蔵庫は1955年頃まで，氷冷蔵庫は1960年頃まで使われていた(山口　1999)。

図5·8-3　木製氷蔵庫

(写真：淵崎昭治　提供：CONFORT 26号)

●電気冷蔵庫の舶来品・国産品広告

　電気冷蔵庫の広告(左)は1927年の輸入品のものである。当時，外国車をはじめとする舶来品の広告が目立った。

　10年後の国産品広告(右)では，りっぱな電気冷蔵庫の写真と共に，常に安全貯蔵温度を自動的に保ち，どんな食物でも安心して貯蔵でき，しかも，費用は氷代に比べて僅少であることがうたわれていた。

左：朝日新聞社
右：『眼で見る昭和　上巻』(1972)
朝日新聞社編

電気冷蔵庫の広告

（3）　台所空間の変遷

①　明治時代の庶民の台所

　明治期前半の台所の設備は，江戸時代から引き続いて同じような形式だった。現代の台所との大きな違いは，土間があり，板張りの床上と土間の両方で台所仕事を行うことだった。飯を炊く竈は，土間の土の上に直接設置するものもあれば，板間の上に設置するものもあり，明治期後半には煙突を付けたり，燃え残りの灰をかき出しやすくするなど改良竈が工夫されるようになった。水仕事を長屋の井戸端ではなく台所で行う場合は，水瓶から水を汲み床上に置いた箱型の流しの前で床に座って作業する床座式や，土間に置いた流しの前で立って作業する立式（図8-4），そして，箱型の流しがなく土間に敷いた切石などの前にしゃがんで作業することもあった。井戸のある土間をもつ家もあった。

①板間の床上の奥には障子
　越しに座敷が見える
②床上に設置された竈。木
　目から，木枠で竈口が囲
　まれてよく見えない意匠
③竈の下には炭斗，火箸，
　火吹き竹，上には煙突
④床上に置く小さな火鉢と
　浅鍋
⑤横には，脚つき膳の上に
　洗った食器が見える
⑥大きな洗い桶と炊事バ
　ケツは，土間に直置き
⑦最上段には神棚
⑧すり鉢，桶類は壁付け
　の棚に
⑨包丁や笊，籠，杓子な
　どは壁に
⑩立式の流し台
⑪水甕，手桶は土間置き
⑫土間で上履きのまま仕
　事ができる台

図5・8-4　明治30年代の東京の町家の台所『東京風俗志』中巻（1901）（筆者注釈）

（国立国会図書館デジタルコレクション）

②　水道と熱源の変化

　水道については，明治時代になっても井戸が使われており，江戸時代から使用している上水設備は老朽化が進んでいた。そのようななか，1886年のコレラ大流行があり，より近代的な水道設備の創設が望まれるようになった。1898〜1911年にかけて東京では水道設備の整備が進み，大正時代には対応区域をさらに広げて，上水井戸から上水道への転換が行われた。

　一方，熱源については，薪・炭を使う竈・七輪をガス・電気に対応した調理機器へ切り替える動きが，明治時代の後半から都市部を中心に始まり，徐々に地方へも広がっていった。しかし，農山漁村の台所設備が近代化するのは，戦後のことであった。

●調理器具の段階的な近代化

　1969年に窒素充填の気密パックの削り節が売り出されるまで，かつお節は家庭でかつお節削り器を使って削るものであった。効率化を図り回転式の削り器が開発されたが，削る手間がない個別包装品の発売によって，かつお節削りという家事労働は外部化された。

　飯を炊く竈にしても，江戸時代からの竈に代わってガス竈に移行する途中段階で，煙導と灰落としつきの改良竈が提案され，段階的に近代化が進んだ。

回転式・かつお節削り器
『講座食の文化　家庭の食事空間』
（東海市立郷土博物館所蔵）

(4)　生活改善運動と台所の変化

　村井弦斎が書いた新聞連載小説『食道楽』（1903年）は，小説のかたちをとりながら，欧米の進んだ食生活と台所の姿をもとに，日本の台所の不合理と旧弊を批判的に描き，西洋料理とそれに必要な道具・材料などを話の中で紹介するというものだった。小説はベストセラーとなり，西洋料理だけでなく道具や台所までも西洋式はすぐれたものであるという主張が集約的に表現されることとなった。

　大正デモクラシーの時代には，知識人を中心に台所改善運動が活発化した。1920年1月発足の生活改善同盟会は，当時の生活は道徳経済衛生等改善を要するところが多く，むだを省き，生活様式を合理化し，生活安定，能率増進をするように努める必要があるという考えのもと諸活動を行っていた。とくに，大正時代から昭和初期にかけて，台所では，立ち仕事が理想とされ，床座式から立式への移行が推奨された様子がわかる。以下に，「新しい台所と基所道具」（生活改善同盟会　1928年）の冒頭論文にあげられた要点を示す。

　このほか，家事教科書での台所の改善項目としては，作業の歩数を節約できるような配置・設備にすること，戸棚をつけることで有効な面積を広げること，竈の煙が家にこもり，吸うことがないよう煙突を付けること，電気・水道・ガスなどの近代設備を整え，それに合わせた器具をそろえることなどがあげられていた（山口　1997）。

●「新しい台所と基所道具」冒頭の要約
・台所改善の経費は少なくする。狭くて最も能率のよい台所を目標とする。
・台所は東北の角が理想。北向きの明るいガラス戸だての所もよい。
・夫婦に子ども2人なら台所は一坪（勝手口があれば一坪半）で充分。台所が広いのは立ち居振る舞いに非常に不便である（図8-5）。
・従来の借家式台所はしゃがんで調理し水仕事をする形式でよくない。主婦の炊事能率を削ぎ，疲労を感じさせ，着物の膝が抜ける。

図5・8-5　台所の改良一坪半『中等教育家事新教科書』より
『にっぽん台所文化史』雄山閣出版（1998）

・すべて立姿で動作するように設備し，流し台，調理台，棚などは，たとえ女中をおく家庭であっても，主婦の背の高さを基準とするべきである。

(以上，筆者一部改変)

●衛生的な飲用水を得るために
　大正期の家事教科書に井戸水のろ過装置の解説がある。図のように砂と木炭を交互に詰めた木桶で井戸水をろ過して沸騰させてから飲むとあり，棕櫚を敷いたり毛布のようなものを用いるのは不適切だという注意書きもある。都市部では上水道の整備が進められていたが，農村部では生活用水を井戸水に頼る生活が続いた。井戸の位置によっては下水による汚染の心配もあり，衛生的な飲用水の確保は大きな問題だった。

『家事新教科書　上巻』石沢吉磨（1919）
（国立国会図書館デジタルコレクション）

♣キーワード：カツレツ，コロッケ，とんかつ，サラダ油，ドレッシング，カレーライス，シチュー，トマトケチャップ，ソース，マヨネーズ，パン

9.　新しい調理と調味

（1）　油の調理

①　カツレツ，コロッケ，とんかつの誕生

　明治時代には，食用の菜種油の生産量が増え，日清・日露戦争を経て1920年代になると満州からの輸入大豆で，廉価な大豆油が出回るようになった。明治天皇の獣肉解禁（1872年）以来，肉の消費増加と共に，動物性脂肪のヘット（牛脂）やラード（豚脂），バター（乳脂）の使用も増えた。そして，カツレツ，コロッケ，とんかつなどの揚げ物が，日本生まれの洋食として広く食べられるようになった。

　明治時代に紹介された西洋料理のコートレットは，骨つきの子牛や羊肉の切り身をバターなどで炒め焼き（ソテー）するものだった。日本ではビーフやチキンだけでなく，明治政府の養豚政策によって，消費拡大した豚肉を使うようになった。1895年，東京銀座の洋食店「煉瓦亭」で初めてポークカツレツが売り出され，徐々に知られるようになり，1907年頃から大正時代にかけて流行する。1929年（昭和4）には，厚切りの豚肉に粗いパン粉をつけて油で揚げるとんかつが，東京　御徒町「ポンチ軒」で売り出される。とんかつは箸で食べやすいように切ってあり，千切りキャベツと味噌汁と共にごはんに合うおかずとして人気を得た（岡田　2012）。

　コロッケは，フランス料理の付け合わせであるクロケット（croquette）をもとに，ホワイトソースのクリームコロッケと共に，じゃがいも主体の「いもコロッケ」が明治期半ばにつくられるようになった。大正・昭和初期の不況期には，肉屋の店頭で揚げるカツレツやコロッケは，手頃な値段の便利なおかずとして人気を集めた（図9-1）。

図5・9-1　昭和6年当時，十銭均一看板を出す食堂

『眼で見る昭和　上巻』朝日新聞社編

②　サラダ油とドレッシング

　江戸時代まで，野菜は煮物や汁に入れるか，干すか，漬物にして食べることが多く，生で食べる習慣はあまりなかった。開国後，西洋料理や洋食をつくるために西洋野菜が栽培され

●天ぷら油に対するサラダ油の誕生

　日清豆粕製造株式会社（1907年創立，現 日清オイリオグループ株式会社）は，大豆を原料に大豆油と大豆粕の製造加工をはじめ，1924年に大豆油100%のサラダ油を発売した。

　サラダ油は精製度が高く，軽く淡白な風味を特徴とし，生で食べることにも適した油として，食用植物油脂のJAS（日本農林規格）に定められている。現在「サラダ油」と商品名にあるものは，一般的に菜種油と大豆油のブレンドである。

日清サラダ油
1ガロン缶

大びん

日清フライ油広告
1925（大正14）年「主婦之友」

サラダ油とフライ油の広告
（日清オイリオグループ株式会社提供）

はじめ，たまねぎ，キャベツ，トマトなどの西洋野菜は明治期後半から戦前・昭和期にかけて普及する。酢と油のドレッシングでサラダを食べる方法が次第に知られるようになり，加熱調理以外にも油を使う場面が増えた。大正時代の割烹教科書でもサラダオイル，またはサラダ油という表現が登場し，オリーブ油もよく使われていた。

（2）　日本のカレーライスとシチュー

　　日本の最古のカレー料理の記録は，『西洋料理指南』『西洋料理通』（共に1872年刊行）にあり，ねぎと肉をカレーの粉で煮込んだものだった。現在のようにたまねぎ，にんじん，じゃがいもを入れるのが定番となるのは，大正時代以降のことである（森枝　2015）。それまでは，『軍隊料理法』（1910年）にある「カレー，ライス（カレー汁御飯）」のようにたまねぎと肉だけでシンプルにつくるものや，割烹教科書ではたけのこ，乾燥いんげん豆など日本で手に入るもので創意工夫してつくっていた様子がうかがえる。調理実習書でもカレーライス・ライスカレーは定番の洋食メニューとして取り上げられ，バターと小麦粉を炒めてルウからつくる手づくりカレーが浸透していった（表9-1）。

表5・9-1　『食道楽』で紹介されたライスカレーの材料

種　類	油　脂	食　材	ベース	備　考
牛肉または鶏肉のライスカレー	バター	牛肉，または鶏肉，たまねぎ，にんにく，しょうが	スープ，メリケン粉，カレー粉，牛乳	材料1〜2種加減してもよい
魚のライスカレー	バター	塩を振った白身の魚，ほかは牛肉と同様	スープ，メリケン粉，カレー粉，牛乳	海老，蟹でも可能
蛤蜊（あさり）のライスカレー	バター	あさりの身，たまねぎ，西洋人参，じゃがいも	水，メリケン粉，カレー粉，牛乳	牡蠣，蛤，貝の柱で同様につくれる
玉子のライスカレー	バター	湯煮玉子（ゆでたまご）を最後に。そのほか，たまねぎ，にんにく	スープ，メリケン粉，カレー粉，牛乳	裏ごしして最後に牛乳と玉子を入れる

　　ほかにも煮込み料理としてシチューがある。『実用割烹教科書』（1917）のレシピは，牛ばら肉，たまねぎ，じゃがいも，にんじん，グリンピースでつくり，肉は鶏肉でも豚肉でもよいとある。炒めた小麦粉と肉を炒めたあとに残る脂を合わせて煮汁に加えてとろみをつける。味付けは，塩を基本に醤油少量を加え，醤油の代わりにトマトソースかウスターソースを入れてもよいとある。シチューは日本料理の何に似ているかという質問にのっぺい汁・けんちん汁との答えがあり，薄くとろみがついて具だくさんなところに類似性を見いだせる。

●国産カレー粉の発売
　明治の鹿鳴館時代（1880年代）に日本にはじめて紹介された西洋香辛料は，イギリスの「C&B社カレー粉」（Crosse & Blackwell 社製）だった（森枝　2015）。
　国産品は，日本初の純国産カレー粉としてS＆Bカレー粉（エスビー食品）が1923年に業務用，1930年に家庭用を，ホームカレー（後にハウスカレー　ハウス食品）は1926年に売り出した。大阪の薬問屋（大和屋）（現ハチ食品）が大正時代から販売したとされるカレー粉は，昭和初期のパッケージが残っている。

発売当時の国産カレー粉パッケージ
左：エスビー食品（株）　中：ハウス食品（株）　右：ハチ食品（株）

(3)　洋風調味料の普及

①　トマトケチャップ

　　ケチャップの語源は，16世紀に中国の福建省南部や台湾で「塩漬けの魚（ke）」のソースを
ke-tchupとよんだことにある。インドネシアやマレーシアに移り住んだ福建人移民たちに
よって魚醤のソースが広まり，様々なソースのヴァリエーションが生まれ，現在はインドネ
シア語のkecapは単なるソース（sauce）を意味する語になった。トマト入りソースがつくら
れるようになったのは19世紀半ばイギリスでのことで（ジュラフスキー　2015），アメリカでは
大手メーカーのハインツが1876年にトマトケチャップを発売した。日本では20世紀初頭に，
トマトの栽培農家がトマトソースやトマトケチャップの製造をはじめた。

②　日本生まれの「ソース」

　　日本にはソース（sauce）という総称とは別に，日本生まれの「ソース」というものがある。
一般的には，さらりと粘度が低くスパイスのきいた「ウスターソース」，どろりと濃くて甘
口の「とんかつソース」，その中間的な「中濃ソース」の3種類があり，関西を中心に，お好み
焼き用のソースも生み出された。

　　19世紀半ばにイギリスのウスターシャー州のソースが日本に伝来し，それをまねて国産の
ソースが発売された。1894年以降，関西を中心に国産ソースが次々と売り出され，1906年に
は東京でも発売される。1900年代に入り輸入ものも増え，洋食レストランや肉屋で売られる
コロッケ，カツレツなどを通してソースの味が庶民に広まっていく。ソースをカツレツの中身
が泳ぐくらいにたっぷりかけて，衣は先につまみにして食べたとか，コロッケを買いに肉屋
にびんを持って行くと，ソースを分けてもらえたなどのエピソードが残る（小菅　1994）。

　　割烹教科書のレシピにもよく使われ，『実用割烹教科書』（1917）にあるオムレツのレシピで
は，トマトケチャップではなく，だいこんおろしにソースをかけて添えるとある（江原　2015）。

③　マヨネーズ

　　アメリカ帰りの中島董一郎が現地で体験したマヨネーズの味と食べ方をもとにつくりはじ
めたことが，1925年の国産マヨネーズの発売につながる。当時のサラダ油の広告では，マ
ヨネーズづくりに適した油であることがうたわれていた（小菅　1994）。割烹教科書『割烹の栞』
（山口家政女学校発行　1923年）には，卵黄に酢と塩，胡椒，砂糖，サラダオイルを合わせる
マヨネソース（マイナイズソース）のレシピが紹介されている。市販品が普及する前から，
マヨネーズソースは，西洋料理の一つとして教えられていた。

　●国産トマトケチャップの誕生

　　1866年に横浜の生産者グループが西洋野菜の一つ
としてトマト栽培をはじめ，そのうちの一人清水與助
氏は後に，トマトケチャップづくりに成功し，1903
年に発売した。

　　カゴメ株式会社の創業者蟹江一太郎氏は1899年，
愛知県知多郡で西洋野菜の栽培をはじめ，トマトソー
スの加工に着手した。後に，トマトケチャップとソー
スなども手掛け，1908年に発売した。

カゴメトマトケチャップ

清水屋トマトケチャップ

発売当時のトマトケチャップのラベル

左：横浜開港資料館所蔵　　右：カゴメ（株）提供

（4） 粉食文化の広がり—パン，ビスケット，ケーキ

① 江戸時代までのパン

　安土桃山時代にポルトガルの宣教師によって日本に伝えられたパン（ポルトガル語で Pão）は，キリシタンが食べるものというイメージがあり，広まることはなかった。ビスケット（ポルトガル語 biscoito, 英語 biscuit）は直訳すると「二度焼きパン」という意味で，パン，カステラと共に南蛮菓子の一つとして伝えられた。乾蒸餅，乾麺麭（カンメンポウ）とも書かれる，一方，中華饅頭や包子の蒸餅（パン）は，中国から伝来して麺麭（パン）ともよばれたが，肉入り饅頭は肉食禁忌の思想から受け入れられなかった。

　江戸時代における日本のパンの記録として，『大和本草』（貝原益軒 1709）で蒸餅（パン）は小麦粉と甘酒でつくるとある。水戸藩の『蒸餅製法書』（1855）でも甘酒が用いられた（安達 1989）。西洋ではパン種にビール酵母などを使用するが，日本は米麹の甘酒である点が興味深い。

② 開国によるパン食文化

　幕末から明治期にかけて，文明開化の象徴的な食べ物としてパン食文化が開花する。まず1859年に開港した横浜の外国人居留地に，4軒の異人ベーカリーが開店した。東京銀座には1869年，木村屋総本店が開業して酒まんじゅうの酒種を用いたあんパンを発売し，1875年に明治天皇に献上して話題となった。精養軒ホテルなど本格的な西洋料理店では，最初はフランスパンやバターロールを出していたが，西南戦争後の1877年以降は，イギリスパン（山型の食パン）に変わる。明治政府がイギリスからの支援を受けるようになったという背景もあるが，軟らかい内側の部分が多い食パンの方が日本人の口に合ったこともある。1889年の大凶作では米が不足し，砂糖と醤油の蜜をつけて焼いた「付け焼きパン」が大流行した。明治30年代になると地方でも，あんパンが流行りはじめた。日本のパン食のはじまりは，飯の代わりの主食としてではなく，菓子パンとしての広がりをみせた。

　一方で，兵食では，西南戦争時に小麦胚芽を含むフスマ入りのパンと牛乳の食事で脚気の重症患者が全快したことから経験的にパン食が支持され，日本兵の口に合うパン，特に携帯に便利な重焼（おもやき）パン（乾麺麭（かんめんぽう），現在の乾パン）の開発と改良が求められるようになった。

　また，明治から昭和初期にかけての割烹受業日誌や割烹教科書では，食パンを薄く切ってサンドウィッチをつくる方法や，ベーキングパウダー・重そうを用いてオーブン（洋爐）で焼くカステラやビスケット，フライパンや鉄板を使ったパンケーキやワッフル，そのほか蒸しパンなどが紹介されている。

● 割烹教科書の図解

　高等女学校での調理実習で使う割烹教科書には，調理の心得，材料，分量，つくり方などと共に，ところどころに挿絵が入っている。

　『実用割烹教科書』（武藤じつ子 1917）には，七輪に金串を渡して専用の鉄板をのせワッフルを焼く図や，山型のイギリスパン半斤を8枚にスライスして，サンドウィッチをつくり，カットするまでの様子がわかりやすく示されている。

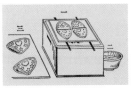
ワッフルを焼く

サンドウィッチをつくる

『実用割烹教科書』武藤じつ子（1917）
『近代割烹教本集成第3巻』クレス出版（2015）

10. 食生活の地域差

（1）　日常食の地域差と変化

① 明治時代後期の食生活の変化

　人びとが食生活の変化を実感するのは，日露戦争（1904〜1905年）前後といわれる。この頃，日本は産業革命が進み，1900年前後から，絹織物の輸出は急速に増加した。農家では女性たちが養蚕に従事し，機織りを含めて現金収入を得るようになった。

　神奈川県の農村では，魚，肉，牛乳，菓子，酒，砂糖，かつお節など新しい食品を現金で購入する事例が増え，食生活に変化がみられるようになった（永原　1990）。

　また，養蚕に必要な桑畑は1900年頃以降急速に増加し，あわ，ひえの雑穀畑が桑畑に転換されたところもあり，米飯が増加し，雑穀食が減少する要因ともなった。

② 大正・昭和期の日常食と地域差

　1930年前後の食生活を聞き書きした『日本の食生活全集』（日本の食生活　1984〜1993　以後「聞き書き」とする）は，各地域の食生活を知る貴重な資料である。同資料から，都市の日常食をみると，東京の商家では，朝飯は「白飯・味噌汁・納豆・煮豆・漬物」と，伝統的な食事構成だが，夕飯は「白米飯・シチュー・ぶり大根・漬物」と，和洋折衷料理もある。また，昼飯にはコロッケを肉屋で購入する場合もあり，惣菜でも洋食が普及していた。

　一方，山間地域の日常食は，白飯が少なく，むぎ，あわ，ひえ，さつまいもなどを加えたかて飯を各地で食べている。朝食と夕食の例を表10-1に示した。

表5・10-1 山間地域の日常食例（冬）

地　域	朝　食	夕　食
青森（七戸）	あわ飯・干し菜汁・かすべの煮つけ・漬物	そばぎり・じゃがいも汁・漬物
群馬（長野原）	ひえ飯・干葉汁・おなめ・だいこん煮物・たくあん	おきりこみか煮込みうどん
広島（君田）	白米飯・餅入り味噌汁・漬物	白米飯・煮しめまたは焼魚・漬物
宮崎（西米良）	ひえ飯・だご汁・油味噌・漬物	三穀飯・いのしし汁・漬物

『日本の食生活全集』より，著者作成

　朝食は，飯の種類は異なるが，伝統的日本食の構成といえ，夕飯は各地域で多様である。

●山間地域の粉食文化

　山梨県上野原西原村（現　上野原市）では，小麦，大麦，雑穀を段々畑で栽培し主食としていた。うどんを打ち，味噌で調味した煮込みうどんは毎日の主要な夕食だった。時には手づくりした甘酒に小麦粉を加えて発酵させて蒸した酒まんじゅう，発酵させずに焼いたやきもちをつくった。稲作が難しい地域では，粉食文化が発達し，おやき，ほうとうなどの名称で郷土食として広く知られるようになったものもある。

おやき（長野県）

うどんづくり（山梨県）
（撮影　江原）

群馬県長野原では，季節の野菜を入れ，味噌味で煮込むうどんかおきりこみ(p.214参照)が主食である。日常食には自給する味噌による調味が多い。また，広島県の君田は，島根県との県境に近い山地にあるが，川沿いに水田がつくられたため，こめを常食できた。さらに，宮崎県西米良村のだご汁は，だいこん，さといもなどを入れた味噌汁に小麦粉をこねてちぎり加えた汁で，主食的役割も果たした。

　以上の例のように，稲作が十分生産できない地域では，小麦粉を使い，うどん，だご汁のほか，長野のおやきなど粉食文化が発展した。

(2)　特別な日の食と地域差

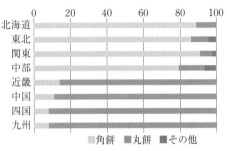

図5・10 - 1　雑煮のもちの形の地域性
文化庁「お雑煮100選」(2005)より，著者作成

　年中行事や祭りなど，特別な日には，日常食とは異なる「ごちそう」を用意した。正月の雑煮は，餅の形や調味料などに地域差がみられ，西日本では丸餅，東日本は角餅を多く使う傾向は，現在まで継承されている(図10 - 1)。調味料は，塩・醤油を使うところが多いが，関西，香川などの四国地域では，白味噌による調味がみられる。香川県では，白味噌にあん入り餅の雑煮があり，島根県出雲地方や鳥取県の日本海側では，あずき雑煮がつくられる。

　端午の節供に一般的なかしわもちは，江戸時代に登場するが，中国から伝来して古代よりつくられてきたちまきも伝承され，「聞き書き」では，青森県から山口県までの日本海側で，笹類で包むちまきが多い(服部他　2007)。また，かしわもちは，関東周辺では，かしわの葉で餅を包むが，関西以西は，サルトリイバラと称するつやのある葉を用いている。

　また，一般化した行事食とは異なるものを食べる地域もある。岐阜県恵那や隣接する愛知県奥三河でひな祭りに用意する，からすみは，米粉を富士山の型に入れ蒸したものである(図10 - 2)。さらに，鹿児島県のあくまきは，浸水したもちごめを竹の皮に包み，灰汁入りの湯のなかで茹でてもち状にしてつくるちまきの一種である(図10 - 3)。この方法は，古

図5・10 - 2　からすみ

図5・10 - 3　あくまき
(撮影　江原)

● 祝いの黒豆おこわと仏事の赤飯

　赤飯は，おこわともいう。一般的に，赤飯はハレ食のなかでも祝いの席で用意されることが多い。

　一方，葬儀や法事などの仏事には，黒豆を入れて蒸した黒豆おこわが用意される地域が多い。しかし，表に示す通り，地域によっては赤飯を葬儀や盆などに用意した。また，棟上げ，安産を願う帯祝いなどの祝日に黒豆おこわをつくる地域もある。豆が厄を払うとされたことと関係しているかもしれない。

地　域	黒豆おこわ	赤　飯	行事等
北海道(西海岸)		○	盆
岩手(西磐井)		○	通夜，葬式，盆
新潟(佐渡)		○	墓前で食べる
石川(河北)	○		凶事，棟上げ
長野(安曇野)	○		病気回復，帯祝
京都(北桑田)	○		棟上げ，厄年
島根(松江)		○	盆
愛媛(玉川)		○	盆

『日本の食生活全集』より，筆者作成

代の辞書『倭名類聚抄』には 粽 のつくり方として説明しており，古いちまきの製法のようだ。このように同じ行事食も地域で異なるが，その背景はまだ解明されないものも多い。

(3) 食材と地域

① 野菜・いも・まめ類・海藻類

現在の野菜類・いも・まめ類のほとんどは，各時代に日本に伝来したものであるが，品種改良により，各地域で栽培されて定着した(p.60参照)。さといもは，北海道などの寒冷地では育たないが，じゃがいもは寒冷地に強く，明治以降の北海道で栽培が広がり，じゃがいもでんぷんの生産が盛んになり，コロッケなど洋風料理も広がった。一方，さつまいもは，比較的温かな地域で発達し，「聞き書き」では，鹿児島でさつまいものでんぷん「いもせん」をつくる様子が描かれている。

昆布の産地は，ほとんどが北海道である。江戸時代，富山の北前船の船主たちは北海道から薩摩藩にこんぶを運び，薩摩藩は琉球を通して清国に密輸したという(日本の食生活 1989)。そのため，産地から遠く離れた沖縄でこんぶを使ったイリチーなどこんぶ料理が定着している。このように地域の食文化には様々な歴史がある。

② 魚介類・肉類

魚介類は，海流や水温などの関係で地域差が大きい。たら，にしん，ほたてなどは北部で獲れるが，たいは西日本に多くみられる。さんまは，秋に三陸沖から千葉に南下するが，日本海側での生食はほとんどみられなかった。また，かつおは，春から夏にかけて南の海から太平洋側を東北まで北上し，秋に南下するため，日本海側ではなじみの薄い魚だった。一方，水田農業が盛んな地域では，水田やため池などで，こい，ふな，どじょう，えびなどの淡水漁業が行われ，山間地域では，あゆ，いわな，やまめ，ます漁が行われた。東日本の河川では，さけを捕獲した。しかし，農薬などの影響で淡水漁業は衰退した。

肉類の現在の消費を『家計調査年報』でみると，牛肉，鶏肉は西日本，豚肉は東日本で多く消費されている。「聞き書き」でも肉じゃが類の煮物は，埼玉などでは豚肉を使い，大阪，佐賀では牛肉を用いている。この違いには諸説があるが，日露戦争期，牛肉の缶詰を戦地に供給するなどにより牛肉が不足したため，中国，韓国より牛肉や牛を輸入したことに関係しているとも考えられる。それらの荷揚げ港や検疫は，神戸，九州など西側に集中し，その周辺での牛の飼育や牛肉消費が進んだとされるからである(伊藤記念財団 1991)。

● 各地の特徴ある野菜類

各地には，その地特有の野菜が数多くある。雪菜は，深い雪の中で育つ米沢の野菜で，上杉鷹山が奨励したとされる。わさびと同じ成分がありピリッとした味わいがある。みずは青森にある山菜で茎の皮を取りゆでると美しい緑色になり，和え物など様々に使う。大阪で早春だけ食べられる若ごぼうは根・茎・葉のすべてを食べる江戸期からの野菜である。地域の風土に合わせて定着した野菜の食文化にも注目したい。

雪菜

みず

若ごぼう

(撮影 江原)

（4）　アイヌ・沖縄の食文化

①　アイヌ民族の食

　江戸時代，蝦夷地および琉球は，異域・異国とされながらも物資の交易が行われた(p.58参照)。1869年(明治2)，明治政府は，蝦夷地を北海道と称し，アイヌ民族の戸籍を作成した。しかし，広大な土地を取り上げられ，狩猟・漁労から農業への変更を余儀なくされた(原田　2005)。

　アイヌの人びとは，もともと狩猟民族で，鹿猟などを行ったが，生活の中心は漁労とされ，さけやます漁とその加工を行った。熊を神に供える宗教儀礼があった。「聞き書き」によれば，厳しい冬を過ごすために，カムイチェプ(さけ)を乾燥させ，ニセウ(どんぐり)の採集，とうきび(とうもろこし)，メンクル(いなきび)などを収穫して乾燥した。

　正月には，ムンチロ(あわ)やメンクルを搗いてもちをつくり，昭和初期にこめをつくりはじめた。食事の中心は，汁で，魚，海藻，菜，肉，鳥の汁があり，これに雑穀で炊いた飯や粥があるが，それは毎日食べるとは限らないという。しかし，祭りなどでは熊に変身した神々に感謝し，ごちそうをつくった。熊の霊送りに欠かせないのは，熊肉，じゃがいも，にんじん，ねぎ，塩の煮物，熊の脳みそとほほ肉，ねぎなどの和え物などであった(日本の食生活全集　1992)。しかし，先住民の尊厳と共にその食文化が尊重されるのは，ずっと後のことである。

②　沖縄の食

　琉球は，東南アジア，中国との交流が行われたため，食文化もその影響を受け，独自の食文化が形成された。さつまいもの利用が多く，さとうきび，水稲が生産された。また，乳牛，豚，やぎ，鶏が飼育され，1906年には，全国の40％の豚は沖縄で飼育されていた。かつお漁は，1920年頃は全国3位の生産量であり，江戸時代には製糖は重要な産物となった。

　「聞き書き」から那覇の朝食をみると，「白飯・味噌汁・こんぶのつくだ煮・たくあん」とあり，日本食の基本的なものであるが，島の食事はかなり異なる。朝は「ゆでたうむ(さつまいも)とだいこんや島菜の味噌汁」，夜も「うむとだいこんの煮物」とあり，主食はさつまいもである。また食料が乏しいときには，そてつの実や幹をすりおろし，水をかえてさらして毒を除去して，でんぷんをとる(日本の食生活全集　1988)。

　正月などには，豚をと殺するために，正月中は肉中心の食事になる。足骨や骨付きあばら肉は塩漬けとして別の祭りに使う。もちろん内臓，脂，血も利用する。ゴーヤチャンプルは，現在，全国の学校給食で最も多く取り上げられる郷土食として全国に知られているが，沖縄の食文化の特徴も共に伝えたい。

● 喜界島の家庭の食生活(1936〜1937年)

　鹿児島県喜界島は，鹿児島市と沖縄県の間に位置する奄美群島の一つである。その島の家庭の日記から朝食の主食をみると，右図のように月により多様である。最も多いのは，甘藷(さつまいも)で，毎月食べている。5月から7月は，ソテツ粥，7月には麦粉粥が多い。麦粉粥はシチバイーと称し，麦粉とソテツ粉を混合した粥で，いもの不作のため「毎日シチバイーで往生だ」と日記にあり，厳しい生活がうかがえる。

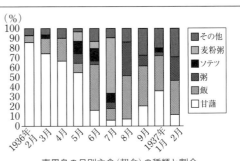

喜界島の月別主食(朝食)の種類と割合
『喜界島農家食事日誌』(拵 1938)より，筆者作成

♣キーワード：食料難，食料配給制度，食糧管理法，節米運動，代用食，すいとん，火無しコンロ，たけのこ生活，ヤミ市

11. 戦時食料統制下の食の工夫

（1）　戦時下での食料難と国家統制

①　戦争の拡大と食料事情

　満州事変（1931年）から敗戦（1945年）までの時期，戦争遂行のために国民生活はあらゆる面で国家に統制された。「海水のおかゆ，糠の団子，雑炊食堂，南瓜の葉」などの記録が残り（暮しの手帖社 1969），「米の代わりにおからが配給になった。母はすり鉢でよくすり，「みたらし団子」にしてくれた。このような時だから湧いてくる知恵もある」と，体験者は語る（鈴木 1995）。以下，戦時下の食の実態や知恵と工夫の足跡を辿ってみよう。

②　食料の配給制度（食料切符制）[1]

　「米穀配給統制法」（1939年）に続いて，1940年（昭和15）6大都市で「米穀配給通帳制・外食券制」[2]が実施され，こめの配給量は，年齢・性別・妊婦・重労働者などで増減はあったが，成人一人1日当たり二合三勺（330g）と定められた。配給制度は1940年に砂糖とマッチ，燃料，育児用乳製品・飲用牛乳が，1941年には酒，ビール，食用油，じゃがいも，卵，魚，菓子が，1942年には調味料（塩・醤油・味噌），パン，青菜，と拡大した。1942年には食料の安定供

表5・11-1　米穀配給基準量の推移

- 1941年（昭和16）4月以降
  - 1〜5歳 120g　　6〜10歳 200g
  - 11〜60歳 330g　　61歳以上 300g
- 1942年8月以降　麦と加工品，主食の枠に入る
- 1942年11月以降　6大都市以外でも330g
- 1943年7月　こめ660g差引で小麦粉700g代替
  　　こめ150g差引で乾パン60匁代替
- 1943年8月　満州大豆10%をこめに混入
- 1943年秋　こめ205g差引でさつまいも1kg代替
- 1945年5月　主食への混入率13%
- 1945年6月　主食への混入率49%
- 1945年7〜10月　主食一律一割減（300g）

（著者作成）

給を目指す「食糧管理法」[3]が制定されたが，こめの配給は次第に質や量が低下し（表11-1），魚では，当初一人1日当たり丸のもの30匁（110g），切身20匁（75g）が，1945年には6日に一度となった。遅配・欠配も多発し，配給制度は事実上破綻する。

[1] 平等な食料分配のため，各世帯の人数分交付された切符と交換して食料を購入する制度
[2] 米の配給を受けるための通帳，外食のために発行された券で，配給が受けられ，外食ができる制度
[3] 自由売買のこめはヤミ米として禁止された。1995年（平成7）廃止。「食糧」は主食を指す。

●古川緑波（コメディアン・美食家），戦時下の食を語る
　一月十三日（木）新幹部昇進の三人を誘って，国道に近き処にあるヤミ洋食屋に行く。表は閉ざして，カーテンを引き，休業の札を出してあり，裏から入る。ポタージュ，ビーフシチュウ，カリフラワーのクリーム煮，ビフテキ，カツレツ，そして，ライスカレー，これだけ皆食った。久しぶりで，身のある満腹感。一月二十三日（日）朝食に，珍しく豆腐の配給あり。豆腐の味噌汁，それを喜ぶ。二月一日（火）宿の朝食，飯にキビが入っていて，食えない。二月十四日（月）昼，Gビル食堂で，食事。オムレツは粉卵を使用してあり，尤も大きさは，他の客の五倍ほどあった。二月二十三日（水）鯨肉には手を出さず，玄米の飯を一杯食った。玄米の祟りか。下痢。五月五日（金）親戚のT結婚披露の宴。食膳には冷凍鮫に，蟹と蛤の汁あるのみ。ああ，今結婚する人々は可哀そうだ。六月十八日（日）配給の米がドン栗混入だったのが，今回より大豆混入となった。九月四日（月）ならんでる　黙々として　ならんでる　雑炊食堂の前に　男・女・こども　ならんでる。

古川緑波著『ロッパの悲食記』筑摩書房（1995）

(2) 各種の情報・教育・啓発活動

① 国民運動と食教育

　食に関する国民運動には，食品の完全利用，地域食材の活用，自給自足の推奨，栄養への配慮などを意図する「国民食運動」(1940年)や「節米運動」「代用食奨励運動」「週1日節米デー」(1941年)，「玄米食奨励運動」(1942年)などがあった。節米運動では「白米食の禁止，7分搗と麦などとの混食，麺・蕎麦などの奨励」が実践され，「栄養かるた」や「決戦火炊き数え唄」*1のような口コミや婦人雑誌などでの啓発も盛んに行われた。玄米はモソモソしてまずい。しかも下痢患者が続出したため一升瓶での米搗きが日常的な風景となった。学校や隣組では「欲しがりません 勝つまでは」を合言葉に「日の丸べんとう」*2をはじめ精神主義的教育が横行したし，各種の講演会・展覧会等では，贅沢禁止・節約徹底・栄養教育などが行われた。なかでも当時の女子栄養学園「国民食配給所」は食教育事例として特筆される(石川他　1989)。

　　*1　栄養かるたの例(に にぼし・にしんは安価な栄養　ほ 骨も頭も捨てない工夫)
　　　　決戦火炊き数え唄の例(八つとやあ 野菜はゆでずに蒸すがよい，燃料も栄養も得がある)
　　*2　毎月一日，戦地を思う「興亜奉公日(こうあほうこうび)」に持参したべんとう。飯の真ん中に梅干し1個あるのみ

② 出版物などによる情報発信

　こめの配給制がはじまると，桜沢如一著『米の知識─炊き方・食べ方』(1940年)が刊行され，「奢侈品等製造販売制限規則(七七禁令)*1」(同年)後，「宴会のお料理も制限　舌の贅沢品禁令　はしりは不買」(東京朝日新聞)が報道され，玄米食普及運動正式決定(1942年)の翌日には「玄米を食べよう　大政翼賛会*2が中心となり，全国的に玄米食実践運動を展開することになった」(京都日出新聞)の記事が出る。「いもの大増産運動」(1943年)では「おやつ時代はすぎた　藷飯(いもめし)で勝ち抜け」(朝日新聞)の報道があって，政府や大政翼賛会の方針と各種の啓発・情報源は連動していた。この時期の関連本を以下に一部紹介する。

　　水野武夫著『戦時日本の食糧問題─米のみが食糧にあらず─』高陽書院(1941)
　　食糧管理局『現下に於ける食飼料問題と草の食用化』(1942)
　　下田吉人著『野草と栄養』大雅堂(1943)
　　森川規矩著『共同炊事の運営』伊藤文信堂(1943)
　　神奈川県食糧営団編集『決戦食生活工夫集』大阪産業経済新聞社(1944)
　　中央食糧協力会編集『郷土食慣行調査報告書』『本邦郷土食の研究』東洋書館(1944)
　　沼畑金四郎著『家庭燃料の科学』光生館(1944)

　　*1　不急不用品，ぜいたく品の禁止令，7月7日に施行されたので「しちしちきんれい」とよばれる
　　*2　戦争遂行目的で結成(1940年)，全政党も解党して参加，強力な国民統制組織となる

●女子栄養学園長・香川綾「国民食配給所」を語る

　「1940年頃になると，町内のお魚とか八百屋の配給がなくなって来たんです。学校の実習用の配給がないわけですね。八百屋も魚屋もお手上げです。闇(やみ)ばっかりで。それで，街へ出ようと考えていたら，巣鴨の町内会でやってくれっていうんです。マルカという荷受人になりましてね，市場で食料を受け取り，町内の人に均等に分けました。配給の食材で，朝・昼・晩の献立をたて，めぼしいものを料理してね。学生も料理が習え，町の人も見に来るわけです。」(石川他　1989)

　女子栄養学園の「国民食配給所」は巣鴨地蔵通商店街を皮切りに，1941年末には東京市内30，全国44にまで拡大したが，荷受品もなくなり，1943年末頃にはほとんど閉鎖したという。

ある日の献立(巣鴨地蔵通商店街商業組合)1940年12月3日

朝：味噌汁(味噌・豆腐・葱)　煮物(ぜんまい)
昼：煮込みうどん(干しうどん・油揚・ほうれんそう・麩)　糠味噌材料(蕪)
夕：鯨肉カツレツ(鯨肉・さやえんどう・キャベツ)　酢の物(蕪・蕪の葉・いか)

（3） 戦時下の食の工夫

① 食料の調達と主食の調理

食料不足を補うため，自給自足，買い出し，平時には食べなかったものの食用化がすすんだ。主食維持のため最も熱心に取り組まれたのが節米（こめの食いのばし）である。「代用主食」（こめを用いない），「混主食」（麦・いも・豆・野菜などで増量），「代用全食」（主食・副食の兼用）は代用食製作の三法といわれた（図11-1）。また，こめを煎って三倍量の熱湯で炊き上げる「楠公飯」*¹などの焚き増えする料理も考案されたが，不評により普及しなかった。

いよいよ，こめが不足すると配給小麦粉でつくる「すいとん」や「自家製パン類」が食卓にのぼり，ついにはさつまいも一本，どんぐりの粉までも主食の位置を占めるようになる。

*1　楠木正成（楠公）が考案したという。長い時間をかけて炊く。量は増えるがまずかった。

図5・11-1　代用食製作の三法
戦時国民食展覧会展示ポスター（1942）
石川寛子他：『第二次世界大戦下における食生活実態に関する資料調査研究──ベターホーム協会研究助成報告』フリオール（1989）

② 平時には食べなかったものの食用化

常には捨てていた糠やふすま（小麦の外皮），野菜くずや魚の頭，食物ではなかった野草や木の実，昆虫まで，何とか工夫して食べた。これらは地方では常食だったため，各地の食習・郷土食・非常食が見直された。また，江戸時代の救荒書*²が参考にされることもあった。

*2　米沢藩が飢饉時のために1802年（享和2）刊行した野草などの食べ方の本。『かてもの』など

③ 様々な代用品と燃料節約術

塩が不足すると海水を煮詰めた塩づくりや海水での調理も行われた。代用醤油は煮詰めた海水に市販の「しょうゆ着色液」を加えてつくり，代用マヨネーズ，代用コーヒー，代用カルピスも工夫された。

代用品は食料だけではない。「金属回収令」（1941年）により金属類が供出されると，竹製スプーン，木製バケツ，陶器の鍋やコンロ・おろし金などが代用品として登場する。また，燃料の配給制（1940年）を受けて，単行本や雑誌に燃料節約の特集が増え，「燃料の上手な使い方，余熱利用，太陽熱の活用，共同炊事の推奨」などの記事が紙面を占める。「火無しコンロ・共同炊事・太陽熱活用」は，燃料節約の知恵であった。

●『決戦食生活工夫集』にみる食の工夫

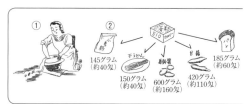

① こめを淘ぐな　大切な含水炭素（炭水化物）とビタミンBを流して捨てることになる
② こめ一合と同じカロリーの代用食

③ 食べ残しの魚の頭や骨でふりかけをつくる
④ 火無しコンロのつくり方

神奈川県食糧営団編集『決戦食生活工夫集』大阪産業経済新聞社発行（1944）　（国立国会図書館デジタルコレクション）

（4）　戦時下における食の諸相

①　飢えの体験と食事の工夫

　食事は空腹を満たすこと，身体を健康に保つことが第一である。この時代の雑誌などでは「野草のあく抜き，野菜の皮・葉・芯・根の和え物，果物の皮のジャム，魚の骨のふりかけ，イナゴの佃煮」などの食材の使い切りや地方食の導入，栄養的価値の付加について啓発を行っている。しかし，食事には「おいしく，楽しく食べる」という側面もある。戦局が悪化すると，次第に「味は薄く，皿数は少なく，冷たく，食卓は暗く」なっていき，味や楽しさよりも，節約と空腹を満たすためだけに，時間と手間をかける，涙ぐましい努力が続けられた。

②　国内外での異文化交流

　夥しい日本人が兵士・商人・技術者として国外へ渡り，「満蒙開拓団」[*1]の農民も満州へ入植した。勇んで出かけた戦地では戦死よりも餓死や栄養失調死の方が多かったという（藤原2001）が，敗戦後，660万人もの日本人が帰国し，疎開者たちもわが家に戻る。異国の食材や料理，疎開地での食体験が，彼らにより，日本に，わが家に持ち帰られた。

　　*1　「満州開拓移民推進計画」（1936年）に基づく満州（中国東北部）などへの開拓移民団

③　戦後の食文化に影響を与えた戦時下の食

　戦後も食料事情は厳しく，都市住民は「たけのこ生活」[*2]を余儀なくされた。都市の「ヤミ市」では様々な食べもの屋が軒を連ねたが（松平　1995），12万人にものぼる戦争孤児たちはヤミ市や駅舎に食を求めてたむろしたという（金子　2002），（本庄2016）（図11-2）。自称「焼跡闇市派」の野坂昭如は小説『火垂の墓』で，孤児兄妹の無残な栄養失調死を書いている。

図5・11-2　戦後のヤミ市場
（ジャパンアーカイブス提供）

　戦後の日本は「こめの飯を腹一杯食べる，おかずには肉や魚，油料理をふんだんに」を目標とし，「飽食，国際化」への道を歩むが，占領軍兵士が振り撒いたチョコレートやガムの味は特に子どもたちに強烈な印象を与えた。

　近年，戦時の食を学ぶ機会は展示会[*3]や刊行物（斎藤　2002）などで増えているが，食の水準をギリギリ守った戦時下の食は，「食文化」の一つの形といえるだろう。

　　*2　たけのこが皮を一枚ずつ脱ぐように，都市住民が農家で着物と食べものを交換する苦しい生活のこと。
　　*3　「戦時中の食 1937〜1945：2009/7/10〜8/30　味の素食の文化ライブラリー食文化展示室」

●集団学童疎開の素描「何と言っても楽しいのは朝食」
　東京第一師範学校男子部附属国民学校は1944年8月13日，長野県松本市浅間温泉に集団疎開した。引率教師の山崎幸一郎は，疎開生活を素描し，朝食について，次のような絵と文がある。「配給食糧は不足，米に大幅に大豆等が入り，ドジョウ，イナゴ，コオロギ，カエル，ヘビ，イモの葉柄，ナズナ等すべて食べた。「農作業の時に農家で頂戴した握り飯のうまかったこと，桑の実，野イチゴ，アケビ等口を真っ赤にして食べた」話もある。

疎開先での
生活

石川寛子他：『第二次世界大戦下における食生活実態に関する資料調査研究—ベターホーム協会研究助成報告』フリオール（1989）

赤堀吉松他：『家庭応用洋食五百種』新橋書店（1907）

朝日新聞社：『眼で見る昭和　上巻』朝日新聞社（1972）

安達巌：『パンの日本史』ジャパンタイムズ（1989）

石井研堂：『明治事物起源　八（ちくま学芸文庫）』筑摩書房（1997）

石川天崖：『東京学』育成会（1909）

石川寛子・石川尚子・中込みよ子・植松茉莉子：『第二次世界大戦下における食生活実態に関する資料調査研究―ベ
　　ターホーム協会研究助成報告』フリオール（1989）

石毛直道・熊倉功夫：『講座食の文化2　日本の食事文化』味の素食の文化センター（1999）

石沢吉麿：『家事新教科書　上巻』集成堂（1919）

伊藤記念財団：『日本食肉文化史』伊藤記念財団（1991）

井舟静水：「古今腰兵粮」『全集日本の食生活　非常の食』（1999）

今井美樹：『近代日本の民間の調理教育とジェンダー』ドメス出版（2012）

エセル・ハワード　島津久大訳：『明治日本見聞録　英国家庭教師婦人の回想（講談社学術文庫）』講談社（1999）

江藤淳：『漱石とその時代　第一部』新潮社（2013）

江原絢子・石川尚子・東四柳祥子：『日本食物史』吉川弘文館（2009）

江原絢子：「家事教科書にあらわれた食関係用語の変遷　第1報　「栄養」に関する用語とその表記について：「栄養」
　　に関する用語とその表記について」『日本家政学会誌』43 - b（1992）

江原絢子：『高等女学校における食物教育の形成と展開』雄山閣出版（1998）

江原絢子・東四柳祥子：『近代料理書の世界』ドメス出版（2008）

江原絢子：「日本の食生活における乳の受容と定着に関する一考察　―他の食品との比較を通して―」（『近代日本の
　　乳食文化　その経緯と定着』）中央法規（2019）

江原絢子編：『近代割烹教本集成　第1 - 6巻』クレス出版（2015）

江原絢子編：『食と教本』ドメス出版（2001）

大豆生田稔：『お米と食の近代史』吉川弘文館（2007）

大豆生田稔：「産業革命期の民衆の食生活―日清・日露戦後の米食の普及―」（歴史科学協議会（編）『歴史評論』所収）
　　校倉書房（2001）

大豆生田稔：「米穀消費の拡大と雑穀－産業革命前後の主食の変貌－」（木村茂光編『雑穀Ⅱ　粉食文化論の可能性』）
　　青木書店（2006）

岡田哲：『明治洋食事始め―とんかつの誕生』講談社学術文庫（2012）

荻原茂行：「展示用食事模造の一考察　―学童集団疎開の食事を事例として―」『昭和のくらし研究7』（2009）

面矢慎介：『近代家庭機器のデザイン史　イギリス・アメリカ・日本』美学出版（2020）

勝矢武男：『ある戦中生活の証言』筑摩書房（1978）

割烹講習会編：『和洋実用家庭料理法』立川熊次郎（1908）

神奈川県食糧営団編：『決戦食生活工夫集』大阪産業経済新聞社（1944）

金子茉莉：『東京大空襲と戦争孤児　隠蔽された真実を追って』影書房（2002）

『綿糸紡績職工事情』農商務省商工局（1903）

宮内庁：『明治天皇紀　第三』吉川弘文館（1969）

熊倉功夫・江原絢子：『和食と食育』アイ・ケイ コーポレーション（2014）

熊倉功夫・石毛直道：『外来の食の文化 』ドメス社（1988）

暮しの手帖編集部編：『戦争中の暮しの記録』暮しの手帖社（1969）

小泉葵巳男：『配給物絵日記』（1945）（「別冊太陽 日本のこころ283　戦時下のくらし」所収）p.90 - 96, 平凡社（2020）

小出新次郎：『安価滋養食品料理法』通信東洋女子大学出版部（1922）

拵嘉一郎：『喜界島農家食事日誌』アチック・ミューゼアム（1938）

小菅桂子：『グルマン福沢諭吉の食卓』ドメス出版（1993）

小菅桂子：『にっぽん台所文化史』雄山閣出版（1998）

小菅桂子：『にっぽん洋食物語大全』講談社（1994）

近藤正一：『女子職業案内』博文館（1906）

斎藤美奈子：『戦下のレシピ―太平洋戦争下の食を知る』岩波書店（2002）

下田歌子：『料理手引草』博文館（1898）

新人物往来社：『歴史読本』臨時増刊号80 - 9（1980）

杉晴夫：『栄養学を拓いた巨人たち』講談社（2013）

杉本鉞子著，大岩美代訳：『武士の娘（ちくま文庫）』筑摩書房（1994）

鈴木当子（発行責任者）：『私たちの戦争体験記』板橋区消費者の会（1995）

関口なつ：『遥かなる石川製糸』そうぶん社出版（2001）

全国疎開学童連絡協議会：『学童疎開の記録』大空社（1994）

大河直躬：「台所流しはいつから使われたか」芳賀登，石川寛子『全集日本の食文化第九巻　台所・食器・食卓』雄山
　　閣出版（1997）

武井武雄：『戦中気侭画帳』筑摩書房（1973）

田宮虎彦編：『戦災孤児の記録』太平出版社（1971）

田山花袋：『東京の三十年』岩波書店（1981）

ダン・ジュラフスキー：『ペルシア王は「天ぷら」がお好き？味と語源でたどる食の人類史』早川書房（2015）

チェンバレン著，高梨健吉訳：『日本事物誌1（東洋文庫131）』平凡社（1969）

中央食糧協力会編著：『郷土食慣行調査報告書』東洋書館（1944）

特別展図録：『石川組製糸ものがたり』入間市博物館（2017）

永井荷風：『断腸亭日乗（全7巻）』岩波書店（復刊 1989）

中川愛氷（良平）：『四季の台所』いろは書房（1910）

長崎 Web マガジン　ナガジンホームページ
　　http://www.city.nagasaki.lg.jp/nagazine/hakken1002/index1.html（2020.8.12閲覧）

中野卓編：『明治四十三年京都　ある商家の若妻の日記』新曜社（1981）

永原和子：「民俗の転換と女性の役割」『日本女性生活史』第4巻近代　東京大学出版会（1990）

中村重信：「4. 脚気の流行と神経学，特集：内科—100年のあゆみ（神経）」日本内科学会雑誌 91（8），（2002）

中村丁次：「日本の栄養療法の歴史と高齢社会への対応」『日本静脈経腸栄養学会雑誌』34‐5（2019）

日本職業調査会：『女が自活するには』周文堂（1923）

日本の食生活全集編集委員会編：『日本の食生活全集』全50巻（1984〜1993）

日本の食生活全集編集委員会編：『聞き書 アイヌの食事』農山漁村文化協会（1992）

日本の食生活全集編集委員会編：『聞き書 沖縄の食事』農山漁村文化協会（1988）

日本の食生活全集編集委員会編：『聞き書 鹿児島の食事』農山漁村文化協会（1989）

野坂昭如：『火垂るの墓』新潮社（1972）

服部保・南山典子・澤田佳宏・黒田有寿茂：「かしわもちとちまきを包む植物に関する植生学的研究」『人と自然』17
　　（2007）

林末子：『食物界大革新馬鈴薯米及調理法』共同出版（1910）

原田信男：『江戸の食文化』小学館（2014）

原田信男：『和食と日本文化　日本料理の社会史』小学館（2005）

半渓散人：『家庭重宝和洋素人料理　全』萩原新陽館（1904）

東四柳祥子：「とんかつとすき焼き—文明開化後の肉食—」（『日本の食文化4　魚と肉』所収）吉川弘文館（2019 a）

東四柳祥子：『料理書と近代日本の食文化』同成社（2019 b）

平井郁子・辻幸恵：「日本の繊維産業興隆期から見た女性労働者の労働意識と教養」『繊維製品消費科学』60‐4（2019）

平井八重編：『新しい台所と臺所道具』生活改善同盟会（1928）

平岡峯太郎：『焼けなかった京都の朝昼晩　配給食品日記』（暮しの手帖編集部編：『戦争中の暮しの記録』所収）
　　（1969）

『福沢諭吉の「何にしようか」100年目の晩ごはん。「レシピ集」』ワニマガジン社（2000）

福留奈美：「甲信越と静岡のしょうゆづくり—万能調味料の開発と漬ける文化—」『フードカルチャー No.29』（2019）

藤原彰：『餓死した英霊たち』青木書店（2001）

古川緑波：『ロッパの悲食記』筑摩書房（1995）

細井和喜蔵：『女工哀史』改造社（1925）

本庄豊：『戦争孤児—「駅の子」たちの思い』新日本出版社（2016）

松平誠：『ヤミ市 幻のガイドブック』筑摩書房（1995）

松田秋浦：『西洋料理二百種』青木嵩山堂（1904）

松原岩五郎：『最暗黒の東京』民友社（1893）

森枝卓士：『カレーライスと日本人』講談社学術文庫（2015）

森末義彰・寶月圭吾：小西四郎（編）：『生活史Ⅲ』山川出版社（1969）

山方香峰編：『衣食住　日常生活』実業之日本社（1907）

山口昌伴：「つくる場所の100年」「台所空間の変遷―その原型と未来」『講座食の文化　家庭の食事空間』味の素食の
　文化センター(1999)
吉田睦子ほか：「栄養士育成と公衆栄養行政の変遷に見る管理栄養士・栄養士の活動」『生活科学論叢』(2007)
糧友会：『軍隊調理法 復刻版』デザインエッグ(2016)
糧友会：『軍隊料理法』川流堂(1910)
労働経済旬報編集：「女工さんは何をたべさせられているか(上・下)」『労働経済旬報』9‐270, 272(1955)

現　代

学校給食の発展(福井県小学校)
(撮影　江原)

6章　現　代(昭和後期・平成・令和時代)

　高度経済成長期になると，こめの生産は増加したが，次第に摂取量は減少し，代わりに，おかずの種類が増加する。国民栄養調査によると，1960年には一人1日のエネルギーの約70％がこめなど炭水化物から摂取していたが，1980年には約62％と適切な摂取量となっていた。おかずが多様になったこの時期の食事を日本型食生活とよんだ。1970年代，アメリカの影響により，ファミリーレストラン，ファストフードが普及し，家族での外食が日常化した。その後，バブルの崩壊により，中食（なかしょく）が大きく伸び，格差も広がり，飽食の一方で，栄養不足の人びとが増加する傾向もみられる。

学校給食：戦後全国の児童・生徒を対象に実施された学校給食は最近では郷土の食材や料理を生かした給食が全国で実施されている。福井県鯖江市では，越前塗の食器に郷土の食材を使う献立が工夫されている。

❖キーワード：食糧難，配給，流通革命，スーパーマーケット，コンビニエンスストア，調理加工食品，食の国際化，一億総グルメ

1. 高度経済成長期の食

（1）　深刻な食糧難からの脱却

　　1945年（昭和20）8月15日，日本は終戦をむかえた。しかし戦争からの解放という安堵感に浸る間もなく，国内は緊迫した食糧難に陥ることとなる。さらに，終戦直後には，外地からの復員兵や開拓団員の帰国も相つぎ，食糧難は解消の見込みのないまま，深刻さを増していく一方だった。いうまでもなく，空襲で壊滅した都市部に住む人びとは荒廃した焼け野原での不自由なバラック生活が強いられ，郊外への買い出しやヤミ市（図1-1）に頼るなどして，生活をつなぐほかなかった。

図6・1・1　大阪のヤミ市「梅田自由市場」
1946年（昭和21）7月1日
（朝日新聞デジタルHP）

　　切迫した事態のなか，東京では餓死対策国民大会（1945年11月1日），飯米獲得人民大会（食糧メーデー：1946年5月19日），食糧確保国民大会（1947年8月12日）などが開催され，全国各地で「米よこせ運動」などの食糧を求めるデモも勃発。1948年（昭和23）10月には，不良マッチ追放主婦大会をきっかけに主婦連合会が結成され，しゃもじとエプロン（割烹着）を掲げた主婦たちが中心となり，命とくらしを守る消費者運動を先導する動きもみられた。しかし依然食糧管理法に基づく食糧統制は継続され，配給以外の食糧は没収となり，国民の食生活に安定の兆しはみえないままであった。

　　さらに1947年（昭和22）10月11日には，配給以外の食糧を拒んだ山口良忠判事が栄養失調で死去するという衝撃的なニュースが伝えられた。同年12月8日には，国民へ食糧難対策を呼びかけるラジオ放送「明日の食糧」（〜1950年7月11日）も開始され，逼迫する社会の状況がますます浮き彫りとなっていった（江原・東四柳　2011）。

　　復興の兆しとなったのは，1950年（昭和25）に隣国で開戦した朝鮮戦争である。アメリカ軍からの軍需物資の受注を機に，国内は思わぬ特需景気となり，食糧事情もようやく回復へ

● 変貌する農村生活

　高度経済成長期には，急激な工業化の進行で，多くの農地が住宅地や工業用地などに転換された。1960年代には安定的な給与所得を望み，離農して都会へ出稼ぎに出る成人男性も増加し，主要な働き手を失った農村では，じいちゃん，ばあちゃん，かあちゃんが主体で行われる三ちゃん農業が定着。また「金の卵」とうたわれた若者の都市への集団就職も，農村の過疎化と高齢化，専業農家の減少を促進する引き金となった。

農村の人手不足を救うために開発・改良された国産農機　　（株）クボタ提供

と向かいはじめた。さらに神武景気(1954 〜 1957年)といわれた未曽有の好景気に見舞われ，『経済白書　日本経済の成長と近代化』(1956)に記された「もはや戦後ではない」という文言は，新たに到来する高度経済成長期を象徴する流行語となった。

(2)　流通革命の到来

　　戦時中にはじまった配給制は，終戦後，一気に解除されたわけではなく，段階的な撤廃という策がとられた。主に1947年(昭和22)から1950年代にかけての時期には，酒類，甘味料，マッチ，果物，漬物，野菜，いも類，牛乳，木炭，水産物，調味料(図1-2)，菓子，雑穀などの統制が順次撤廃された。また主食(こめ)の配給は，1948年(昭和23)11月1日より一人1日当たり2合7勺の増配が決まり，戦後の農地改革により，こめの生産力も徐々に復調に転じる動きがみられた(江原・石川・東四柳　2009)。なお，品種改良の努力の結果，1955年(昭和30)にはこめの大豊作となり，ようやくこめの自給も達成された。

図6・1-2　配給のための家庭用しょうゆ購入通帳(1949)
切符と交換して購入
(東京家政学院大学附属図書館大江文庫所蔵)

　　さらに経済復興に伴い，進展した流通革命の影響により，食材の購入方法も大きく様変わりする。1950年代には，小売形式のスーパーマーケットがアメリカから導入され，1952年(昭和27)には，その名称を初めて用いた京阪スーパーマーケット(現在の京阪ザ・ストア)が大阪の京橋駅に開業，さらに翌年には，初のセルフサービススタイルの紀ノ国屋青山店が開店した。特に紀ノ国屋では，国内初のレジスターの使用，クラフト製紙バックの採用，ショッピングカートの導入などに着手し，利用客の関心を集める工夫もみられた。その後も西友や大栄薬品工業(現在のダイエー)，ヨーカ堂(現在のイトーヨーカ堂)などの参入が続き，1か所で必要なものを買いそろえることができる購買スタイルが定着していくこととなる。

　　1970年代に入ると，アメリカから年中無休，長時間営業をモットーとしたコンビニエンスストアが上陸する。1974年(昭和49)には，セブンイレブン1号店(東京都江東区豊洲)，さらに翌年には，ローソン1号店(大阪府豊中市)が開店した。利便性を追求した購入スタイルは，またたく間に若者たちの注目を集め，圧倒的な勢いで店舗数を伸ばしていった。

●新たな見守り機能への期待
　コンビニエンスストアの新しい動きとして，小型トラックでの移動販売がある。
　昨今取りざたされる買い物難民・買い物弱者(流通機能や交通機関に難があり，日用品の買い物が困難である人びと)の問題をかんがみても注目されるサービスといえよう。また小売店が少ない過疎地などを巡回するスタイルは，高齢者の見守りという意味でも高く評価されている。

●商店街の発展と衰退
　高度経済成長期において活性化が著しかったものに，商店街文化がある。
　商品の売買にとどまらず，娯楽や憩いを求める祭やイベントなどの主催に至るまで，地域住民を繋ぐ重要な担い手としての機能を果たしてきた。しかし百貨店の台頭，モータリゼーションの進展に伴う郊外型大型店の進出は，商店街の衰退に拍車をかける結果となってしまった。

また1970年代はコールドチェーンの導入による低温輸送が可能となり，食材の全国流通が促進される画期でもある。ともあれ，こうしたバラエティに富む小売形式の定着・浸透は，家庭の台所の外部化を実現すると共に，中食普及の契機ともなっていった。

なお平成期以降はインターネットの急速な普及により，外に出かけずして，商品が購入できるオンラインショッピングが話題を集めることとなる。特に1990年代後半には，Amazon，楽天といった大型ネット通販サービスが介入し，様々なECサイト（エレクトロニックコマース＝電子商取引）ビジネスの拡充に弾みをつけた。特にコロナ禍に苛まれる令和期においては，新たなビジネススタイルとしての発展が一層期待される。

（3） 大きく変容した家庭の食

ジャーナリストの大宅壮一によって，「電化元年」と命名された昭和28年(1953)，三洋電機（現在のパナソニック）から噴流式洗濯機が発売された。この年以降，多くのメーカーがしのぎを削り，様々な家庭電化製品の開発・改良に着手しはじめた。なかでも白黒テレビ，電気冷蔵庫，電気洗濯機は「三種の神器」(1955年)と称され，国民の憧れとなった。また電気釜（自動炊飯器）の発明は，時間と手間のかかる炊飯作業の負担を軽減させる画期的な転機となり，1955年(昭和30)の発売以来2年間で100万台もの売り上げをあげた。なお，こうした種々の発案は，女性の社会進出を手助けするきっかけにもなっていったのである。

さらにこの時期には食品加工技術の革新も進み，冷凍食品，レトルト食品，インスタント食品などの調理加工食品が開発された。時間をかけずに調理ができるという利点は，家庭料

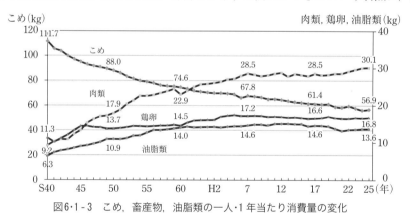

図6・1-3　こめ，畜産物，油脂類の一人・1年当たり消費量の変化

農林水産省「食料需給表」　注：一人，1年当たり供給純食料を記載

●テレビ料理番組の放映開始

テレビに放映された料理の帯番組の嚆矢は，1956年(昭和31)に放送された日本テレビ「奥様お料理メモ」にさかのぼることができる。家庭の主婦を主なターゲットとした同番組は，30％を超える高視聴率を記録した日もあったといい，テレビ料理ブームの先鞭をつける役割を果たした(村瀬 2016)。翌年には，NHK「きょうの料理」の放送が開始され，シェフや料理研究家，タレント講師の新たな活躍の場ともなった。

●高まりゆく乳製品への興味

現在私たちの食卓には，多種多様な乳製品が登場する。乳製品の元祖は，遣唐使の往来でもたらされた蘇などにたどることができるが，身近な食品として定着するのは，第二次世界大戦以後である。

特に，健康志向の高まりもあり，整腸作用や免疫力アップなどの効能が期待された乳製品が，ヨーグルトである。平成期以降には，菌の種類にこだわる機能性ヨーグルトが，老若男女問わず，人気を集めている。

理の簡便化・効率化を図るのみならず，外食イメージの強かった洋風料理や中華料理の習得を促す一因となったともいえよう。特に高度経済成長期以降に顕著となる食生活の洋風化は，こめの摂取量の急激な減少とともに，肉類や魚類，乳製品などの動物性食品や油脂類の摂取量が増加する推移（図1-3）からも確認できる（江原　2012）。

　一方台所の構造改革も，高度経済成長期に起こった現象の一つである。空襲で焼失した住宅供給問題を受け，1947年（昭和22）には戦後初の公営住宅「東京都営高輪アパート」が建設された（江原・石川・東四柳　2009）。続々と住宅建設が急がれるなか，1955年（昭和30）には，日本住宅公団（現在の独立行政法人都市再生機構）が設立。ステンレス製のキッチンや洋式トイレを特長とした団地建設が進み，「食寝分離」をかなえる新しいDK（ダイニングキッチン）スタイルが主婦たちの羨望の的となった。

　こうした斬新な生活スタイルの改変とは別に，新たに突出した健康課題も看過できない。特に子どもの生活習慣病（成人病），食物アレルギー，肥満などはすべて高度経済成長期からバブル期にかけての時期に社会問題として取り沙汰された。一方，若い女性たちの痩せ願望や肥満への恐怖からの摂食障害（拒食症や過食症など）も表面化し，飽食の時代と逆行する健康被害も現在に至るまで不安視されている。

（4）　食の国際化時代へ

　1960年代以降，東京オリンピック（1964），日本万国博覧会（1970）の成功により，インフラ整備にかかる流通革命の促進と共に，ハンバーガーやフライドチキンなどのファストフード，ファミリーレストランなどの手軽な飲食ビジネスが浸透し，国内における食の国際化は，ますます進展することとなる。特にアメリカ資本のフードチェーンの普及は，仕事をもつ女性たちの家事負担を軽減する一助となり，特別感のあった外食を気軽に楽しむ家族の食習慣を助長した。

　「一億総グルメ」とよばれた1980年代のバブル期にさしかかると，ヨーロッパから帰国したシェフたちが手がける高級フレンチやイタリアンの台頭，その流行に付随してワインやチーズをたしなむ風潮も高まりをみせた。

　平成期に入ると，週刊誌が火付け役となり，ティラミス，パンナコッタ，ナタデココなど世界各国のデザートに熱狂するブームが起こり，スイーツという言葉も一般化した。諸外国のスイーツに魅せられ，トレンドを楽しむ風潮は，今も若者世代の間で続いている。

●表面化した食品公害問題

　1950年代以降，大衆消費社会の到来により，食品加工技術の革新が進む反面，森永ひ素ミルク中毒事件（1955），イタイイタイ病（1955），水俣病（1956），カネミ油症（1968）などといった食品公害問題と直面する。

　また1975年（昭和50）には，有吉佐和子による『複合汚染』が出版され，ベストセラーとなった。食品公害問題もまた，利潤第一主義の反省として，私たちが忘れてはならない事象である。

●平成期が残した課題

　バブル崩壊後の平成期には，景気低迷に伴う外食産業の低価格シフト，様々な生活習慣病の蔓延，BSE問題や食品偽装に象徴される食の安全管理など，直面すべき食の課題が山積した。さらに常態化する孤食問題や社会的弱者の救済も議論の的となっており，貧困児童のための子ども食堂の開設，買い物難民の支援対策なども急がれている。こうした情報に鋭敏でいることもまた，令和期に求められる姿勢といえよう。

♣キーワード：こめの摂取量の変化とその背景，こめの摂取量減少，こめの生産調整，地域の食生活の変化，家族の食卓の変化，食料自給率

2.　こめの摂取量の減少と食卓の変化

（1）　1960年以降，減り続けるこめの摂取量

①　こめの摂取量減少の背景

　1945年8月，第二次世界大戦が終結し，GHQ（連合国軍最高司令官総司令部）が占領政策を実施した。日本全国は戦中以上の食料難に陥り，戦時中と同様米穀の配給，その他の食料の統制が続いた。1946年度産のこめが不作だったことも深刻さを増す要因となった。そのため，「米よこせ運動」なども起こった。配給の食料では不足し，町にはヤミ市が誕生した。人びとは，畑に転換できるところは耕して，かぼちゃやさつまいもを植えて飢えをしのいだ。

　このような状況下，子どもたちの栄養失調も問題となり，学校給食の再開も急がれた。配給食料であったこめが不足したため，最初はアメリカの救援物資や旧軍の缶詰などによる食料をもとに1947年，全国都市300万人の児童に開始された。完全給食とよばれる給食は，小麦のパンとおかずとミルクで1950年，全国8大都市によりはじまった（p.180参照）。それは，こめの生産・供給が潤沢に行われるようになっても25年以上続き，米飯給食が導入されたのは1976年である。このことは子どもたちの食習慣が変化していく要因となった（江原　2001）。

　戦後の栄養教育では，それまでの日本人に不足していた油脂類や動物性たんぱく質を摂取すること，パンなど小麦粉の利用が推進された。それは学校給食のおかずにも取り入れられた。一方，食生活改善のために生活改良普及員や栄養士などが各地域で動物性たんぱく質を摂取するよう実習を通した指導が行われ，次第に揚げ物や炒め物，肉類の摂取が増加した。さらに，飯を大量に摂取する習慣を改め，おかずにもっと比重をおくよう指導された。

②　こめの摂取量減少とその他の食品の変化

　1950年以降の国民栄養調査により，食品別エネルギー比率の変化を図2-1に示した。図によると，1960年頃からこめ・加工品の急激な減少がみられる。これに対して小麦・加工品は急激な上昇もなく，ほぼ平行線をたどっている。また，こめや小麦類を合わせた穀類を合計したグラフもこめの減少の影響を受けて減少を続けている。このことは主食に偏っていた日本の食生活からおかず類の摂取量の増加へと変化したことを示すものでもある。また，肉類，魚類，鶏卵，乳・乳製品から摂取するエネルギーの比率は，年々増加を続け，こめの

● 1980年頃の食生活調査とその後の変化

　1981年，NHKの食生活調査によると，朝食は，90%以上が自宅で摂り，米飯，味噌汁，卵焼き，野菜，漬物など和食を基本とする家庭が70%以上あった。夕食は，米飯に生野菜，焼魚，野菜の煮物，さし身，焼肉，煮魚などで和食の基本形が中心であった。しかし，2006年の調査では，外食が日常化し，肉食，油脂の摂取の増加し，特に朝食の変化が大きく，パンの比率が高くなっている。

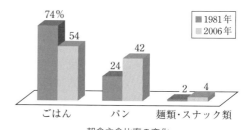

朝食主食比率の変化
NHK食生活調査（1981・2006）より，筆者作成

摂取エネルギーに迫るほどとなっている。1950年には穀類の合計が摂取エネルギーの約77％であったが，2017年現在，約40％となり主食，副食の逆転がみられているともいえよう。

　　しかし，こめからのエネルギー摂取比率は，小麦粉からのエネルギー比率と比較すると依然として重要な位置を占めている。『家計調査年報』からみると，すし，握りずし，弁当などの中食や外食にかける費用は，パン類などに比べて多く出費している。

（2）　こめの生産調整と地域の食生活の変化

①　こめの生産調整

　　こめの生産量は1959年に過去最高となる約1,250万トンとなり，その後もさらに増産された。こめの消費が減りはじめていた1967年には，史上最高となる約1,445万トンに達した。しかし，消費量は図2-1でみる通り減少の一途をたどることとなり，こめが余りはじめた。そこで国は1969年より生産調整をはじめ，一般に減反政策とよばれた。この政策

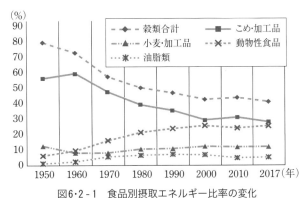

図6・2-1　食品別摂取エネルギー比率の変化
厚生労働省「国民（健康）栄養調査報告」より，筆者作成

は国が生産目標を定め，こめの作付けを行わないことやこめ以外の作物に転作することを奨励するものだったが，米価の下落など種々の問題があり，2018年に廃止された。

②　進む食の社会化

　　こめの摂取量の減少とおかずの食材の変化，学校給食によるパン食の定着，炊飯器や電気冷蔵庫の普及，インスタント食品の普及などが食生活の変化をもたらした。流通革命ともいわれるスーパーマーケットも広がり，1970年代には，ファストフード，ファミリーレストランなどの安価で手軽な外食店も急速に各地に広がった（p.164参照）。このような変化は，都市部のみでなく，各地域にも少しずつ広がり，家庭の食生活に変化をもたらした。

　　1960年代に各地で10代を送った人たちの回想資料から地域の食生活をみると，秋田県では，1960年代に燃料がプロパンガスになり，羽釜が電気釜になった。また弁当のおかずが「塩引き鮭」から「甘鮭」に変化し，魚肉ソーセージやハムに変わったという（平凡社　2004）。

●米飯とパン食の変化

　2011年の家計調査年報では，家庭でのパン購入費がはじめてこめの購入費より高くなり，新聞などで「主食はこめからパンへ」などと報じられた。しかし，それは金額であり，分量ではないことは図2-1をみるとわかる。また，右の図から，外食や中食の金額をみると，パンより飯に多くの金額を使っていることがわかる。しかし，家庭でこめを炊いて飯にすることが減ってきたとはいえる（熊倉　2015）。

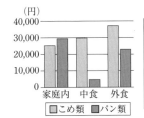

中食の米類：弁当・すし・おにぎりの合計
外食の米類：和食・すしの合計
中食のパン類：調理パン
外食のパン類：洋食・ハンバーガーの合計

1世帯当たり年間のこめ・パン類の食費支出金額（2人以上世帯）　単位（円）

「家計調査年報」（2014）より，筆者作成

福島県の例では，こめは毎月まとめて届けてもらい，炊飯はガス釜だったが干物を焼くのは七輪を使っていた。一方，東京では，ガス釜による炊飯は1967年頃からで，それ以前は文化鍋で炊いた。冷蔵庫もあり，インスタントラーメンやインスタントプリンも食べたという。

　いずれの例でも学校給食は，パンと脱脂粉乳のミルクを中心にくじらの竜田揚げ，揚げ黄粉パンなどが，ほぼ共通して供された。米飯を中心とした家庭の食事とは異なるパンを中心とした給食は各地に浸透し，次第に子どもたちの食習慣を変えていった。

（3）　家族の食卓の変化と課題

①　孤食，個食の顕在化

　食の社会化が進むことで，便利で簡便に好きな時に好きな料理を食べることが可能になった一方で，家族で同じものを同時刻にそろって食べなくても，それぞれの好みのものを好きな時間に食べることができるようになった。日々の食事づくりから解放されることも可能になった。しかし，便利さの陰で気づかないうちに失ったものもあるのではないか。

　1982年にテレビで放映された「こどもたちの食卓―なぜひとりで食べるの」は，大きな反響をもたらした。全国のいくつかの小学校に通う子どもたちに自分の家の食卓の絵を描いてもらう調査が行われた結果が放映された(足立　1983)。描かれた食卓には，子どものほかは誰も描かれず，子どものためだけの食事がおかれた絵が多かった。特に朝食を一人だけで食べる割合は，調査の約18％あり，都市化が進んでいる地域で高かった。食事内容も単純化し，インスタントラーメンと麦茶だけの夕食なども登場している。この頃から一人で食べる孤食や家族がそれぞれ好きなものを食べる個食などが社会問題となっていく。

②　食卓での孤立

　1983年に東京都の1,000世帯に対して行われた「家族関係の変貌と食生活」(食品産業センター　1984)によると家庭の食卓の変化は，一般的には主婦の職場進出が要因の一つとされているが，むしろ家事専業主婦の家庭の方が家族バラバラの朝食の機会が大きいと指摘されている。

　この調査では，家族がテレビに熱中しながら夕食を摂るのが，ほぼ毎日という家庭は約18％，週に3，4回以上が27％と，半数近い家庭がテレビをみながらの食事が多く，心理的な孤食が生じていることも指摘された。このような食卓の変化は，年々大きくなり，関連する書物として，岩村暢子『変わる家族変わる食卓』(2003)，『普通の家族がいちばん怖い　徹

●岩村暢子『変わる家族変わる食卓』より

　本書は，こめの摂取量が減少しはじめた1960年以降に生まれた主婦を対象とした調査である。

①　2001年度の調査では，独身時代に料理をしていた主婦は10人に1人か2人。実家で独身時代を過ごした人ほど調理経験がない。母親に甘えたというより母親が娘にさせたがらないという。せめて結婚するまでは料理なんかしなくていいから，好きなことをさせたいという。

②　夫はマヨネーズ好きで味付けに関係なくマヨネーズをつけて食べる。ある主婦は魚の骨が怖いので，夫にとってもらう。別の主婦はケーキが好きで朝食代わりにすることもあるという。子ども化する親の実態を記している(岩村　2003)。

　この例は，親世代の食への考え方が次世代に大きく影響すること，子ども時代の繰り返しの調理体験が生きる力を育むことを教えている。

底調査！破滅する日本の食卓』(2007)などが出版された。

③　食卓の崩壊は進んでいるのか

　このような食卓の変化は，個別にみると実際に進行しているが，2,000人以上への食の調査でみると，事情は少し異なっていることも留意する必要がある。2012年の調査では，日本型食生活(和食)に努めているかに対する回答に「はい」・「どちらかといえばはい」に回答した人は，最も少ない30代でも約60％あり，和食志向がみられる(品田　2015)。

　同じ分析で興味深いのは和食志向が高い人は，食卓へのこだわりが高いが，食卓へのこだわりの低い人でも家族の団らんが楽しいと答えている人は多いという。特に幼い子どものいる家庭は，夕食中，話をすることが多い人の割合は90％を超え，1988年の調査の86.6％を超えている。

　世界的に広がった新型コロナウイルスの影響によって，仕事のあり方，家庭のあり方など生活スタイルが見直されるかもしれない。将来の食卓をいろいろな面から考えたい。

(4)　こめの摂取のこれから

　日本の食料自給率は，カロリーベースでみると，2017年現在38％と諸外国に比較してもきわめて低い(p.184参照)。食品ごとの自給率をみると，表2-1のようになる。

　この表によるとこめは，現在もほぼ自給率の高い唯一の食品である。

　一方，パンや麺などの原料となる小麦の自給率は，以前からきわめて低い。和食の豆腐などの加工品に必要な大豆も自給率がきわめて低く海外への依存度が大きい。また肉類の自給率は平均では約50％だが，飼料の多くを輸入するため，実質的な自給率はさらに低くなる。

表6・2－1　日本の品目別自給率の変化(一部)

	1965	1975	1985	1995	2005	2015	2018
こめ	95	110	107	104	95	98	97
小麦	28	4	14	7	14	15	12
大豆	11	4	5	2	5	7	6
肉類	90	77	81	57	54	54	51
肉類(飼料自給率を勘案した場合)	42	16	13	8	8	9	7

農林水産省「食料自給表」より，筆者作成

　食料自給率を高めるには，自給率の高いこめを中心とした食事を少しでも増やすことである。「フード・アクション・ニッポン」は，こめの消費拡大や国産食品の消費拡大を奨励する取り組みで生産者，消費者，企業・行政などの関係者が参加し，自給率向上や国産農林水産物の推進などの活動に取り組んでいる。しかし，食料自給率の向上には依然至っていない。

●明治期の親の食育に学ぶ

　現代の食生活は外部化され，調理しなくてもいつでも好きな時に，好きなものが食べられる。しかし便利さのなかで，調理の技術を失うだけでなく，自分でつくる喜びを失うことにはならないだろうか。子どもが一人前の大人になるよう育てることが親の務めと多くの人びとが考えていた明治・大正時代の資料から，今後の食生活のヒントを得ることが可能と思われる3点を取り上げた。

① 『聞き書き　明治の子ども遊びと暮らし』(藤本　1986)
　明治期に関西で生まれ育った35人への聞き書き。調理体験の大切さなど。
② 『子供たちの大正時代』(古島　1982)
　長野で生まれ育った農学者の子ども時代を綴ったもの。繰り返しの大切さを伝えている。
③ 『家郷の訓』(宮本　1984)
　民俗学者が郷里で両親から受けた教えを記したもの。体験が深い叡智を生むという。

♣キーワード：ファミリーレストランの受け入れ，ファストフードの広がり，立ち食い，コンビニの社会
　　　　　　　　的役割，外食の形態の変化

3. ファミリーレストランとファストフード店

（1）　ファミリーレストランの受け入れ背景と時期

①　外食店の対象と目的の変化

　　現在のレストランにあたる料理屋が出現するのは江戸時代の元禄期（1688 〜 1704）頃から
である。武士も町人もそれまでは，互いの屋敷内で饗応を行い，なかには仕出し屋に注文し
たり，料理人を呼んで料理をつくらせたりしていた。

　　明治維新以降西洋化がすすみ，1873 年（明
治6）には精養軒ホテルが西洋料理店を開店
し，新聞記事になっている。中国料理店は
1883 年（明治16）に「偕楽園」が日本橋に開店
している。これらレストランの多くは，上流
階層を中心に利用されたが，1900 年以降，
ライスカレー，フライなど一般向けのアラカ
ルトメニューの安価な洋食屋が流行し，普
及した。さらに，都市部に誕生した百貨店

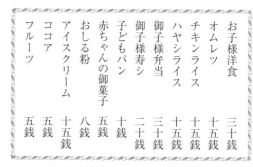

フルーツ	ココア	アイスクリーム	おしる粉	赤ちゃんの御菓子	子どもパン	御子様寿シ	御子様弁当	ハヤシライス	チキンライス	お子様洋食
五銭	五銭	十五銭	八銭	五銭	十銭	二十銭	三十銭	十五銭	十五銭	三十銭
									オムレツ	

図6・3-1　百貨店の食堂の御子様メニュー
『百貨店の誕生』より作成

（デパート）の食堂の登場は，子ども連れの家族で気軽に利用できる外食店の役割を果たした。
東京の白木屋，三越，大丸などが1904 年以降食堂を設け，1930 年（昭和5）には三越に「お子様
洋食」が登場している（図3-1）（三越社史　1990）。

　　現代に入ると，1955 年以降，日本は高度成長期に向かう。低温輸送のコールドチェーン
制度が導入（1966）され，冷凍食品の発展と流通は後の外食店の拡大に影響を与えた。また，
主要高速道路の開通が相つぎ（1963 〜 1982），車が普及した生活により，外食店も都市部か
ら郊外へと全国に広がりをみせていった。1970 年には外食産業という言葉も生まれ，後述
するように多様な外食店が誕生し，ハレの日と日常生活で外食を使い分けるようになり，家
庭内の食事にも影響を与えていく。

②　ファミリーレストラン（ファミレス）の登場

　　日本のファミレスは1970 年の「すかいらーく」が最初であり，1974 年には「デニーズ」がアメ

●ファミレス・回転ずしの特徴
　ファミレスは家族でゆったり会食できる空間と時間
を提供することで広まり，都心のように狭いところに
も駐車場を備えて利便性を確保している。利用者は家
族に限らず，グループでの利用が多い。セルフサービ
スのドリンクコーナーを設け，飲料は自由に選択でき
るところも多い。
　各種すしを載せた小皿が客席沿いに設置された，コ
ンベア上に連続して循環してくる回転ずしが1958 年
（昭和33）に開店した。

繁華街のファミレス
（撮影　大久保）

住宅街のスシロー
（撮影　江原）

リカ資本と提携し，1号店を横浜に開業した。そしてファミレスは，気軽にナイフとフォークで食事をする家族でにぎわった。家族のみではなく，グループでの会食として，気軽に利用できる便利さも加わってその後，多くのファミレスが出現した。核家族が増え，子どもたちの習い事や主婦層の余暇の時間の使い方などが外部化すると，ファミレスの利用が時機を得て高まった。開店時間も24時間から朝7時から翌日2時までなど，営業時間が長いのが特徴である。提供される料理は工場で生産され，各店には冷凍で納入し，どこでも同じ料理が提供されるしくみである。各店では解凍して，温め，配膳には独自性を出すことはできるが，基本的にはマニュアルに沿って仕上げている。当初は洋風料理中心ではじまったが，現在は和食，中国料理なども提供している。また，ファミレス以外の外食店でも家族で楽しめる工夫をしてあり，回転ずしなど，半セルフサービス型の安価なすし店の形態もみられるようになった。

（2）　ファストフードの広がり

①　立ち食いの文化

　1403年（応永10）の『東寺百合文書』に東寺の門前で一服一銭でお茶を売った記録があり，室町時代後期の「洛中洛外図屛風」には，茶や汁を立食いしている姿が描かれている。18世紀になると都市部には，屋台のそば屋などができ，立ち食いをしている絵図がみられるようになる。さらに19世紀には，てんぷらをはじめ，にぎりずしなどの屋台食が人気となり，立ち食いが盛んになった。

　近代になると，日常の場での立ち食いは「行儀がわるい」といわれていたが，特別に神社仏閣の行事や縁日には屋台が出て立ち食いが無礼講となり，人びとを楽しませた。

　現代では駅構内に立ち食いのそば屋ができ，忙しい通勤客や旅人のお腹を満たしている。2015年ぐらいから都市部ではイギリスのパブのように，ビールやお酒の立ち飲み専門店などをはじめとして，フレンチやステーキを立ち食いする店も現れ，今や立ち食いは特別なことではなくなっている。

②　ファストフードの受け入れと栄養

　1971年7月に銀座三越に日本マクドナルドが開店した。ファストフードの上陸である。アメリカと日本との合併企業（藤田商店）として発足した。1970年銀座・新宿・池袋・浅草で「歩行者天国」が行われ，銀座でハンバーガーを歩きながら食べる様子がニュースで報じられた。ファストフードは，ハンバーガー，ライスバーガー，フライドポテトやチキン，ドー

●ハンバーガーの落とし穴
　アメリカを発祥とするマクドナルドのハンバーガーは，今や世界中に広がっている。中国のように肉まんの文化が栄えている国でさえ，若者はハンバーガーに魅せられた。日本でも若者を中心に人気が高いが，フライドポテトとのセットは栄養的に熱量と脂質が多いので，常習化は避けたい。マクドナルドによると，フライドポテトは中サイズで熱量410 kcal，たんぱく質5.3 g，脂質20.6 g，炭水化物51.0 gである。

クラブハウス
熱量　527 kcal
たんぱく質　26.5 g
脂質　30.7 g
炭水化物　36.8 g

メガマフィン（撮影　大久保）
熱量　695 kcal
たんぱく質　29.7 g
脂質　49.7 g
炭水化物　31.2 g

ナツなど若者を中心に広がっていった。これらは栄養的に脂質とたんぱく質に偏っており，常習化すると肥満を引き起こし，生活習慣病になる危険性が高いといわれている。

(3) コンビニエンスストア（コンビニ）の社会的役割

① コンビニの特徴

　コンビニは総務省の日本標準産業分類に，「主として飲料食品を中心と した各種最寄り品をセルフサービス方式で小売する事業所で，店舗規模が小さく，終日また は長時間営業を行う事業所」と定義されている。また，経済産業省の業態分類では年中無休の小規模な販売店で「飲食料品を扱い，売り場面積30㎡以上250㎡未満，営業時間が1日で14時間以上のセルフサービス販売店」とされている。

　コンビニの特徴として3つの便利をあげると①営業時間が長いため「いつでも」買える時間の便利さ，②住宅地の近くにある距離の便利さ，③生活必需品を買うことができる，品揃えの便利さである（木下　2002）。

② 最近の動き

　近頃はコンビニ内にイートインを設けているところがある。購入した商品をその場で食べたり，本などを読んだりする空間を提供しており，若年層～高齢者まで幅広い層が利用している。

　また，コンビニの明るさは治安維持に役立ち，緊急時に駆け込める場所として存在意義がある。2005年から日本フランチャイズチェーン協会では，加盟店舗がセーフティステーション活動（通称「SS活動」）を行っている。さらに，コピーやFAXの利用，ATMなどから送金，宅配受付などのサービスもある。1976年以降コンビニの商品開発は多岐にわたっているが（表3-1），行事にちなんで正月のおせち料理，バレンタインデー，土用の丑の日，クリスマスの行事食なども売り出し，恵方巻きを全国に広めるきっかけもつくった。行事食をはじめとして最近は地元食材や料理の販売に取組むコンビニもある。

表6・3-1　コンビニの商品開発

年	流　通	商　品
1976 ～ 1979	コンビニ商品創生	おにぎり，手巻おにぎり，フライ，おでん
1982 ～ 1994	POS導入，1日3便商品納入	そば，生野菜サラダ，パン，オリジナルアイス
1995 ～ 2002	味の細分化，地域別特徴の製品	巻きおにぎり，高級おにぎり，地域別カップ麺，袋麺
2003 ～ 2016	鮮度保持時間，中食商品開発	チルド弁当，パウチ惣菜，コンビニカフェ

ベスタ112号「コンビニ食の変遷と未来」より作成

●コンビニの工夫

　おにぎりは多種多様であり，地域による食材のこだわりも多い。それに伴って，コンビニのおにぎりも様々な種類がある。のりはパリパリとしっとりがあり，形も三角，丸，俵型とある。巻きずしも並んでいる。店内にはおでんや揚げ物もあり，手軽に食事となるよう工夫している。インスタントラーメンやレトルト食品などがすぐに食べられるよう，お湯の提供や電子レンジで温めるサービスもする。

野　菜

おにぎり

イートイン

コンビニの工夫
（撮影　大久保）

（4） 外食の形態の変化

① 外食の変化

　生活形態の変動により外食も大きく変化している。特に都市部では人口が多いために，そのニーズに答えるべく様々な飲食店が増えている（表3-2）。

表6・3-2　料理別／カテゴリー別の飲食店

特定の料理に特化した店
ハンバーガー，ラーメン，そば，うどん，ちゃんぽん，餃子，ピザ，ステーキ，ハンバーグ，サンドウィッチ，パン，フライドチキン，ホットドッグ，ドーナツ，コーヒー，カレーライス，牛丼，焼肉，焼鳥，天ぷら，とんかつ，串かつ，すし，アイスクリーム，パンケーキ，クレープ，たい焼き，お好み焼き，おにぎり
特定のカテゴリーの料理に特化した店
鍋料理，シーフード，弁当，イタリア料理，日本料理，中華料理，和菓子，洋菓子

　大都市では再開発が行われ，高層ビルの高層階で眺望を楽しみながら食事をする場所も多い。グレードも様々で，それらの情報はPCや携帯のアプリで取得し，予約もできるようになっている。また個人の評価も集積され，発信されるので料理店の競争が激化している。

② 最近の動向

　近頃，高級食材を使って高度な調理技術を取得した料理人が手頃な価格で提供する「いきなりステーキ」（図3-2），「俺のイタリアン」などが出店している。また，滞在時間を短くし客の回転を早くする「立ち食いレストラン」も人気が高かったが，やはり落ち着いて食べたいという希望が増えて，座席を取り入れている。

図6・3-2　高級食材／調理技術で安価を目指す店

　本格的な料理サービスをする「レストラン」「料亭」も健在であるが，会食の目的と予算などの条件に合う店や日常的に気軽に楽しむ店など外食産業は多様化している。

　2020年の新型コロナウィルス感染症の影響で利用者が減り飲食店は苦境に立たされたが，持ち帰りや宅配が増えている。閉店を余儀なくされた外食チェーン店が，店を開くことなく宅配専門の事業を起こすことで危機を切り抜けるケースも出ている。世界中に影響を及ぼしている新型コロナウィルス感染症は，便利で多様化した外食の未来を大きく変えようとしている。

●移動販売

　都心にはコンビニ以外に，昼食時になると，公園やイベント会場，オフィス街のビル入り口などにキッチンカーの移動販売が並ぶことがある。キッチンカーは写真のように，特徴ある料理をその場で整えて提供することが多い。移動式の販売形態は石焼きいものように古くからあるが，キッチンカーの移動式販売は昼食のテイクアウトが多く，諸外国の料理など珍しさを看板にしているものもある。

ビル街のキッチンカー
（撮影　江原）

4. 電化製品の普及と調理の変化

（1）　冷凍冷蔵庫・電子レンジの普及と買い物や調理などの関係

①　冷凍冷蔵庫

　冷凍冷蔵庫や電子レンジなどの調理家電製品は，1955年（昭和30）頃から相次いで発売された。この頃は，家庭電化ブームが起き，台所空間の機械化，自動化が進み，台所の機能が激変した時期である。

　一般家庭向けの冷凍冷蔵庫が発売されたのが1961年，家庭用の電子レンジは1965年であった。冷凍冷蔵庫は，発売から4年後の1965年には50％，1975年には90％以上の家庭に普及した。電子レンジは販売当初，価格が高かったため，すぐには普及しなかったが，1987年には50％，1997年には90％以上の家庭に普及した（内閣府消費動向調査）。普及と並行して冷凍食品を中心とする電子レンジ対応食品が市場に多く出回るようになった。

　冷凍冷蔵庫が普及する前は，その日に調理する食材をすべて買って，新鮮なうちに調理して食べきってしまわなくてはならなかった。しかし，冷凍冷蔵庫により食品の保存期間が長くなると，冷蔵庫の中の足りないものを買い足していくやり方に変わっていった。

　冷蔵庫の導入前後の食生活の違いについて：東京・杉並区の1955年頃の家族（夫婦と子ども1人，祖母の世帯）の食生活について，次のような記述がある。①1956年以降，子どもたちの栄養に気を遣い肉料理の比重が増し，それまでほとんど飲まなかった牛乳の配達も頼むようになり，②1961年に約200Lの冷蔵庫を購入したこと，③電気冷蔵庫は肉と牛乳の保存には欠かせないものとなったこと，④冷凍冷蔵庫が普及する以前は，季節ごとに旬の献立が食卓に並んでいたこと，⑤食卓に季節の別なく頻繁に肉が登場するようになるのは電気冷蔵庫を購入してからであること，などである（真島・宮坂　1999）。

　国民の所得が急激に増えていった昭和30年代から50年代にかけて冷凍冷蔵庫が普及し，保存手段が登場したことにより，食生活が変化したことがうかがえる。

　冷蔵庫の大型化・多機能化：買物や調理にかける時間や頻度が減っていくなかで，まとめて買った食品をいかに新鮮な状態で長持ちさせるかが求められた結果，冷凍冷蔵庫は大型化，多機能化していった。1965年には2ドア式が発売され，その後，新温度帯（0〜3℃）のつい

●台所用家電製品の所有率（右表）

　右の表は，2013年時点の首都圏および近畿圏在住者の家電製品の所有率（約50％以上について）を示したものである。調査対象者の8割が所有するオーブントースターは，ポップアップ式，ターンオーバー式といった形を経て，現在の形のものが普及したのが1970年代の中頃以降であった。1930〜60年代は，火鉢を使い，炭火に焼き網をのせ，その上であぶるなどしてパンが焼かれていた（真島・宮坂　1999）。

家電製品	所有率（％）
冷蔵庫	99.6
電子レンジ	99.1
炊飯器	97.2
オーブントースター	80.5
ホットプレート，グリルなべ	77.1
ジューサー，ミキサー	63.4
電気ケトル	53.3
コーヒーメーカー	52.7
電気ポット	49.6

キッチン家電の購入に関する調査（象印マホービングループ　2013）より，筆者作成

たもの，調湿機能のある野菜室のついたもの，広い冷凍スペースをもつものなどが一般化した。容量が大きい冷凍冷蔵庫は，すぐに食べられる食品を大量にストックできる一方で，消費期限，賞味期限を大きく超えた，いわゆる死蔵品を大量に抱えることにもなり，結果として食品ロスをひき起こすこともある。食材が新鮮な状態であれば，単純な調理法や調味でおいしく食べられるが，鮮度が落ちた状態では，様々に手を加えて食べるか，それが面倒な場合は廃棄されてしまう。食品ロスを出さないために，まとめて献立を立てたうえでの計画的な買い物や，食品を使いきる調理の工夫を施すなどの必要がある。

② 電子レンジ

電子レンジは，発売当初は食品を温める機能のみであったが，やがてオーブン機能が追加され，電気オーブンを使って，家庭でケーキやパンを焼くことを可能にした。さらに平成に入ると，マイクロ波とヒーターによりグリル調理ができる機種も発売された。高度なセンサを内蔵し，個々の冷凍食品に応じた解凍モードや加熱時間を自動で制御するもの，スチーム機能がついたものなど人びとの求めに応じた，より精度の高い調理が可能になってきている。

短時間で調理できる，台所を汚さないで済む，あまり調理の技術がなくても失敗が少ない電子レンジ調理は，家庭の食事づくりに利便性と簡便性，食事内容の広がりをもたらした。

（2） 漬物・塩鮭などの塩分含有量の変化

漬物や塩鮭などの食品は，冷蔵庫が普及する前は，非常に塩分の高い，いわゆる“塩辛い”ものが中心であった。市販のたくあん漬を例にとると，1955年頃の塩分濃度は平成のものと比べると10％程度塩分が高かったというデータがある（野崎漬物ホームページ）。昔ながらの新巻鮭や山漬け鮭，塩引きなどとよばれる塩鮭は，鮭が獲れるとすぐに内臓やエラを除去し，大量の塩（鮭の体重に比して20％以上）で塩漬けにされていた。

しかし，冷凍冷蔵庫や流通技術の進歩により食品の低温での保存が可能になったことから，多量の塩で保存性を高める必要性はなくなり，低塩分の漬物や塩鮭が多く流通するようになった。背景には塩分の多いおかずで大量のこめを食べていた食事から，多種類のおかずを食べるようになった人びとの食事の変化がある。健康面から考えると，塩分の摂りすぎが高血圧を招くという情報が一般化し，塩辛いものは，からだにわるいという意識が定着したことが，低塩化の理由として考えられる。脳の血管障害（脳卒中）は，いずれも高血圧を要因とするが，かつて脳卒中で死亡する人の多くは，脳出血が原因であった。しかし，脳梗塞が

●日本における漬物の生産量の割合

生産量の最も多いキムチは，1970年代に焼き肉料理の地域社会や家庭への普及と共に徐々に浸透しはじめた。1980年代に日韓の相互交流が深まり，本場の味を求める傾向が強くなり，1990年代にはとうがらしに含まれるカプサイシンのダイエット効果が認知され，人気が高まった（竹内 2001）。キムチの生産量が多い理由として，漬物として単独で食べるだけでなく，チャーハンやラーメン，鍋物などの食材や調味料としてよく用いられることもあげられる。

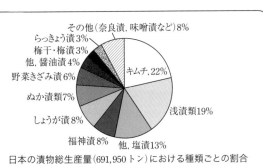

日本の漬物総生産量（691,950トン）における種類ごとの割合（2017）食品需給研究センター「食品産業動態調査（野菜・果実漬物の生産量）」より一部省略，筆者作成

しだいに増え，1970年代半ばから脳梗塞による死亡者数が，脳出血による数を上回るようになった。この理由について，脂肪摂取量の増加，塩分摂取量の減少といった，いわゆる"食生活の欧米化"や高血圧治療の普及，減塩キャンペーンの効果などが考えられているが，冷蔵庫が果たした役割も大きいものと考えられる(高橋　2015)。すでに述べたように，1975年には国

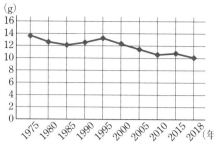

図6·4-1　日本人の食塩摂取量の変遷(一人1日当たり)　国民健康・栄養調査より，筆者作成

民所得の伸びに対応して，日本の90％の家庭に冷蔵庫が普及したことにより，それまで塩蔵品として摂取せざるを得なかった野菜，魚，肉類を，生鮮食品として摂取することが可能になった。このため，この頃から1980年代後半にかけて，日本人の1日当たりの塩分摂取量は低下した。その後，日本人の塩分摂取量は一時増加をみせたものの，再び減少しており，2018年には10.1g(男性11.0g，女性9.3g)となっている(図4-1)。しかし，「日本人の食事摂取基準」の2020年版で成人の目標としている男性7.5g未満，女性6.5g未満には到達していない。

　私たちが長い間，食卓に欠かせぬものとしてきた漬物の消費量について見てみると，年間支出額は1998年からの20年間で約60％に減少している(総務省統計局家計調査)。特に，ぬかみそ漬，塩漬，たくあん，はくさい塩漬は，1985〜1991年と2012〜2016年を比べると食卓への出現頻度が著しく減少した(中澤　2019)。一方2017年のデータをみると，漬物のなかの相対的な量ではあるがキムチや浅漬類は比較的消費量が多い。

　昔ながらの漬物の消費量が減った理由として，①併せて食べるこめの消費量が減少していること，②塩分の摂りすぎの原因食品として，漬物が取り上げられることが多いこと，③発酵による独特の香りや食感が若い世代に受け入れられにくいことなどが考えられる。しかし漬物だけが特に塩分含有量が高いわけではなく，また現在は低塩化が進んでおり，梅干，梅漬けの10％程度の塩分を除けば，多くの市販の漬物は2〜3％の塩分であるという(全日本漬物共同組合連合会ホームページ)。

　低塩化の影響を伝統的な製法の維持の面からみると，低塩化により伝承されている方法が失われ，塩蔵する間や乾燥する間に精製されていた呈味成分(味を感じさせる成分)が減少し，本来の伝統的な味や香りが損なわれることが危惧される。

●日本各地の漬物

　右の表はあくまで一例であり，日本には600種を超える漬物があるといわれる。日本の漬物には，次のような特徴や長所がある(小泉　2018)。

●漬け汁・漬け床(醤油，酢，ぬかなどのこと)や，漬け込む材料が豊富であるため，きわめて種類が多彩である。

●微生物の関与による発酵漬物が豊富である。

●食物繊維を濃縮した形で摂取できる。

漬物の種類	地　域	具体例	主材料
塩　漬	茨城・長野*	白菜漬	はくさい
醤油漬	東　京	福神漬	複数の野菜
味噌漬	岩　手	金婚漬	うり
かす漬	愛　知	守口漬	だいこん
こうじ漬	福　島	三五八漬	複数の野菜
酢　漬	京　都	千枚漬	かぶ
ぬか漬	秋　田	いぶりがっこ	だいこん
からし漬	山　形	小茄子のからし漬	なす
もろみ漬	千　葉	鉄砲漬	うり

＊生産量が最も多い2県

（3）　自動炊飯器など家電製品の普及と家庭の調理

　昭和後期頃〜平成に登場した，調理に関連した家電製品や器具には以下のようなものがある。

1953年　トースター
1955年　自動式電気炊飯器
1965年　2ドア冷凍冷蔵庫，家庭用電子レンジ
1974年　電子ジャー炊飯器，電磁調理器
1989年　200V型IHクッキングヒーター
2004年　ウォーターオーブン
2010年　こめから米粉パンがつくれるホームベーカリー
2012年　スマート家電の取り組み，シリコンスチーマー（電子レンジで使用する加熱用容器）

　電気自動炊飯器が普及する以前は，ガス炊飯器を，さらにその前は，ガスレンジに羽釜や文化鍋をのせて炊飯した。

　羽釜を用いていた頃の炊飯の伝承歌に，「はじめチョロチョロ中パッパ，ブツブツいう頃火をひいて，一握りのワラ燃やし，赤子泣いてもフタ取るな」というものがある。これは，こめの中心まで吸水するようある程度の時間をかけて沸騰させ，その後，蒸し煮のために火力を弱くし，火を止めて，蒸らしを行う前にいったん火力を強くして，最後の蒸らしの間はふたを決してとらない，という一連の炊飯のコツを表す。自動炊飯器を使えば，このようなコツを知らなくてもおいしい飯を炊くことができ「目が覚めたらご飯が炊けていた」という主婦の夢を実現するものであった。

　このように，調理器具には調理のコツを一般化するはたらきがある。調理器具の機能は①人体機能の補助（例：泡だて器，包丁など），②コツの一般化（例：炊飯器，計量カップなど），③人力の軽減（例：電子レンジ，ブレンダーなど）の3つに分類できる。それぞれがもたらすものとして①は伝承技術の発達，②は味の平均化，③は調理の大量化がある（杉田　1989）。現代の調理を考えると，すり鉢，包丁，泡だて器など手動で行っていた調理をフードプロセッサー，スライサー，ハンドミキサーなどの電動の器具で短時間に行うようになっている。調理のコツが一般化され，均一に効率よく調理を行うための器具は，次つぎと開発され，便利に使うことができるが，技術を生きたものとして伝承するには，自分の身体や感覚を使って経験することが大切である。

　自動炊飯器は，技術の進歩が調理時間の短縮という簡便化の志向に応えるものであった。これに対して，近年の調理家電，調理器具は人びとの様々なニーズに応えたものも加わり，多様化している。

● 炊飯用具の変遷
　炊飯の方法は熱源や台所の変化もあり，次のように変化していった。
　教員家族の生活財の使用状況の変化を台所と茶の間周りからみた報告では，1930〜50年代にかけては，ガスレンジに羽釜をのせて炊く炊飯が主流であった。やがて文化鍋が登場し，ふきこぼれの心配なく炊飯できるようになった。1960年代には，ガス炊飯器が，1980年代には電気炊飯器が主流となった（真島　2013）。

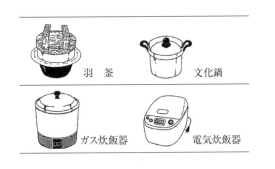

羽　釜　　　文化鍋

ガス炊飯器　　　電気炊飯器

♣キーワード：「日本型食生活」の提唱と特徴，データを通してみた家庭の食事の特徴，料理の品数の変化，中食，成人病から生活習慣病へ

5. 多様な食事とおかず

（1）「日本型食生活」の提唱と特徴

　かつての日本の食事は，たんぱく質の摂取不足と食塩の過剰摂取が問題であった。地域や所得による差はあるものの，多くの人は日常的に肉や魚を口にすることは難しく，野菜を中心とした塩分の強い少量のおかずで大量の穀類を食べた。しかし，戦後の食糧難の時期を過ぎ，1950〜1970年代の高度経済成長期には，国民所得が増え，食生活の水準も向上した。これに伴いエネルギー源として主食を重視した食事から様々な副食物を楽しむように変化した。

①　食事内容の変化

　家庭の日常の献立にはテレビ番組や料理雑誌での紹介も影響して，ハンバーグやコロッケ，シチューといった西洋料理，餃子や麻婆豆腐など中国料理が登場した。それらは日本風にアレンジされた形で家庭に取り入れられ，和風の料理と合わせて，食卓で和洋中のおかずが混在するようになった。ご飯とおかずを基本に，漬物や味噌，豆や豆腐などの食品，出汁を使った煮物，魚料理などがあり，そこへ肉や牛乳，果物，油脂を多用した調理法など，新しい食品や調理法が加わり，食事が多様で豊かになっていった。

②　日本型食生活の評価

　栄養価の面からみると，1975年頃（昭和50年代）の日本の平均的な食事は，欧米諸国に比べると低エネルギーであり，たんぱく質，脂質，炭水化物からの摂取エネルギーのバランス（エネルギー産生栄養素バランス）が理想に近く，「日本型食生活」として世界的に知られるようになった。特にアメリカでは，心臓疾患，脳卒中，糖尿病などが当時の国民の死亡原因の上位を占め，脂質・糖質・塩分過多の食生活が原因であるとの指摘があったため，目指すべき栄養バランスとして日本の食事が注目された。この動きを受けて日本でも農林水産省により，「日本型食生活」は望ましい食事として推奨されるようになった。しかし，その後の日本人の食事は，副食重視の食生活の結果，こめの摂取量が減少する一方，脂質の摂取量が増加し，全体でみると栄養素の摂取バランスが崩れている。これに伴い，肥満，糖尿病，高脂血症などが増加し，問題となっている。

　「日本型食生活」は，ご飯を中心に魚，肉，卵，野菜，海藻，豆類などを組合わせるので栄

●たんぱく質，脂質，炭水化物からの摂取エネルギー
　比率（エネルギー産生栄養素バランス）
　望ましいとされるエネルギー産生栄養素バランスは，「日本人の食事摂取基準2020年版」ではたんぱく質13〜20％，脂質20〜30％，炭水化物50〜65％（18〜49歳）と示されている。

　日本のエネルギー産生栄養素バランスでは，1980年が望ましい値に近く，2003年は適正な範囲であるものの，脂質が増加している。

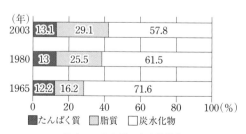

(年)	たんぱく質	脂質	炭水化物
2003	13.1	29.1	57.8
1980	13	25.5	61.5
1965	12.2	16.2	71.6

日本のエネルギー産生栄養素バランス
農林水産省『食料需給表』より，筆者作成

養素のバランスが優れているだけでなく，日本各地でとれる様々な産物を取り入れていることが特徴である。健康的な食生活のための食べ方という意味だけでなく，古くから育まれてきた食文化を継ぐ意味もあり，食料自給率を向上させる効果も期待される。食育基本法に基づく食育推進基本計画（第3次，2016〜2020年）では，「日本型食生活」の実践を推進している。

（2） データを通してみた家庭の食事の特徴

① 和風の定番料理と魚料理，肉料理

多様な料理が食卓にのぼるなか，それ以前に食べられていた和風の定番料理，特に，魚介類の塩焼きや煮魚，野菜の煮物，ぬか漬などの漬物，煮豆，昆布の佃煮などは，1990年代から2016年にかけて登場回数が減った。一方，肉のから揚げや，肉や肉の加工品，野菜との炒め物，ハンバーグ，オムレツ，餃子などは頻度が増加した（中澤2019）。平成以降の国民一人1年当たりの消費量をみても，肉類は増加，魚介類は年々

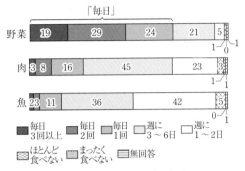

図6・5-1　食べる頻度　野菜・肉・魚（全体）

NHK「放送研究と調査」(2016) 10月，p.56「調査からみえる日本人の食卓〜食生活に関する世論調査」①
※グラフ中の値は，全調査対象者数を100％としたときの人数の割合（％）である。

減少しており，2010年には，肉類と魚介類の量が逆転し，2016年の消費量では肉類は31.6kg，魚介類は24.6kgとなった（農林水産省 「食料需給表」）。食べる頻度でみても，肉を1日1回以上食べる人は27％，魚では16％となっている（図5-1）。しかし，好きな料理を調べた結果では，焼き魚，煮魚，さし身は上位に入る（NHK　2006）。魚料理は好まれながら，家庭であまり食べない理由は，「子どもが好まない」，「肉よりも魚は高価なイメージ」「調理するのが面倒」「調理法がわからない」のほか，「調理に時間がかかる」「後片づけに手間がかかる」などがあげられる（大日本水産会　2006，2019）。魚介類は種類が豊富であり，旬の時期を利用すれば，必ずしも肉よりも高価ではない。また，缶詰や練り製品，切り身や骨を抜いた魚を利用するなど，工夫次第で手間をかけずに調理ができる。

主食では，高齢者を含め，幅広い年代で朝食にパン食が普及するようになったこともあり，1979〜2016年にかけてご飯，漬物，味噌汁の食卓に登場する頻度が減り続けている（vesta 2019）。しかし，ご飯とおかずの組合わせの食事がされなくなったわけではなく，1日3回食

●日本における魚食の特徴

1．調理・加工法の種類が多い

　一種類の魚に様々な調理・加工を行ってきた。

　例：さけ…生食（ルイベ），塩焼き，照り焼き，鍋物，フライ，素干し，塩漬けしたいくら・すじこ，荒巻など。

2．加工によってうま味を増加させる

　魚肉たんぱく質は，加熱や酵素によって変性・分解しやすく，うま味成分がつくられる。

　例：かつお節

3．生臭さを発酵食品でマスキングする

　魚臭を抑えて，うま味を楽しむために味噌や醤油の発酵性香気を加える。　例：魚の煮付け

4．魚の内臓などを捨てることなく利用する

　食用とする魚介類の可食部位の割合は高くないが，昔からの工夫を生かし，むだなく調理する技術がある。　例：あんこうの七つ道具（肉，肝，水袋（胃），ぬの（卵巣），えら，ひれ，皮）

事を摂っている人のうち毎日ご飯を食べている人は9割に達しており（NHK 2016），こめ離れが指摘されながらも1日に少なくとも1食はご飯とおかずの食事が摂られている。

② 料理の品数の変化

食卓に上がる料理の品数からみると，夕食では減少が続いている。首都圏の家庭400世帯を対象に20年間にわたり調べた調査では，2001年には平均7.1品が，2018年には5.6品に減り，その中身は和風の料理が減る一方，洋風や中華風のメニューが存在感を高めた（日経新聞 2019）。品数の減少は，主菜と副菜が一体化したといえる麺類が夕食の献立としても定着したことが理由の一つとして推測されるが，背景として主婦の調理時間が短くなったこと，家族が全員そろわない食事では，簡便な料理のほうが合理的であることなどが考えられる。品数が多いことが，すなわちよい食卓とはいえないが，品数は多様な食材をバランスよく食べることを反映しているといえる。

簡単においしいものをつくりたい欲求に応え，近年20～30歳を中心に食事づくりの参考にされるのがレシピサイトである。レシピ検索サイト「クックパッド」で最もよく検索される単語は「簡単」であるという（中村ら 2017）。何が「簡単」で「おいしい」かは，人により異なるが，調理の簡便化の手段としては献立の検討時間や調理の回数の削減，材料の一部の省略，あるいは置き換え，調理工程の省略があげられる。2009～2015年のクックパッドの検索頻度データからみると，調理工程の省略では，電子レンジ，ポリ袋，炊飯器などがよく利用されている。電子レンジは，当初ケーキやクッキーといった菓子づくりに使われていたが，茶碗蒸し，ポテトサラダ，煮物，蒸し鶏のような主菜の調理でも頻度高く使われるようになった（中村ら 2017）。同じ料理名として食卓に上がっていても，昭和と，簡便化が進んだ平成では，調理工程が異なるものも多いと考えられる。

③ 家庭の食事における中食

家庭内で調理されたものを家庭内で食べることを「内食」，弁当や惣菜を買って帰り，家で食べることを「中食」という。図5-2は，1世帯当たり1か月間の「内食」，「調理食品（中食）」，「外食」にかける金額を指数化し，30年間の変化を示したものである。「中食」に注目すると，1989年（平成元）と2018年（平成30）を比べると中食への支出は1.7倍に増加している。月に1日以上の頻度で中食を利用する割合は，単身世帯，2人以上の世帯ともに，弁当類（主食的な調理食品）で7割，惣菜類（副食的な調理食品）で8割となっている。利用理由は，単身世帯，2人以上の世帯ともに，「時間がない」，「普段自分がつくれないものが食べられる」の割

●料理の参考にするもの

10～30代は，レシピサイトやアプリを参考にしている人が多いのに対して，50～60代は，本・雑誌，テレビといった従来のメディアを参考にしている人が多い。

また，若年層は，レシピサイトやアプリを参考にする一方で，家族から教わった料理も半数近くが参考にしている。

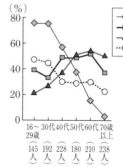

左図：料理をしていると答えた女性1,193人を対象 NHK，「放送研究と調査」（2016）10月，p.72，「調査からみえる日本人の食卓～食生活に関する世論調査」①より，一部変更

合が高い。特に単身世帯においては，2人
以上の世帯に比べ，「調理・片づけが面倒」，
「自分で食事をつくるより価格が安い」の
割合が高い（農林水産省ホームページ）。

　中食は便利であるがおにぎりや弁当など
主食中心の中食の頻度が高まると，野菜の
摂取量が少なくなる負の影響を及ぼすこと
が報告されている（八木ら　2020）。中食も上
手に利用しながら食生活全体を考えて，偏
りなく食品を摂っていきたい。

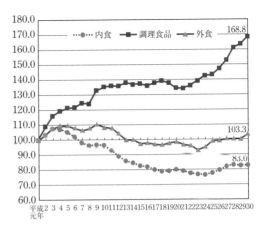

図6・5-2　1世帯当たり1か月間の食料の名目金額指
　　　　　数の推移（2人以上の世帯）（平成元〜30年）
＊数値は平成元年の支出金額を100として指数化したもの。
　内食は，穀類，魚介類，肉類，乳卵類，野菜・海藻，果
　物及び油脂・調味料の合計
　総務省統計局「家計調査」（2人以上の世帯）

（3）　成人病から生活習慣病へ

　生活習慣病という言葉は，1996年頃か
ら使われるようになった。それ以前は，糖
尿病や高血圧症などは加齢に伴い発病すると考えられたため「成人病」が使われていた。し
かし，1980年代頃から若者の発症が目立つようになり，その後の調査で，加齢だけではなく，
食習慣を含む生活習慣が深く関与していることが判明した。このため，生活習慣を改善する
ことで疾病の発症・進行が予防できるという認識を国民にもってもらう目的で，生活習慣病
という言葉・概念は生まれた。

　近年，日本人の三大死因であるがん・脳血管疾患・心疾患，さらに脳血管疾患や心疾患の
要因となる動脈硬化症・糖尿病・高血圧症・脂質異常症などはいずれも食事を含めた生活習
慣との関わりが深く，生活習慣病とされる。

　生活習慣病予防につながる食生活に関する指針としては，平成12年に「食生活指針」，「21
世紀における国民健康づくり運動（通称「健康日本21」）」，平成17年に「食生活指針」を実践
するための「食事バランスガイド」が策定された。

　「健康日本21」では，9分野で目標が定められ，主食・主菜・副菜を組合わせた食事が1日
2回以上の日がほぼ毎日の者の割合を68.1%から80%にするなど，栄養・食生活については
14項目の数値目標が設定された。

● 好ましくない食習慣の例とその影響

①欠　食（食事を抜くこと）
　　特に朝食の欠食は午前中の活動を低下させる。
②過　食
　　脂肪と糖質の摂りすぎに注意したい。摂りすぎ
　た糖質は脂肪として，からだに蓄えられる。
③偏　食
　　からだに必要な栄養素，特にミネラルやビタミ
　ンの不足が著しくなる。

④早食い
　　満腹感を感じないまま食べることになる。肥満
　につながりやすい。
⑤不規則な食事時間
　　過食を招いたり，そのまま欠食することになっ
　てしまう。若年層でも生活習慣病になることがあ
　る。食習慣はなかなか変えられないため，休養，
　運動と共に好ましい食習慣を身につけたい。

♣キーワード：調理済み加工食品，冷凍食品，レトルト食品，インスタント食品，食の外部化，ミールキット，各種調味料

6. 多様化する調理済み加工食品・調味料

（1）　調理済み・半調理済み加工食品（冷凍食品，レトルト食品，インスタント食品）

①　調理済み加工食品の消費量が増加した背景

近年，調理済み，半調理済み加工食品の利用が増えており，なかでも冷凍食品，レトルトパウチ食品，インスタント食品が増加している。冷凍食品は，1930年代に日本初の市販品が発売された。1964年（昭和39）の東京オリンピック選手村の食堂で様々な冷凍食品が使われ好評だったことをきっかけに，ホテルやレストランで利用され，調理食品を中心に急速に消費量が拡大した（図6-1）。増加の理由は直接的には高度成長期以後，急速冷凍や解凍技術が向上したことがあげられる。"コールドチェーン"とよばれる低温流通機構の整備により急速に普及した。

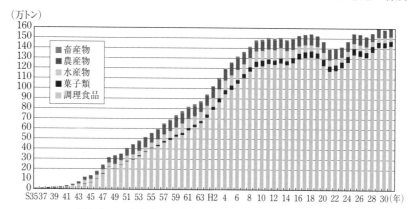

図6・6-1　冷凍食品国内生産数量の推移　　日本冷凍食品協会ホームページより転載

レトルト食品とは，レトルトパウチ食品ともいい，プラスチックフィルムと金属箔などを貼り合わせた小袋に調理した食品を詰めて密封し，高温加熱殺菌したものである。日本では，1969年（昭和44）に3層の遮光性のパウチによる「ボンカレー」が発売された。これにより衛生，長期保存性，常温流通による経済性，短時間の再加熱で食卓に供せられる利便性・簡便性が受け入れられ，レトルト食品飛躍の発端となった。その後1970年代に入り，米飯類，ハンバーグ，ミートソースなどのレトルト食品が開発され，現在のレトルト食品の基礎を築き上げた。

インスタント食品とは，即席食品ともいわれる。水や湯を加えればすぐに食べられ，かつ

●ローリングストック

加工食品は，買い物に行けないときや忙しいときだけでなく，災害の備蓄用としても活用できる。

普段から少し多めに食材や加工食品を買っておき，使ったらその分だけ買い足していくことで，常に一定量の食料を家に備蓄しておく方法を「ローリングストック」という。

ポイントは，まず備蓄する食料が古くならないよう，消費の際には必ず古いものから使うことである。

次に使った分は必ず補充すること。ローリングストックでは，備蓄品としてストックしているものは，いつ食べてもよいが，消費した分を必ず買い足すようにする。また，災害時にストックした食品を調理できるよう，カセットコンロとガスボンベも食材や加工食品と併せて準備しておくとよい。

ローリングストックを行うことで，災害時にも日常に近い食生活を送ることが期待できる。

保存性のある食品のことをいう。カップ麺，味噌汁，スープ，茶やコーヒーなど様々な食品があり，非常食としても広く利用されている。インスタントラーメンは1963年（昭和38）に日清食品創業者の安藤百福が発明したもので，現在世界で1,000億食以上の需要があるとされる。

1950年代からスーパーマーケットが登場し，70年代にはコンビニエンス・ストアが開店し，都市部を中心に急速に広まったことでこれらの調理済み加工食品は，手に入りやすい環境となり，普及していった。

② 調理済み加工食品と食の外部化

社会環境からみると，核家族化，単身世帯の増加という世帯構造の変化，女性の社会進出やライフスタイルの変化などにより食の外部化が進んだことが普及の要因といえる。食の外部化とは，家庭内で行われていた食事づくりを家庭外に依存する状況をいう。

生活をするうえで清掃，洗濯，調理，育児という家事行為は欠かせない。しかし現代は，高齢者の単身世帯など家事が十分に行えない場合でも，かつてのように親族や隣近所の人に助けてもらえない場合が多い。そのため，社会サービス（在宅介護サービス，ハウスクリーニングなど）は利用者が増大している。食事に関しても自分で少量を調理するより，冷凍食品，レトルト食品，インスタント食品を購入したり，中食を利用したり，外食をする方が，手間がかからず，総合的にみてコストが抑えられる場合もある。利便性が重視された結果，中食や外食とならんで調理済み，半調理済みの食品の消費量が増えた。

今後，夫婦と子どもの世帯が大きく減少する一方，単身世帯は2015年（平成27）の34.5％から2040年には39.3％に増加することが見込まれている（国立社会保障・人口問題研究所　2018）。

これに伴い，外食や生鮮食品からの移行により加工食品全体の割合も著しく増加するものと考えられる。

③ 調理済み加工食品の利用状況

単身者の需要増に伴って加工食品の消費量が増えるとの見込みがある一方，子どものいる家庭でも利用が増えているというデータもある。1995年（平成7）と2010年（平成22）の調理済み加工食品全体の使用状況を比較したデータでは，週1〜3日程度利用する家庭が小学生のいる家庭で34.7％から40.5％に，中学生のいる家庭で33.6％から43.7％に増加している（坂本　2018）。

冷凍食品の利用をみると，平成の間に消費量は倍増しており，日本冷凍食品協会が2018年3月に25歳以上の男女約1万人を対象にした調査では，冷凍食品を使う人は女性で81％，

●市販冷凍食品の歴史

1931年（昭和6年）　大阪梅田の阪急百貨店で日本初の市販冷凍食品「イチゴシャーベー（冷凍いちご）」が販売される。

1964年（昭和39年）東京オリンピック選手村の食堂で出された様々な冷凍食品が好評を博したことをきっかけに，冷凍食品産業が急速に拡大する。

1979年（昭和54年）日本の冷凍食品生産量が50万トンを超える。

1984年（昭和59年）ピラフ，グラタンなどの軽食・おやつカテゴリーの商品が発売される。

1999年（平成11年）自然解凍で食べられる調理済み冷凍食品が発売される。

2013年（平成25年）年間の一人当たりの冷凍食品の消費量が21.7kg（約87食）と過去最高となる。

2016年（平成28年）冷凍食品の国内生産量が155万4,000tと過去最高となる。

日本冷凍食品協会ホームページより

男性で79%，利用頻度は男女ともに週2〜3回が最も多かった。用途では，朝食，料理の素材の一つ，弁当に使用される割合より，自宅の昼食や夕食として，そのまま用いる人が2014年に比べて12ポイント増加した(日本冷凍食品協会　2018)。冷凍食品を補助的に用いるだけでなく，主となるおかずの一品とするようになり，利用範囲が広がる傾向がうかがえる。

　冷凍食品の品目では，冷凍野菜，餃子，うどん・そば・ラーメン(麺のみ)，ピラフ・チャーハン，から揚げ，スパゲッティ，たこ焼き・お好み焼きなどがあり，なかでも弁当用品の利用頻度が高く，特に餃子やから揚げは，平成の間で消費量の伸びが大きい食品である。食事づくりの時間を短くしながら，おいしいもの，自分の好きなものを好きな時に利用したいという人びとの欲求は高まっており，冷凍食品の需要はますます伸びることが予想される。東京ガス都市生活研究所が2017年に行った調査では，家で揚げ物をする頻度は，週1日以上料理を行う女性の7割が週1日未満であった。揚げ物をしない理由は「油の処理が面倒」「揚げる手間が面倒」「コンロ回りやキッチンが油で汚れる」ことが上位3位を占め(東京ガス都市生活研究所ホームページ)，調理後の清掃の手間を回避するため，冷凍食品や中食の揚げ物の需要が高いものと考えられる。

④　手づくり料理の概念

　平成の終わり頃から，料理をつくるのに必要な食材や調味料が一式セットになっており，宅配を行うこともある，いわゆる"ミールキット"とよばれる商品・サービスが共働き世帯を中心に広く利用されるようになった。食材の宅配サービスそのものは，昭和の後期からあったが，献立を考える手間の軽減，買い物の頻度の削減や調理時間短縮へのニーズが近年特に高まっていることを背景に，ミールキットを利用する人が増加している。加工食品をそのまま食卓に出すことに抵抗を感じていた人にとって，自分でひと手間をかけることで"手抜き感"が払拭される点が受け入れられている要因である。

　材料の選択や下ごしらえを自分で行うことにこだわる「手づくり意識」をもつ人の割合は，1980年(昭和55)から2015年(平成27)の間で下がり続けている(中澤　2019)。また，「手づくり料理」に対する認識を調べた調査では，世代間で差があることが示されている。コロッケ，スパゲッティなどの調理を①完全に調理された食品を購入した容器のまま出す，②完全に調理された料理を購入時の容器から皿に移して出す，③完全に調理された料理を電子レンジを使って加熱してから出す，④自分で揚げるなど電子レンジを用いずに加熱する工程を行う，⑤野菜を切る，ソースをつくるなど加熱以外の調理も行う，⑥ほぼすべての調理を行うの6

●調理に用いる調味料
　右の図は，江戸時代の料理書にある料理を組合わせた献立である。白飯，すり流し豆腐(汁物)，すずめ焼き(主菜，魚のつけ焼き)，のっぺい(副菜，根菜類の煮物)，早くき(副菜，だいこんの即席漬)である。使用した調味料は，江戸時代にも使われていた塩，醤油，みりん，酢，酒，味噌のみであるが，山椒や辛子で風味をつけることにより，物足りなさを感じることなく，おいしく食べることができる。

(撮影　伊藤)

江戸時代の料理書にある料理の再現

つに分類して調べたところ，④を手づくりとみなすかどうかが大学生と40歳代・60歳代の違いであると報告されている（外山ら　2020）。料理にもよるが，世代によって手づくりの概念が異なることが示されている。忙しいときは手づくりにこだわってはいられないであろうし，また手づくりが必ずしもおいしいとは限らない。しかし，主体的に自分の食事や健康に向き合っていこうとするならば，目の前の料理にどのような食材が用いられ，どのような調理を経てつくられたものなのか把握する必要があるのではないだろうか。

　食生活に占める加工食品の割合は増え続け，多種多様化している。また，その流通も国際的になっており，加工食品の安全性や栄養成分に関する情報の周知は，特に安全性の面から不可欠なものになっている。

　一般に販売されている加工食品のうち，容器や袋などで包装された加工食品には，「名称」「原材料名（食品添加物の表示・アレルギー物質を含む食品の表示・遺伝子組み換え食品の表示なども含む）」「内容量」「期限表示」「保存方法」「製造者・販売者」などの食品表示が法律によって義務づけられている。加工度合いが高くなるほど表示は多くなる。加工食品に依存する現代の食生活で適切に食品を選び，利用するには，表示から様々な情報を読みとる力が求められる。

(2)　調味料

　人びとの嗜好の多様化や冷蔵庫が大型化して保存がしやすくなったこともあり，調味料や調味食品の利用が拡大している。醤油や砂糖，みりんなどの基本調味料を各家庭で合わせる手間がなく，そのまま使える点が簡便化の志向に合っているためである。調味料ではめんつゆ，ぽん酢，オイスターソース，調味食品ではトマトソースなど汎用性が高いものは多く利用されている。食用油では，平成に入ってオリーブ油やごま油などに対して「太る，からだによくない」というネガティブなイメージが薄れ，機能性を消費者に働きかけた商品も販売，利用されるようになった。また近年はメニュー用調味料の利用も増えている。メニュー用調味料とは，そのメニュー（料理）専用につくられた調味料のことで，例えば，麻婆豆腐の素，釜めしの素などがあげられる。麻婆豆腐の素をはじめとした中華合わせ調味料が1970年代に登場し定着した。こうした調味料は，調理を簡便にすると同時に，外食店で食べるような本格的な味が出せる点が特徴とされ，何度つくっても同じ味であることから受け入れられている。反面あまりに多用されれば，個々の家庭ならではの味が失われるという危惧もある。

●手づくりできる調味料の例
　自分でつくる調味料のよさは，好みで味の加減ができ，様々な応用がきく点である。
ぽん酢　醤油とレモンやゆずなどの柑橘類の果汁，みりんを5:5:1〜2位の割合で混ぜたところへ，かつお節と昆布を入れて1日ほど置いてこす。柑橘類の果汁がない場合は酢で代用し，香りづけに切った柑橘類を少量加えてもよい。
めんつゆ　だし，濃口醤油，みりんを5:1:1ぐらいの割合で合わせ，ひと煮立ちさせる。

ラー油　サラダ油とごま油，唐辛子を火にかけ，焦さないようにごく弱火で混ぜながら加熱する。
ドレッシング　基本のフレンチドレッシングは，酢1に対してサラダ油やオリーブ油などの油を2〜3ぐらいの割合とする。酢に塩（酢大さじ2に対して小さじ1/2程度）・こしょう少々をとかしたところへ油を少しずつ加え，そのつど泡だて器でよく混ぜる。

♣キーワード：明治の学校給食のはじまりとその目的，戦後の学校給食の特徴とその変化，食育基本法の影響，郷土食，地産地消の奨励，献立，給食の食器

7. 学校給食の発展と役割

（1）学校給食の変遷

①　貧困児への救済からはじまった給食

学校給食は，1889年（明治22）山形県鶴岡市の大督寺の住職が境内に開設した私立の忠愛小学校において，貧困児童へおにぎりなどを提供したのがはじまりである（表7-1）。現地の話では当時の史料は火災のため残されていないが，僧侶たちの救済活動は1945年（昭和20）まで継続されたという（江原　2016）。その後，栄養不良，身体虚弱児についても対象とされた。近代の学校給食については（p.134を参照）のこと。

表6・7-1　学校給食の変遷

1889年（明治22）	山形県忠愛小学校で貧困児童への給食がはじまる
1914年（大正3）	佐伯 矩が設立した東京の私立栄養研究所，文部省の科学研究奨励金により，付近の学校児童に給食が実施される
1923年（大正12）	文部次官通牒「小学校児童の衛生に関する件」として，児童の栄養改善のため学校給食が奨励される
1932年（昭和7）	国庫補助による貧困児童救済のための学校給食の制度，文部省訓令「学校給食臨時施設方法」が発令される 1935年時点で約65万人が受給（尋常小学校児童の約6%）
1940年（昭和15）	「学校給食奨励規程」により対象を貧困児童のほか，栄養不良児，身体虚弱児にも広げる
1944年（昭和19）	都市部の学童集団疎開が開始され，給食に必要な食料は国から疎開先に供給するとされたが，戦争の激化により次第に厳しい内容になった

文部省　『学校給食の発展』(1976)

②　戦後，世界からの援助により再開した脱脂粉乳とパンの給食

学校給食は，貧困児童の救済・児童の栄養改善に向けて全国に広がり内容の充実が図られたが，第二次世界大戦で食料が不足し，中断された。

戦後は，GHQ（連合国軍最高司令官総司令部）の要請もあり保管食料の送付やララ物質（LARA：Licensed Agencies for Relief in Asia アジア救済公認団体，邦人や日系人も多く協力）からの援助で，1947年（昭和22）全国都市の児童約300万人に対し学校給食が再開された。

1949年（昭和24），ユニセフ（国際連合児童基金）から脱脂粉乳，1950年（昭和25）アメリカ

● 地場産物を生かした学校給食の大会〈1〉

近年，全国の学校給食では，各地域でとれる地場産物を活用した多種多様な献立がある。学校給食は，食文化や子どもの健康を守り育てる食育の場だけなく，食の地域ブランドにも密接に関わっている。

学校給食のさらなる改善・充実と同時に，地産地消の奨励や，地域の活性化につなげることを目的に，全国の学校給食で提供されている献立を競う全国学校給食甲子園がある。

全国学校給食甲子園は，食育推進事業の一環として，特定非営利活動法人21世紀構想研究会が主催となり，2006年から年1回開催されている。

文部科学省学校給食摂取基準に基づいたうえで，地場産物を使用し，子どもが喜び郷土愛を育む献立であること，食育の生きた教材として活用されていることなどのルールがあり，4次選考まである。給食に携わっている栄養教諭，学校栄養職員，調理員から個性豊かな献立が多数応募されている。

から小麦粉の寄贈により，8大都市の小学校を中心にパン・脱脂粉乳・おかずの完全給食が開始され(図7-1)，翌年には全国規模に広がった。しかし，1951年(昭和26)アメリカからの援助資金(ガリオア資金)が打ち切られることになり，給食を中止する学校が増加した。そこで1954年(昭和29)，小学校における学校給食の普及と健全な児童の発育を図ることを目的とし，「学校給食法」として法的に整備された。1956年(昭和31)には，義務教育である中学校まで範囲は拡大さ

図6・7-1　1955年(昭和30)の学校給食の様子
(独立行政法人日本スポーツ振興センター所蔵)

れた。学校給食の目標に「日常生活における食事について正しい理解と望ましい習慣を養うこと」とあるが，この頃の給食はパン食中心であり，ご飯を中心とした日本の日常食とは異なったため，家庭になじみのなかった料理や献立が考案されることとなった。

③　1950〜1976年，パン・ミルク・おかずの給食

1950年(昭和25)には完全給食の実施小学校は45％に過ぎなかったが，1975年(昭和50)には約90％の学校で実施された。こめを主食とする米飯給食の正式な導入は1976年であり，約25年間パンとミルクの給食が続いたことになる。またミルクは，初め脱脂粉乳が支給された。1964年(昭和39)の調査では，脱脂粉乳のみの学校は85.4％で，牛乳との混合が10％，牛乳のみは，わずかに4.5％であった。

1965年(昭和40)に実施された小学校の給食献立の特徴をみると，栄養や経済的な配慮に重きをおいていたため，比較的価格の安い動物性たんぱく質源であるくじら肉，鶏肉などを揚げ物にした献立が多い。また，パンとスパゲッティなど複数主食や，パンにさつま揚げやひじきなど和食食材を取り入れる工夫がみられた。しかし，組合わせをみると，食文化について配慮するゆとりがないこともうかがえる(表7-2)(江原　2016)。

表6・7-2　1965年の学校給食の献立

実施県	献立	
大　分	くじらのケチャップ煮	パン・ミルク
兵　庫	鶏肉のから揚げ，ボイルドキャベツ	パン・ミルク
岩　手	味噌風味シチュウ，くだもの	パン・ミルク
佐　賀	さつまあげ，ひじきの煮豆	パン・ミルク
大　阪	白玉餅のあべかわ，かきたま汁	パン・ミルク

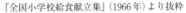

『全国小学校給食献立集』(1966年)より抜粋

図6・7-2　1952年(昭和27)の学校給食
コッペパン，くじらの竜田揚げ，千切りキャベツ，ミルク(脱脂粉乳)
(独立行政法人日本スポーツ振興センター所蔵)

●地場産物を生かした学校給食の大会〈2〉

決勝大会は，全国から選ばれた12チームが，地場産物や食育の取り組み，郷土の魅力についてプレゼンし，献立の調理と実食により審査される。

「食物アレルギーの子どもでも食べられる地場産料理」や，郷土料理が少ないといわれる東京で「江戸東京野菜」のアピールなど，地域の食材や郷土料理の掘り起こしだけでなく，給食から地域文化をつくっていこう，子どもたちに伝えようとする給食の新たな可能性を感じる献立が次々と登場している。

全国学校給食甲子園　受賞献立例

年	献立内容	地域
2007年	赤こんにゃく寿司，牛乳，いさざの磯辺揚げ，お講汁，おひたし，守山メロンゼリー	滋賀県守山市
2009年	めはりずし，牛乳，紀州梅鶏の梅酢揚げ，いんげんとほねくの煮物，ふわふわかき玉汁，みかん	和歌山県和歌山市
2013年	雑穀いもごはん，牛乳，トッピーのからあげ，青パパイヤと野菜の甘酢あえ，もずくの味噌汁，屋久島たんかんポンチ	鹿児島県屋久島町
2014年	白神あきたこまちの味噌つけたんぽ，牛乳，枝豆のかわりがんも，とんぶり和え，白神まいたけのうどん汁，山ぶどうのゼリー	秋田県藤里町
2019年	丹波篠山黒豆ごはん，牛乳，寒ざわらのデカンショねぎソース，ふるさと野菜のゆずマヨネーズあえ，天内いも入り根菜ほたん汁	兵庫県丹波篠山市

④　文部科学省による米飯給食奨励─食育基本法

　1970年(昭和45)，学校給食に米飯を導入するため，指定校による実験が行われた。こめは自給率100%を超過しており，1976年(昭和51)から週2回程度の米飯が段階的に導入された。しかし，1986年(昭和61)においても週に平均1.08回で，地域差があり米飯給食(図7-3)の普及は容易ではなかったことがうかがえる。2005年食育基本法を経て，2009年には文部科学省の「学校における米飯給食の推進」が通知された。「日本の伝統的な食生活の根幹である米飯の望ましい食習慣の形成」や「地域の食文化を通じた郷土への関心を深めること」などの教育的意義を踏まえ，米飯給食の週3回以上を目標とした。2014年の献立調査では，米飯給食は全国で週平均3.4回となった(糟須海　2016)。現在，全国の学校給食(完全給食)の実施率は，小学校全体で98.1%，中学校全体で76.2%である。また一部の学校では，教室ではなくランチルームでの食事や，バイキング形式の給食(図7-4)もみられるようになった。

図6・7-3　1979年(昭和54)の学校給食　ご飯，がめ煮(郷土料理)，牛乳，ヨーグルトサラダ
(独立行政法人日本スポーツ振興センター所蔵)

図6・7-4　1989年(平成元)　バイキング形式の給食
(独立行政法人日本スポーツ振興センター所蔵)

(2)　各地域の郷土食と学校給食

①　地産地消の奨励

　2013年12月に「和食」がユネスコ無形文化遺産に登録され，2016年度からの第3次食育推進基本計画においては，5年間の方針として「食文化の継承に向けた食育の推進」が，重点課題として掲げられた。特に地場産物を活かした郷土料理やその食べ方，食事の際の作法なども含めた伝統的な食文化の保護・継承を促している。

　2015年の栄養教諭・学校栄養職員への調査で「献立作成の際に意識すること」の上位5位をみると，栄養バランス，旬の食材の利用に加え，地産地消や郷土料理・行事食があがっていた(図7-5)(江原他　2016)。

●和食器で味わう学校給食〈1〉

　給食は，いろいろな食文化を伝えることができる場であり，子どもたちが様々な経験ができる場でもある。学校給食の食器は，樹脂製が最も多く，ついで強化磁器である。福井県鯖江市では木製漆器が，神奈川県小田原市では木地挽き技術でつくった木製汁椀が学校給食の器として提供されている。子どもたちは，この木製食器を通して地場産業や，職人さんが込めた思いなどを知る機会となっている。また，大量生産・廃棄の限界が認知されるにつれ，環境や文化への意識も高くなっている。

　そこで和食器を貸出し，身近な給食器を大切に扱うことで，身の周りの様々なものを大切にすることへつなげる取り組みがある(写真)。黒盆に小皿，丸皿，角皿，和食器のかたち，四季を表す図柄の意味など講師の先生の話に，子たちはみな興味津々である。一つひとつの食器を手に取りじっくり観察して，日本の風土や季節，文化を学びとっている。

② 学校給食への取り組み

2015年の調査において，郷土料理を実施している学校は96％で，年に平均15.6日実施していた。地域別では沖縄が45日と最も多く，首都圏が10日と最も少なかった。沖縄のゴーヤチャンプルーは，自分の地域以外の郷土料理として全国各地で提供されていた(江原他　2016)。学校の栄養士らが郷土料理の献立を増やしたいと思って

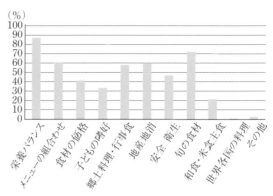

図6・7-5　献立作成の際に意識すること
(栄養教諭・学校栄養職員228名　2015年6・7月調査)

も，自身が着任先の地域の郷土料理を知らないことや，食材が希少または高級，大量料理にむいていないなど，学校給食での提供のむずかしさも浮き彫りになった。

(3) 今後の学校給食の課題と役割

① 献立のありかたを考える

2014年の献立調査では，西日本で複数主食もみられるものの(江原他　2016)，こめが主食の場合，和食の基本形でもある「飯・汁・菜・漬物」に近い形が多い。菜(おかず)は，肉類，魚介類，野菜と様々な組合せができるため，子どもたちは，同じ形式で供される献立を日々経験することで，自分でもバラエティに富む献立を考えることができるようになる。「和食」は，日本人が長い間に積み重ねてきた食べ方でもあり，近代以降に登場した肉じゃがなどの料理もまた日本人の食生活に定着してきたものである。継承されてきた和食の基本形は，栄養的なバランスをとるうえでも合理的な形である。これをベースにすることで，栄養バランスに優れた日本型食生活が構築され，平均寿命の上昇につながった。様々な地域の食材をこの基本形のなかにうまく生かすことができれば，さらによりよい献立が増加するであろう(江原他　2016)。

② 給食の食器の重要性

学校の栄養教諭や管理栄養士のヒアリングから，食器の数によって献立が制限されることがわかった。特に和食は，おひたしなど小分けを必要とすることも多く，一汁二菜の献立を立てたくとも，食器が足りず，やむなくご飯を皿によそう学校もある。一方で木製漆器を利用する学校もあり，食器もまた地域の文化を伝える重要なアイテムとなっている。

●和食器で味わう学校給食〈2〉

和食器を使うことで子どもたちは，給食をいつもより姿勢正しく，ゆっくりと味わう。そして食器を丁寧に大切に扱うようになるという。

「古き良きもの」は，子どもたちにとっては逆に新しく感じ，またその意味を知ることで伝統文化への誇りと継承にもつながる。

子どもたちが，将来自ら「食」を選択できる力を身につける場である学校給食には，このような様々な役割がある。

和食器を用いた給食の様子
(三信化工(株)
いただきます.info)

♣キーワード：食料自給率の国際比較と変化，輸入食品・輸入先とその変化，自然環境の変化，
食品衛生法，遺伝子組換え食品，ゲノム編集食品，フェイクミート

8. 進む輸入食品への依存

（1）　食料自給率の国際比較

　　日本の食料自給率は，1970年に60％であったが2017年には38％まで減少し，主な先進国のなかできわめて低い（図8-1）。他の国と比較するとフランス，アメリカの自給率は100％を超えている。両国は，国土面積が広く農作物も重要な輸出物となっている。

　　一方，日本と同じ島国で，国土面積が日本の約2/3であるイギリスをみると，1970年代は50％程度の自給率であったが，2000年代になると60％を超えている。日本のみが1960年代から下降の一途をたどっている。これは日

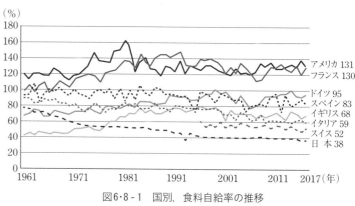

図6・8-1　国別，食料自給率の推移
農林水産省「食料需給表」，FAO "Food Balance Sheets" より作図

本人の主な生業が，農業などの第1次産業から，製造業の第2次産業およびサービス業などの第3次産業へ移行し，食生活スタイルが洋風化，多様化したことが大きな要因である。日本の自給率を上げるにはどうすべきか，まずは私たち自身ができることを考える必要がある。

（2）　輸入食品・輸入先とその変化

　　品目別に日本の自給率をみると，こめと鶏卵は9割であるが，大豆・小麦は約1割であり，これらは，ほぼ輸入に頼っていることがわかる（図8-2）。味噌や醤油，納豆など日本の伝統食品の原料である大豆や小麦は外国からの輸入によって支えられているのである。また近年，パプリカ，ズッキーニ，アボカドなど海外の様々な野菜も輸入されている。例えば，メキシコが原産のアボカドは，スーパーなどで多く見かけるようになった。輸入量の推移をみると2009年29,840 t が，2018年74,096 t と10年間で2倍以上となっており増加は著しい（図8-3）。

●食料自給率の種類

　　食料自給率とは，国内の食料消費を国産でどの程度まかなえているかを示す指標である。示し方は，食料全体について共通の「ものさし」で単位をそろえて計算する総合食料自給率と重量で計算することができる品目別自給率の2種類がある。さらに総合食料自給率は，熱量で換算するカロリーベースと金額で換算する生産額ベースがある。単純に食料自給率といえば，カロリーベースで換算されたものを示す場合が多い。

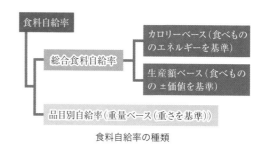

食料自給率の種類

アボカドが多く輸入されたことで，まぐろと一緒に合わせた"アボカド丼"やわさびしょうゆで食べるなど日本の家庭へ普及してきている。

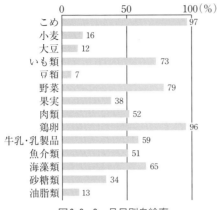

図6・8-2　品目別自給率
2017年，重量ベース　農林水産省「食料需給表」より作図

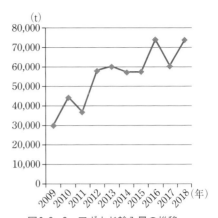

図6・8-3　アボカド輸入量の推移
財務省貿易統計（輸入）より作図

　2000年と2015年の農産物輸入先国をみると，第1位アメリカ37.7％→24.5％，2位中国11.6％→12.4％，3位オーストラリア8.2％→6.9％となっており，その他の国が13.4％→30.4％と増加している。2000年の上位3か国の占有率が15年で縮小し，その他の国が拡大していることから，輸入先国の多角化がうかがえる。この輸入先の多角化により，食料の安定供給に係るリスクを分散させていることがわかる。

（3）　世界の自然環境の変化と輸入食品の今後

　地球温暖化により，年々平均気温が上昇し，日本でも35℃を超える猛暑日の日数が増加している。また近年，ゲリラ豪雨や大洪水などの災害が頻発している。世界的にみても水源としていた氷河や氷山がなくなり，水不足で森林の砂漠化が進んでいる。日本では東北地域で冬に雪が降らず，春の降水量が少ないことから農業用ダムの貯水率が減り，農作物に影響が出ている。水不足と食料不足の懸念は深刻な問題である。

　特に日本は，輸入に頼った食生活をしている。異常気象で，輸入先の国の洪水や干ばつの被害，または動物（例：鳥インフルエンザ，豚コレラ）や人への新型ウイルス感染の蔓延により，食料の輸入ができなくなる可能性もある。世界各地で発生する災害は，日本にとって他人事とはいえない問題なのである。

●カロリーベース総合食料自給率（2019年度）
カロリーベース総合食料自給率
　＝1人1日当たり国産供給熱量（918kcal）
　／1人1日当たり供給熱量（2,426kcal）＝38％
　これは，重量を基礎的な栄養価であるエネルギー（kcal）に換算し，国民に供給される熱量（総供給熱量）に対する国内生産の割合を示したものである。
　食料は生命と健康の維持に必要なものであり，必要エネルギーがどの程度国内でまかなえているかがわかる。

●生産額ベース総合食料自給率（2019年度）
生産額ベース総合食料自給率
　＝食料の国内生産額（10.3兆円）
　／食料の国内消費仕向額（15.8兆円）＝66％
　これは経済的価値に着目し，国民に供給される食料の生産額に対する国内生産の割合を示したものである。
●品目別自給率
　品目別自給率＝国内生産量／国内消費仕向量
　（国内消費仕向量＝国内生産量＋輸入量−輸出量−在庫の増加量（または＋在庫の減少量））

（4） 輸入食品の安全性

　　日本の輸入届出件数は年々増加し，国際的な貿易協定（TPP：環太平洋パートナーシップ協定やEPA：経済連携協定）などの交渉・締結が進み，今後も輸入食品の増加が見込まれる。私たちが輸入食品を上手に利用するためには，確かな情報と自らの判断で食品を選択することが重要である。輸入食品の安全性確保は，食品衛生法に基づいて実施されており，その規格基準に適合したものが流通している。また外国からの病害虫や疾病の侵入を防ぐため，野菜，果物，食肉，ハムなどの加工食品は植物・動物検疫の手続きが必要となる。

　　食品衛生法では，食品の添加物の製造，加工，使用，調理，保存の方法に関する基準や成分規格を定めている。例えば，「食品一般の成分規格」では，ポストハーベスト*や残留農薬の基準や，食品は原則として抗生物質・抗菌性物質を含有してはならないこと，遺伝子組み換え食品は安全性審査の手続きを経たものであることなどである。

　　　＊収穫後の農産物に使用する殺菌剤，防かび剤のこと。日本では収穫後の作物は食品とみなされるため，
　　　食品の保存を目的とする「食品添加物」として扱われている。

　　近年，科学技術の発展により，日本にはなかった食品も輸入され流通している。ここではいくつか例をあげて説明する。

① 遺伝子組み換え食品

　　遺伝子組み換え作物は，他の生物から取り出した遺伝子を組み込むことでつくられている。主に流通・消費されている作物は，表8-1の通りである。特定の除草剤や害虫に強い作物などがこの方法で開発され，海外では1996年から実用化された。2020年において日本国内で遺伝子組み換え作物の商業栽培は行われていないが，輸入されたものが流通・消費されている。

　　遺伝子組み換え食品は，義務表示がある。基本的に組み換えたDNAまたはそれから発現するたんぱく質が残存するものに表示の義務がある。例えば，大豆加工品の場合，味噌，納豆には表示義務があるが，醤油はたんぱく質が発酵により分解されているため表示義務はない。加工食品は，原材料の重量5％以上で，かつ重量順に上位3位以

表6・8-1　国内で主に流通・消費されている遺伝子組み換え作物

		主な性質	主な用途
	だいず	除草剤に強い	大豆油 飼料
	とうもろこし	害虫に強い 除草剤に強い	コーン油　飼料 異性化糖　でんぷん
	なたね	除草剤に強い	なたね油
	わた	害虫に強い	綿実油

厚生労働省：「新しいバイオテクノロジーで作られた食品について」（2020）

●ゲノム編集食品のメリット

　遺伝子組み換え食品とゲノム編集食品は，どちらも遺伝子操作をして品種改良されていることに違いはない。遺伝子組み換えは，別の生物の遺伝子を狙ったところに組み込むのだが成功するまで時間がかかる。ゲノム編集は，自然界に起こる突然変異に近く，外来遺伝子が入らない。狙ったDNAを酵素で効率よく切断でき，精度高く遺伝子操作ができる。従来の交配種子の配合などと比べて短時間で効率的に品種改良ができる。

有害物質をつくらないじゃがいも

筋肉量が多く肉厚の真鯛

養殖しやすいおとなしいまぐろ

アレルギーを起こさない卵
（＊未開発，将来の可能性）

ゲノム編集食品

内に含まれているものにのみ表示の義務がある。遺伝子組み換え農産物と非組み換え農産物は，外見では判別することができないため，栽培の段階から識別して，収穫・流通でも混合しないように分別物流を行わなければならない。分別できない場合は「不分別」と表示することが義務づけられている。

② ゲノム編集食品

細胞中の DNA は，自然界において偶然切断されることがあり，突然変異の作物ができることがある（図8-4）。ゲノム編集では，人工酵素を使って決まった DNA 配列を切断し，突然変異を起こすことができる。日本では「芽に毒素をつくらないじゃがいも」「筋肉量を増やしたい」「血圧降下作用のある GABA を多く含むトマト」などの研究開発が行われ

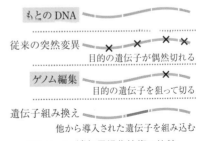

図6・8-4 遺伝子操作技術の比較
厚生労働省：「新しいバイオテクノロジーで作られた食品について」(2020)

ている。アメリカでは変色しにくいマッシュルーム，オレイン酸を多く含む大豆などが開発されている。日本では2019年10月よりゲノム編集食品の流通が許可されている。基本的に，厚生労働省への届出を経て安全性に関する情報公表の手続きが行われる。しかし，自然界でも起こり得る突然変異と区別できないこともあり，日本とアメリカでは表示義務はない。EU 諸国や中国では遺伝子組み換えと同じ規制がかけられている。また，ゲノム編集の際に予期せぬ変異（オフターゲット）もないわけではない。

③ ベジミート，ソイミート

ベジミートとは，動物性の肉ではなく，大豆やえんどう豆などの植物を用いて人工的につくられた肉（代替肉-フェイクミート）である。

海外では，コンビニやレストラン，ファストフード店でもこのベジミートを使った商品やメニューが増えている。ハンバーグなどのレトルト食品のほか，ハムやソーセージなどの加工肉，ミンチや薄切りといった商品もスーパーに並びはじめている。健康志向の高まりやヴィーガン人口の増加と共に市場規模が拡大しており，今後増えてくるであろう。ただし，ベジミートの加工肉や調理済み食品は，肉と比べてカロリーや脂質，コレステロール値が低いものの，塩分が多く含まれるものもある。日本では，大豆は「畑の肉」といわれ古来より活用され，現在「大豆ミート」や小麦たんぱくなどをつなぎにした「ソイミート」などもある。和食ブームにのって輸出される可能性もある。

●ゲノム編集食品のデメリット

遺伝子操作食品には，未知のリスクもある。狙っていない遺伝子を切ってしまう「オフターゲット」で「意図せざる突然変異」が起こるリスクである。例えば，じゃがいもは，日光に当たると毒を生成し，緑色に変色する。オフターゲットで緑色に変色する遺伝子を切断してしまうと，毒が生成されても緑色にならず，気づかずに食べてしまう恐れがある。ゲノム編集食品の「表示義務」はないが，消費者の不安をとり除くため，安全性を周知させていくことが重要である。

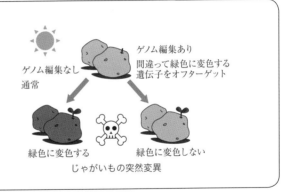

♣キーワード：安全で衛生的な食品製造，無農薬，オーガニック，SDGs，環境破壊と食，再生可能な食への模索（食品ロス），災害食と備蓄

9. 食の安全性，災害と食

（1）　安全で衛生的な食品の製造－HACCP の導入

　　食の国際化を背景に，原材料，製品などが国際的規模で流通している。そのため最終食品を検査する従来の方式では，環境汚染，微生物による汚染などの危害を十分に防止することは困難になってきている。食べものの安全性を確保するには，その工程・加工・流通・消費というすべての段階で衛生的に取り扱うことが必要となってきている。

　　そこで日本では2021年（令和3）6月1日から食品等事業者は，原則として食品中に潜む微生物や化学物質などの危害要因を科学的に分析し，それらを除去，または安全な範囲まで低減する工程を常に管理し記録する「HACCP*」に沿った衛生管理に取り組んでもらうこととなった（図9-1）。これにより安全性に問題のある製品の出荷を効果的に防止できるとされる。

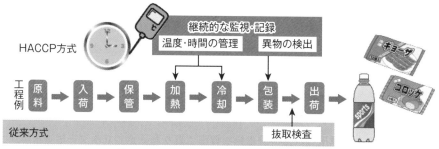

図6・9-1　HACCP 方式と従来方式との違い

厚生労働省　HACCP より引用作図

　＊ハサップ，Hazard Analysis and Critical Control Point の略。この手法は 国連の国連食糧農業機関（FAO）と世界保健機関（WHO）の合同機関である食品規格（コーデックス）委員会から発表され，国際的に認められている。

（2）　無農薬，オーガニック

　　「無農薬」とは農薬を使わずにつくったという意味だが，「いつ」「どこに」農薬を使わなかったが明確でなく，土壌に農薬を播いても無農薬で育てたということにもなる。一方，オーガニック（organic）とは日本では「有機」のことを意味する。化学肥料や農薬を使用せず，土の力を生かし堆肥や生物などを利用して，健康で安全な農作物を栽培する農業の方法を「オーガ

●SDGs（エスディージーズ）

　2015年に採択された当初，あまり注目されていなかった。2017年ダボス会議で，SDGs に取り組むことで12兆ドルの経済価値，3億8千万人の雇用が創出されるとの推計が発表され，民間企業参入のきっかけとなった。実は2000年に採択された前身であるMDGs（Millennium Development Goals）は，貧困や飢餓の撲滅など貧しさに苦しむ国々の課題解決を目標としたものであったが，開発途上国向けだったため，民間企業の関心は低かった。

　世界的問題解決には，資金面や技術面において政府と民間企業が一緒に取り組むことは重要である。SDGsは，課題を開発途上国に限らず，先進国にも関係のある環境問題などの内容が大幅に追加されている。今やSDGs に取り組むことは経済効果だけなく，社会的イメージにも影響を及ぼすものになっている。SDGs は，世界にある課題を世界で解決するため17の目標があり，2030年までの達成を目指している。

ニック農業」とよぶ。日本では「有機農業推進法*」に基づき厳しい条件をクリアした農産物のみ「有機JASマーク」を表示できる（図9-2）。土壌の生態系を壊さず農場の水質環境の保全に貢献するとして，世界で注目されている。イギリスの人口は日本の約半分だが，オーガニックの市場規模は日本が約1,300億円（2009年）に対し，イギリスは約2,600億円（2012年）と約2倍である。日本は認証にコストがかかり販路も小規模，運搬費用などで高価になる。

　一方，イギリスは大型スーパーが独自に認証を受け，安価なオーガニックが生産流通されている。オーガニックへのイメージは，日本では家族や自分の健康のために安全性を求めて入手しているのに対し，イギリスは環境に配慮されたものであるという違いがある。

　＊日本では2000年に認証制度が開始された。イギリスでは地力の低下・食品汚染などを背景に，1986年　農業法改正と共にオーガニックが認証された。

日　本　　　　イギリス　　　フランス　　　中　国　　　アメリカ

図6・9-2　世界のオーガニックマーク

（3）　SDGs－世界的動き

①　環境破壊と食

　SDGs（エスディージーズ）とは，「Sustainable Development Goals（持続可能な開発目標）」のことで2015年9月に国連総会で採択された。それぞれの国が豊かさを追求しながら同時に気候変動と環境保護に取り組む開発のあり方をよびかけている。これに賛同した国や地域，企業，非営利団体や教育機関などでは様々な取り組みが展開されている。

　SDGsの17の目標（下記参照）「14海の豊かさを守ろう」は，プラスチック製のペットボトル（図9-3），レジ袋，ストローや包装容器の使用を規制することである。海に流出したプラスチックごみの量は世界中で年間500～1300万tと試算されており，2050年には海洋プラスチックごみの重量が魚の重量を超

図6・9-3　沖縄の海上に打ち上げられたプラスチックごみ
（撮影　宇都宮）

●SDGs 世界を変えるための17の目標

えるといわれている。海洋プラスチックゴミはマイクロプラスチック*となり，海洋で分解されることがなく，一度海に流出すると回収は不可能で海を汚染し続ける。

また海洋生物が体内に取り込んだマイクロプラスチックは分解されないため，それらを口にした私たちの体内に蓄積されている可能性がある。

＊プラスチックごみが海に漂流している間に割れたり砕けたりして小さくなったもの（1〜5mm）。また，スクラブやマイクロビーズなどマイクロサイズで製造されたプラスチック

② 食品ロスへの対応

日本の食品ロスは年間約643万tである。売れ残りや食べ残し以外に，規格外品も含まれており，これは世界の食料援助量350万tより多い。規格外品とは，出荷する際に規格のサイズや形から外れ，梱包用の箱や袋に入りきれなかった野菜などである（図9-4）。

図6・9-4　収穫後，包装容器のサイズに合わず放置・廃棄される小松菜（撮影　雨宮千夏）

規格外野菜の一部は，全国の道の駅やJA農産物直売所で直売，または大手スーパーで特設コーナーを設けて販売しているところもある。さらに切干しだいこんやドライフルーツ，缶詰などの商品化も進んでいる。しかし，規格外野菜を扱うのは，労力がかかる割に利益が得にくいため放置されているのが現状である。まず消費者が「キズのない形のよいものしか買わない」という考えを改める時期にきている。

食品ロスの45％は家庭からのものである。食品ロスを減らすためにも，各自が「もったいない」を意識して行動することが大切である。そのために買い物時には「買いすぎない」，料理をつくる際「つくりすぎない」，外食時には「注文しすぎない」そして「食べきる」ことが重要である。消費期限，賞味期限*1などに注意し，必要な量だけ購入できる「量り売り*2」を利用するのもよい（図9-5）。

図6・9-5　味噌の量り売り
（撮影　宇都宮）

＊1　消費期限：安全に食べられる期限，賞味期限：おいしく食べられる期限
＊2　量り売りとは，客の求めるだけの分量を量って売ること。

●防災クッキング

災害時には，水やガス，電気などライフラインが長期間にわたって止まることがある。

水を節約し，ポリ袋とカセットコンロを使って簡単に料理ができる「パッククッキング」を紹介する。パッククッキングとは耐熱性のポリ袋（高密度ポリエチレン）に食材を入れ，袋のまま鍋で湯せんする調理方法である。普段の食品が使え，加熱に使った水が汚れないので再利用できる。

調理工程が簡単で，ポリ袋を使った調理法は，うま味を逃さず，袋ごとにいくつかの料理を1つの鍋で同時につくれるため，時短料理としても役立つ。

災害時，温かいものが食べられるだけで気持ちは落ちつく。いざという時，あせらずつくれるようにしたいものである。

「防災レシピ」，「サバメシ（＝サバイバルメシ）」など，様々な災害食のレシピやサイトがある。

（4）災害食と備蓄

　災害発生時には衣食住に関わるすべてで問題が生じ，その対応が求められる。なかでも生命や健康の維持に直結する「食」は深刻であり様々な問題が生じている。大災害が発生すれば水，電気，ガスなどのライフラインや道路の寸断は避けられず，食の公的な対応が困難となることが想定される。よって，各自で準備することが大切である。内閣府では大災害に備え，各家庭で1週間分以上の食品と水を備蓄することを提言しており，その実践方法として，ローリングストック法を推奨している（内閣府　2013）。

　「ローリングストック法」とは日常的に保存食品を食べながら消費した分を買い足すという行為を繰り返すことである（図9-6）。従来の非常食は緊急時に備え，使わずに取っておく場合が多く，いざというときに賞味期限が切れていたり，乾パンなど日頃食べなれない食品への適応の難しさなどがあげられていた。ローリングストック法であれば，普段から食べているものが災害時の食卓に並ぶことになり，安心感がある備蓄方法となる。室温で保存できる食品や飲料を日常食の延長上で「災害食」と考え，普段から保存・調理するとよい。

買い物時や家庭で食品ロスを減らすポイント

買い物編
1. 買い物前に食材をチェック
2. 必要な分だけ買う
3. 期限表示を知って，賢く買う

家庭編
1. 適切に保存する
2. 食材を上手に使いきる
3. 食べきれる量をつくる

- 家族の人数 × 4日間（12食）
- 1人が1日に必要な水 3L

図6・9-6　ローリングストック法の例

● 防災クッキングにあると便利なグッズ
　□カセットコンロ・ガスボンベ
　□鍋　　□水　　□耐熱皿
　□耐熱用ポリ袋（高密度ポリエチレン）
　□ラップ　　□調理用ハサミ
　□計量カップ（コップなどで代用可能）
● ポリ袋を使った炊飯レシピ
【ごはん】こめ80g：水120mL（こめ重量の1.5倍）
【五分粥】こめ40g：水200mL（こめ重量の5倍）

つくり方：①耐熱用ポリ袋にこめと分量の水を入れ，
　ポリ袋の中の空気を抜き，袋の口を結ぶ。
②袋を平らに広げてこめを吸水させる（約30分）。
③沸騰した湯（飲用でなくてもよい）の入った鍋（底に耐熱
　皿を置く）に②を入れ，沸騰を保つ程度の火加減（中
　火程度）で蓋をして，約20分加熱する。
⑤火を止め，10分程蒸らして完成
　（水は体積比だとこめの1.2倍）

♣キーワード：日本食の海外への広がり，機内食，食に関する日本人の海外での活躍，日本の食文化への
世界における理解，和の食材，食の異文化理解，宗教等への配慮

10. 世界とつながる食

（1）　世界に広がる日本の食文化とそのローカル化

　2013年12月にユネスコ無形文化遺産に登録された日本の食文化は「和食：日本人の伝統
的な食文化―正月を例として―」であった。提案書は和食を「食の生産から加工，準備およ
び消費に至るまでの技能や知識，実践や伝統に係る包括的な社会的慣習である」，「生活の一
部として，また年中行事とも関連して発展し，人と自然的・社会的環境の関係性の変化に応
じて常に再構築されてきた」とし，例として正月料理をあげている（p.196参照）。

　しかし現在世界に広がる日本の食文化は，上記でいう「和食」とは一致しない。世界各地
で食べられるようになっているすし，天ぷら，うどん，すき焼き，しゃぶしゃぶ，牛丼といっ
た食べものは，確かに和食ではあるが必ずしも年中行事と結びついた伝統食ではない。また，
ラーメン，ギョーザ，お好み焼き，カレーライス，和牛のステーキなど，一般的に和食とは
よべないような食べものも，国外では日本発の食文化として盛んに紹介されている。

　海外で110店舗（2019年3月現在）を展開する大戸屋のシンガポール向けウェブサイトをみ
ると，大戸屋の味は「traditional Japanese home-cooked food(伝統的な日本の家庭料理)」，日
本の母親の味であるとしている。メニューには，焼き魚やうな重やたまご焼きなどの和食だ
けでなく，ビーフステーキ，鶏の黒酢あんかけ，ロースかつ，タルタルチキン，チキンかつ
丼，サーモン丼，サーモンロール，豚キムチ鍋，ポテトサラダ，トマトサラダ，ミニチキン
サラダといった料理名がみえる（Ootoya Singapore 2020）。家庭の味といいがたいものもあるが，
確かに日本人には，なじみの深い食べものである。国内では，洋食や中華，韓国料理などと
して分けられがちなものも，すべて等しく日本の食べものとして提供されている。

（2）　日本の食のローカル化とフュージョン料理

　日本発の食べものは，世界各地で進出先の文化に応じてローカル化され，新しい形を生み
続けている。東南アジアでは，日本のしゃぶしゃぶや中国の火鍋をもとにタイで発達したタ
イスキが，日本料理として広く供されている。アメリカで1960年代に開発されたカリフォ
ルニアロールは，世界にすしが普及するきっかけとなった。アボカドなどを裏巻きにしたこ

●機内食における和食
　機内食は西洋料理が基本であるが，世界的な日本食
人気を反映して，日本発着便を中心に和風の食事も提
供されている。主食として米飯やパンがあるにも関わ
らず，そうめんやそばがついたりといった機内食独特
の構成や，和洋折衷のメニューもしばしばみられるが，
日系の大手航空会社のビジネスクラスでは，懐石料理
店の有名シェフ監修の和食を提供するなど，機内食の
和食は進化をし続けている。

（提供：日本
航空）
＊イメージ

シェフ監修の機内食

とで，生魚や海苔を食べる習慣のない人びとにも受け入れられたのである。この流れを受けて，世界各地でそれぞれの食嗜好に合わせたフュージョン寿司が創作されている。

　日本で長らく食べられてきた形を「正しい日本食」とし，それ以外を「まがい物」として取り締まろうという意見もある。2006年，当時の農林水産大臣は，まさにそのような発想のもとに海外の日本食レストランの認証制度を作成することを発表したが，海外メディアは「スシポリス」がやってくるなどと反発した。また有識者会議でも，客観的な認証基準作成の困難，文化的な嗜好の違いに合わせる必要性，排他的な制度をつくることでフュージョン料理も含めたさらなる発展を阻害することへの危惧などが指摘された（農林水産省　2006）。その結果，国際的な日本食推進の方向性は，日本食レストランの技術向上や日本食・日本食材の海外市場開拓をサポートする方向へと改められ，日本食を提供できる店を推奨する機関として，2007年にNPO法人日本食レストラン海外普及推進機構（JRO）が設立された。2019年12月の農林水産省の発表によれば，海外にある日本食レストランの店舗数は約15万6,000店に達している（図10-1）。

　文化とは，常に新たに構築され続ける存在である。日本人は外来の食文化を取り入れ，大胆なアレンジで食文化の一部としてきた。室町時代にポルトガルから伝わったてんぷらは今や日本を代表する料理である。明治時代にもたらされたビーフシチューが肉じゃがになり，おふくろの味になったのも，アメリカからきたハンバーガー店で照り焼きバーガーが定番となったのも，みな日本の食文化である。また世界各地でアレンジされた日本食も，日本の食

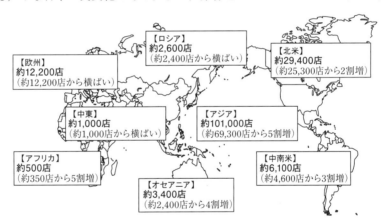

図6・10-1　海外における日本食レストランの数
外務省調べにより農林水産省において推計（　）内は2017～2019年の変化（農林水産省　2019）

●海外における日本の料理人の認定制度
　農林水産省は2016年に「海外における日本料理の調理技能の認定に関するガイドライン」を定めた。これに基づく調理技能認定を受けた料理人は，2021年3月1日時点でゴールド（実務経験概ね2年程度の者）18名，シルバー（日本料理学校等の卒業者または実務経験概ね1年程度の者）676名，ブロンズ（短期料理講習会等の受講者）1,025名の計1,719名にのぼる。

ゴールド　　　シルバー　　　ブロンズ
海外における日本料理の調理技能認定ロゴマーク
（農林水産省　2021）

の発展型であり，同時に各地の食文化であると考えてもよいだろう。

（3） 食に関する日本人の海外での活躍

　明治以来多くの日本人が美食の中心であるフランスやイタリアで料理人やソムリエなどとして修業を積み，現地の関係者との交流を重ねてきた。1970年代以降のフランス料理界では，ヌーベルキュイジーヌ（「新しい料理」の意）が大きな潮流となった。素材の風味・味・質感を生かした軽く繊細な料理で，和食の影響を受けたものと伝えられている。

　1980年代以降は，国際コンクールでの日本人の入賞・優勝も数多い。優勝者だけをとっても，フランスの「ル・テタンジェ国際料理コンクール」では，1984年に堀田 大が，2018年に関谷健一朗が優勝，世界パティスリー大会で1991年と2007年に日本チームが優勝，A.S.I.世界最優秀ソムリエコンクールで1995年に田崎真也が優勝，30歳以下の料理人世界一を争うイタリアの「サンペレグリノ ヤングシェフ」で2018年に藤尾康浩が優勝，「真のナポリピッツァ オリンピアディ」で2019年に西本裕樹が優勝している。

（4） 世界に広がる和の食材と日本企業の活躍

　和食の調理には，醤油や味噌，かつお節といった和風食材が欠かせない。いちはやく1970年代からアメリカに自社工場を建てて進出したキッコーマンは，世界に日本風の醤油を普及させ，中国・台湾・オランダ・シンガポールにも生産拠点を展開している。日本からの醤油，味噌の輸出も伸び続けており，ひかり味噌やマルコメ味噌は，ムスリム市場にむけてハラール認証を取得している。和田 九は，EUの食品法で輸入禁止品目となっていたかつお節を普及させるため，スペイン工場で現地生産して規制をクリアした商品を，ヨーロッパの20か国へ出荷している。

　和の食材とされてきたものも，世界的に普及すると共に和食の文脈を超えて多様な用途で用いられるようになっている。わさびや山椒や醤油は，フランス料理の隠し味として活躍している。豆腐の起源は中国であるが，水分量の少ない中国風のものだけでなく日本風の柔らかいものも含め，多様な豆腐が普及しており，ヴェジタリアンやヴィーガン向けのたんぱく源として欠かせない存在となっている。日本発祥の加工食品　かに風味かまぼこも「スリミ（surimi）」とよばれて，世界各地で日常的な食材になっている。その普及には，カニカマ製造装置の世界シェア70％を誇るヤナギヤの存在が大きい（(株)ヤナギヤ　2020）。こんにゃく製造の

● 味噌の輸出量の推移

　欧米諸国でも，料理の隠し味としてだけではなく，味噌汁需要も高まっている。味噌の2019年の総輸出数量は1万8,434t（前年比8.4％増），輸出金額は38億2,500万円（同8.7％増）でいずれも過去最高を更新した。輸出は右肩上がりで伸びていたが，コロナ禍の影響もあってか2020年は伸び悩んでいる。

　2019年の輸出相手国・地域は上位からアメリカ，タイ，韓国，中国，カナダ，台湾，イギリス，オーストラリア，フランスで，特にタイの伸びが著しい。

味噌の輸出実績（2013～2019年）
財務省「貿易統計」に基づき，農林水産省作成（農林水産省 2020）

老舗石橋屋は，シンガポールを皮切りにこんにゃくを海外に広め，欧米も含めて世界20か国にこんにゃくを輸出している。ダイエット用のパスタの代用品としても利用される（(有)石橋屋）。

抹茶味のポッキー（図10-2）やキットカットなどの菓子が，日本土産として珍重されていたが，江崎グリコなど日系企業が海外工場で生産した品を近隣諸国に供給するようになり，近年では，ごく日常的な品となっている。抹茶味のアイスクリームや抹茶ラテも，ハーゲンダッツやスターバックスといった国際企業に採用されたことで，世界的な定番商品となった。

図6・10-2　タイの工場でつくられている抹茶味のポッキー
（提供：江崎グリコ（株））

和の食材に限らず，日本で開発された食材や食のありかたを届けることで，各地の食文化に大きく影響を及ぼした国際的な食品メーカーもある。例として，味の素（株）のうま味調味料や風味調味料，日清食品グループの即席麺，（株）ヤクルト本社の乳酸菌飲料などがあげられる。1982年創業のヨシダソース社がアメリカで売り出したソースは，醤油やみりんなどの和風調味料をベースにした独自の配合で，アメリカにおける定番の味付けの一つとなった。

(5)　日本の食と多文化共生

　　在留外国人や訪日外国人などの増加に伴って，外食，中食，給食における多文化対応の必要性が高まってきている。特に2012年頃からは，ムスリム市場の大きさが注目され，ハラール肉など，ムスリムが消費できる飲食品等に対して，第三者機関が監査してお墨つきを与えるハラール認証制度への注目が高まり，国内でも多くの認証機関が生まれた。

　　しかし日本を訪れるムスリム観光客，あるいは日本に住むムスリム消費者は，必ずしもハラール認証品のみを求めているわけではなく，食嗜好にあった食べものを食べる自由も保証される必要がある。本格和食を求める人もいれば，故郷の味にこだわる人もいる。さらに，宗教や信条による食の禁忌をもつ人びとはムスリムだけではない。

　　禁忌をもつ人を特殊な店に分離したり，限られた特別食を提供したりすることで対応する方法は，店舗経営の安定，顧客満足という点からみても得策ではない。多様なニーズと食嗜好に合わせて選べる幅広い選択肢を，多くの店で安定的にリーズナブルな価格で提供するためには，多言語表記やピクトグラムによる誠実でわかりやすい情報開示や，双方向的なコミュニケーションなど，認証ありきではない柔軟な対応が求められている。

●日本酒の輸出量の推移
　国内では伸び悩む日本酒だが，輸出の伸びは著しい。2020年2月の日本酒造組合中央会の発表によれば，2019年度の清酒輸出総額は約234億円で，10年連続で過去最高を更新している。
　国・地域別では上位からアメリカ，中国，香港，韓国，台湾，シンガポール，カナダ，オーストラリア，ベトナムとなるがフランス，ドイツ，オランダ，イタリアなどEU諸国やブラジルなどの数値も伸びている。

日本酒（清酒）の輸出実績
財務省「貿易統計」に基づき，農林水産省作成（農林水産省 2020）

11. ユネスコ無形文化遺産に登録された「和食」

（1）　ユネスコ無形文化遺産に登録された「和食」とは

　2013年12月に，ユネスコ（国際連合教育科学文化機関）無形文化遺産に「和食」が登録された。「無形文化遺産の代表的な一覧表への記載についての提案書」によると

正式な登録名称は

> Washoku, traditional dietary cultures of the Japanese, notably for the celebration of New Year.

日本語では

> 「和食；日本人の伝統的な食文化―正月を例としてー」と訳されている。

　一般的に「和食」は和服が着物，和室が畳で象徴されるようにご飯と味噌汁，さし身，てんぷらなどの日本ならではの料理ととらえられるが，日本人の日常食に定着しているコロッケ，ラーメン，ハンバーグなども「和食」に入るのかどうかが話題になった。しかし，登録された「和食」について，提案書には下記のような説明がなされている。

提案書

> 「和食」は食の生産から加工，準備及び消費に至るまでの技能や知識，実践や伝統に係る**包括的な社会的慣習**である。これは資源の持続的な利用と密接に関係している「**自然の尊重**」という基本的な精神に因んでいる。「和食」は生活の一部として，また年中行事とも関連して発展し，人と自然的・社会的環境の関係性の変化に応じて**常に再構築**されてきた。　正月は代々受け継がれてきた日本の伝統がアイデンティティや継承感を再認識させるもの　であり，「和食」に関する基本的な知識や社会的・文化的特徴が典型的にみられる（以下略）。

　このなかで重要なことは，日本の食文化が「自然の尊重」を基本として形成されていることである。また，「包括的な社会的慣習」とあるのは，例えば，こめや野菜など日本の自然に合う食材を生産し，それを炊飯したり，煮たりしたものを，箸で食べる過程で得た知識や知恵や技能を人びとが共有して習慣化させたという意味で，「日本の食文化」と言いかえることもできる。さらに，「常に再構築されてきた」とは，食文化は時代と共に変化するが，基

●和食の基本形式の「飯・汁・菜・漬物」と正月料理

　和食は，ご飯を中心に　汁（味噌汁）と漬物が基本となり，菜として1〜3種をつける。菜にはメインとして魚か肉，卵などと野菜，根菜類などを組合わせる。そして箸を横置きにする。食べるときに茶碗，汁椀を持ち上げて食べる。これらは長い年月をかけて踏襲されてきた慣習であり，外来の食事形式が移入されてもゆるがなかった慣習である。また，正月はハレ食としてお雑煮や重箱に詰めたおせち料理が並ぶ。

「飯・汁・菜・漬物」の例　　　おせち料理の重箱詰め
　　　　　　　　　　　　　　　（提供　和食会議）

本的な精神はよりよい形で再構成され，継承されることを意味している。提案書の「和食」は，このような特徴ある日本の食文化を指す言葉として使われているといえよう。

(2) 登録された「和食」の特徴

① 自然の美しさが生み出す和食

日本は島国であるため，周囲を海で囲まれ，山地が約75％を占め，列島の各地には高い山（火山が多い）がそびえ，四季の変化に富んだ自然と気候風土に合わせた産物にも恵まれている。山紫水明という言葉が表すように，豊富な水資源に恵まれ，水質も軟水が多いため，水を利用する料理技術を発達させている。自然は時には大きな災難を呼び起こす一方，豊かな実りをもたらしてきた（図11-1）。人びとは自然に畏敬の念をはらい，自然への感謝を育み，自然のなかに神の存在を感じることで，神への感謝と願いを生活のなかに取り込んできた。自然を敬う日本人の食に対する知恵，工夫，慣習すべてを含んで「和食」の特徴を生み出している。

図6・11-1　自然豊かな景観−実りの秋

農水省テキスト

② 健康に寄与する和食

1980年代の食事が「日本型食生活」といわれ，長寿国の日本の食生活が注目されて久しい。古くから伝わってきた「飯・汁・菜・漬物」の基本形は，理想的な栄養バランスをもった食事スタイルであり，日本人の長寿や肥満の防止に役立っている。そして，先人の長い年月をかけた知恵が培われており，世界の注目を集める日本の食文化となっている。

③ 絆を深める

調度品や器，料理に添えられる草花を通じて，季節や自然の美しさを表現することも食文化を語るうえで重要な要素の一つである。これらの食文化は，すべて正月を中心とする慣習に密接に関わっている。例えば，正月は歳神様を迎えるために門口に門松，しめ縄飾りなど，それぞれの由来が語り継がれながら準備がなされる。先祖の霊も含めて親戚縁者が集い，絆を深めることでもある。

④ 豊かな四季と共に

日本の国土は南北に長く，海・山・里と表情豊かな自然が広がっているため，各地域に根差した多くの食材に恵まれている。魚介類，貝類や海藻，のり類の利用も巧みである。植物

● 豊かな自然と季節の変化が実りをもたらした

平地は山からの水が川をつくり，水田耕作で豊かな稲を育んでいる。冬は大雪で家が埋まるほどの山形県米沢地区では，雪を利用した「雪菜」という独特の食材をつくり出している。

海の産物は地域によって種類が異なり，多種類の海の幸が収穫される。古来から素潜りで獲る鮑は熨斗として儀式に使われる貴重な産物であった。

雪深い里　米沢地区
（提供　大久保）

鮑の獲れる海岸　国崎

性食材も栽培作物，山野草は多種多様であり，季節を感じることの喜びは深い。そして，日本の食材は旬，はしり・なごりなどを楽しむことができる。

（3）　和食の保護・継承活動の動き

①　登録前から保護・継承活動をしていた団体

　　ユネスコ無形文化遺産への登録には，多くの人びとが「和食」の保護・継承に同意し，参加していたことを示す必要があった。そこで保護・継承にすでに取り組んでいる代表的な団体が登録された。例えば，ロハス越前（福井県）は，農家の滞在型交流体験，味噌づくり，報恩講など伝統的行事と行事食の体験を通して継承活動を続けている。

　　滋賀の食事文化研究会は1992年に発足した研究会で，活動の成果は滋賀県の無形民俗文化財の食文化財として①湖魚のなれずし，②湖魚の佃煮，③日野菜漬け，④丁稚羊羹，⑤アメノイオ御飯を認定する成果をあげている。各地の同様の活動は，指導者の高齢化などが課題であり，指導者の養成が進むための公的支援も必要である。

②　登録後の保護・継承活動

　　ユネスコ無形文化遺産に登録する際に保護措置に責任をもつ組織として「日本食文化のユネスコ無形文化遺産化推進協議会」が設立され，その後名称を変更し，「一般社団法人和食文化国民会議」（略称：「和食会議」）として，2015年4月から活動を開始した。「和食会議」では和食文化の良さを広報し，各地の活動を支援することを目的に国の機関とも連携して活動しており，11月24日を「和食の日」と定めた。活動例として，全国の学校給食において，和食の日に和食献立を実施しており，2019年には9,500か所228万人の子どもたちが参加している。また，『和食とは何か』，『年中行事としきたり』など10巻のブックレットを発行し（図11-2），和食文化の理解に努めている。さらに，和食の味覚の特色としての「だし」に注目し，うま味を引き出す昆布やかつお節，煮干し，しいたけなどについての広報活動も行い，効果をあげている。

図6・11-2　「和食文化国民会議」監修のブックレット

　　一方，農林水産省では登録を受けて食料産業局のなかに海外市場開拓・食文化課・食文化室を設置し，食文化振興および「和食」の保護・継承に関する施策を行っている。

●行政の取り組み
<農林水産省>
1　子育て世代への和食文化普及
2　全国子ども和食王選手権
3　和食給食
4　「和食」の保護・継承推進検討会
5　和食文化パンフレット
6　地域の食文化の保護・継承
7　和食文化学習教材の提供

<文化庁>
1　和食文化の次世代の継承
　・伝統文化親子教室事業で，地域の伝統料理の体験活動等
　・和食文化の継承の取り組みを支援
2　和食文化の海外への普及に向けた取組み
　世界に和食を紹介する食文化交流使を設けている
3　食文化関係者の地位向上に向けた取り組み
　「文化庁長官表彰」において食文化関係者を表彰

（4） 日本の食文化の継承と発展に向けて

① 食育基本法・食育推進基本計画と食文化継承

　2005年食育基本法が施行された。その背景には当時，栄養バランスの偏った食事，生活習慣病の増加，食を大切にする心の欠如など，様々な食の問題が生じており，生涯にわたる食育の推進が求められたからである。このなかに食文化継承の必要性が盛り込まれ，食育推進基本計画（以後基本計画とする）により具体的方針が示された。現在は，第4次食育推進基本計画（2021年より5年間）が行われている。ここに健康寿命の延伸につながる食育などに加え，食文化の継承に向けた食育がある。

　ユネスコ無形文化遺産に「和食」が登録され，農林水産省の取り組みとして郷土料理，伝統食材，食事の作法，伝統的な食文化の保護・継承を推進すると記されている。具体的には，学校給食に郷土料理などを取り入れた和食献立を開発し，児童と一緒に食べながら食文化の大切さを伝える取り組みや，家庭や地域で受け継がれてきた料理の味，箸使いなどを伝え継ぐ活動などがみられる。その結果，現在全国の学校給食では米飯給食や地域の郷土食を取り入れた献立が多くなっている（p.182参照）。

② 地域による食文化継承のこれから

　2014年12月に山形県鶴岡市が「ユネスコ食文化創造都市」に認定された。鶴岡市は山，川，海があり変化に富む地形のため食材に恵まれ，だだちゃ豆，焼畑かぶなど50種類以上の在来作物が継承されてきた。また，出羽三山の修験道，黒川能などの精神文化と結びついた食文化（図11-3）も継承され，家庭でも郷土料理が受け継がれている。2015年にはミラノ国際博覧会にも出展するなど活動を続けている。市は2019年総合計画のなかで料理人の育成，食関連産業の取り組み計画などによる地域づくりをあげている（鶴岡市　2019）。このような活動については全国各地の県，市町村，NPO法人などでも様々な形で情報発信をしており，各自の地域でもチェックしてみるとよい。

図6・11-3　羽黒山の精進料理
山で収穫された山菜を使った料理が並ぶ　　　　　　　（撮影　大久保）

　また，世界的に日本料理店が広がり，特に握りずしがブームになっている（p.192）。一方で日本の弁当文化がフランスなどで受け入れられ，BENTOとして広まっている。日本の食文化を誇りに，これからの食を考えていくことが大切である。

●多様化する食材の入手

　和食を継承していくために，日々の食材の入手方法を考えなければならない。都会では食材の入手方法は多様化している。食品を扱う店はコンビニからスーパー，農協，小売店，デパート，メールで産地や生産者と直結する方法，オフィス街では不定期に地域の食材などが移動販売される。対面の店では食材の情報をその場で聞ける利点がある。

八百屋の店先　　　　　　魚屋の店先
（提供　大久保）

♣キーワード：伝統野菜の復活，昆虫食，国産ジビエ，深海魚，培養肉，フードテック，スマート農業，販売・流通の変化，フードファディズム，SNS の影響

12. 未来への食

（1）　伝統食の見直し

①　伝統野菜の復活

　　伝統野菜は，各地で古くから栽培・利用されてきたもので，地域の気候風土に根ざした生きた文化財ともいわれている。1966年（昭和41）に国の野菜指定産地制度によって全国各地で育成されたが，1980年代（昭和55）になると栽培に手間がかかる，形が不ぞろいで流通にのせにくいなどが理由で栽培する農家が激減した。しかし，近年，地産地消や地域興こしに合わせて郷土食の見直しや，伝統野菜の復活などの動きがある。

図6・12-1　大学生の内藤とうがらし収穫の様子　（撮影　渡邉瞳子）

例えば，江戸　東京の伝統野菜の「練馬だいこん」「内藤とうがらし」「寺島なす」などは，地域の歴史や文化を学ぶ教材として学校などで栽培され，次世代へ継承されている（図12-1）。

②　世界へ発信する昆虫食

　　日本の昆虫食の歴史は古く，『日本書記』（720年）には登場し，『本草和名』（918年）に「以奈古末呂（イナゴマロ）」と紹介されている。昆虫食は，滋養強壮，良質たんぱく質源として，特に太平洋戦争時には，全国で推奨された。現在でも蜂の子やいなごの佃煮などは，中部地域を中心に珍味や高級食材の一つとして食べられている。

　　2050年には世界の人口が90億人を超えるといわれ，その飢餓問題の対策として，飼育変換効率（餌に対して可食部の量）がよく栄養価も高い昆虫食が着目されている。和食ブームで生魚のさし身が受け入れられてきたように，昆虫のおいしい食べ方を日本が世界へ発信するチャンスとなっている。

③　害獣からジビエへ・深海魚の活用

　　いのししやしかは，縄文時代から食べられていたが近年では，農作物の害獣として問題となっている。そこで，捕獲した害獣の肉を，衛生管理や流通規格の基準を満たした場合にお墨つきを与える「国産ジビエ認証制度」が2018年に制定された（図12-2）。ジビエとしてブラ

●昆虫食の新しいスタイル

　昆虫食は「未来の食」として一大産業になろうとしている。タイでは養殖化がはじまり，昆虫のスナック菓子がコンビニで売られている。欧米では，昆虫の栄養価に着目してチョコバーが販売されている。

　日本でも伝統的な食べ方以外にも，こおろぎのラーメンやせんべい，桑の葉のみを餌とした蚕の糞（蚕沙）でつくったタピオカミルクティーなどが登場している。また食用昆虫の自販機や通販など，販売方法も多様化している。

タイの昆虫スナック　　　蚕沙のタピオカミルクティー
（撮影　中西麻緒）

ンド化されることにより価値がつく。ハムやソーセージにして消費が増えることで，害獣駆除も進み，地域の活性化にもつながる。

図6・12-2　国産ジビエ認証マーク

　また漁獲されても市場で値がつかない深海魚などの未利用魚（大きさが規格に合わず漁獲量が少ないため食用にならず餌などに回される魚）を「商品」として開発する取り組みが各地で本格化している。食料自給率の向上と多種多様な食文化を知るよいきっかけとなっている。

（2）　未来食への研究状況ーミドリムシ・培養肉

　藻類の微生物ミドリムシは体長約0.05〜0.1mmで光合成をして栄養分を体内にためるため，ビタミンやアミノ酸など高い栄養価がある。乾燥させ粉状にしてつくったクッキーは抹茶のような風味があり，その他，健康飲料や栄養補助食品として着目されている。

　「培養肉」「クリーンミート」は，筋肉細胞から人工的につくられた肉をいい，研究が活発化している。原料は牛など動物の筋肉の細胞で，コラーゲンと水でつくったゲル状の物質中で細胞を培養し，細胞同士を融合させてつくる（図12-3）。通常子牛から食肉になるまで2〜3年かかるが，培養肉の量産技術が確立し生産体制が整えば，年間で数十tの量産も可能となる。外国からの食料輸出を制限されても国内で安定的にたんぱく質源を確保できる。このような人工的に食材を生み出す技術をフードテックといい，世界の食料問題や気候変動，労働力不足などの課題を解決する手段として注目されている。

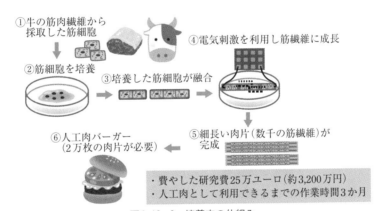

①牛の筋肉繊維から採取した筋細胞
②筋細胞を培養
③培養した筋細胞が融合
④電気刺激を利用し筋繊維に成長
⑤細長い肉片（数千の筋繊維）が完成
⑥人工肉バーガー（2万枚の肉片が必要）

・費やした研究費25万ユーロ（約3,200万円）
・人工肉として利用できるまでの作業時間3か月

図6・12-3　培養肉の仕組み

●規格外の野菜の活用，野菜シート

　少し形がいびつだったり，大きさがそろわない野菜は，味がよくてもそのまま出荷することが難しく，廃棄処分される。このような規格外の野菜を有効活用する手段として，「野菜シート」がある。メーカーによって製造方法は異なるが，薄いシート状になっており，海苔やライスペーパーのようにご飯や野菜を巻いて食べる。野菜としての栄養もあり，保存性も高く，食品ロス削減につながると注目されている。

野菜シート
（撮影　宇都宮）

（3） AI やロボットの活用

① スマート農業

就農者の高齢化や後継者不足で，日本の農業は厳しい状況にある。また，農業は「水やり10年」といわれ，熟練農家の技はきわめて高度である。そこに ICT や AI などの先端技術を活用して高度な技を短期間で習得，環境と調和しながら超省力化，高生産を実現する「スマート農業」が新たな農業の形として注目されている（図12-4）。農業の生産性向上に向け，自動走行，ロボット技術を駆使して「夜間に人工知能搭載の収穫ロボットが働いて，朝になると収穫された農作物が積み上がっている」という未来をつくる。

図6・12-4　天候に左右されない野菜の栽培
（太陽の代わりに LED の光，土に代わり水耕栽培）
（撮影　宇都宮）

② 販売・流通の変化

スーパーやコンビニではセルフレジが増え，レジレスの店も出てきている。事前にクレジットカードなどの情報を登録し，入店するときに自動改札のようにスマホの画面をタッチして本人認証する。店内には無数のカメラが設置されており，客の動きや棚のセンサーで誰が何を何個手に取ったか，また商品を戻したかを把握できる。客は必要なものがそろったら商品を持ってそのまま出口のゲートを通るだけで自動決済される仕組みである。またネット通販を利用することで，直接店に行かなくても，生鮮食品から店の料理まで様々なものの注文ができる。近所のスーパーやレストランのほか，遠くの農園直営店まで多岐にわたる。また，

これまで出前などしていなかった店の料理も家庭へ配達する宅配専門サービスが登場した（図12-5）。品物の配達も，AI搭載の自動運転可能な運搬車やドローンなど使って運ぶサービスも登場している。新型コロナウイルス感染症の感染リスクを抑えるため，都市部を中心に非接触型のサービスは今後も広がっていくと思われる。

宅配専門サービスは，飲食店と消費者（注文者），配達員をつなぐ
図6・12-5　宅配専門業者の仕組み

● 時短メニューにも活用　ミールキット

家庭で普段と違った料理をつくるのに，本格的な調味料や材料をそろえるのは大変である。

ミールキットは，料理の材料・調味料が必要な分量だけ入っている。生の食材，半調理済なもの，冷凍のものがあり，入っているレシピにそって，切って炒めるだけなどの簡単な調理で，食材をむだなくつくることができる。調理時間も短縮できるうえ，料理のレパートリーも増やせる。

ミールキットの例
（撮影　宇都宮）

③　AI 搭載の家電製品

　AI が搭載された炊飯器はこめの種類によって水分や炊き方を変えたり，保温温度を自動調整する機能が搭載されている。冷蔵庫は在庫管理ができ，材料や過去の料理からお勧めのメニューを提示してくれる。また，レシピデータを他の家電製品（例：オーブンレンジなど）に転送し，調理のアシストをしてくれる。今後 AI 搭載の家電が連携して作動し，自宅に帰ったらタイミングよく自動で食事が用意されているという日がくるかもしれない。

（4）　食と満足感

③　フードファディズム

　フードファディズム（Food Faddism）とは，高橋（2007，2020 年）によれば「食べ物や栄養が健康や病気に与える影響を過大に評価・信奉すること」であるという。例えば「○○はがん予防に効く」，「△△を食べると痩せる」など，謳い文句に過剰に反応することである。「これさえ食べれば」と食べものに即効性や効能を求めたり，逆に「これさえ食べなければ」と毒物のように忌み嫌ったりする行動も同じである。食情報が氾濫する昨今，特定の食品にこだわるのではなく，偏りのない食品構成が「健康維持に役立つ食事」と認識するべきである。

②　SNS の影響

　スマートフォンで誰もが写真や動画を手軽に撮影できるようになり，SNS も文字からビジュアルコミュニケーションに移行した。2017 年には「映え」が流行語となり「楽しい自分の今」を広く発信する人が増加した。外食だけなく，「手づくりおせち」や「お食い初め」など伝統的なものにも「いいね」が集まりやすく，行事食をつくるきっかけとなっている。一方，人の興味関心をひくため食べきれない量を注文したり，撮影に気をとられて周りに迷惑をかけるなど負の影響もある。

③　自らつくることを楽しむ

　無農薬や有機野菜などの食への安心・安全意識が高まるにつれ，野菜を自らつくりたいと「ベランダ菜園」をしたり，家庭で味噌や豆腐などをつくる人が増えている。そのニーズに合わせて味噌1kg や豆腐一丁など少量でつくれる材料と道具のセットが販売されている。伝統食品をつくったことがない若い世代にめずらしい体験として人気がある。またパンを焼いたり，そばを打ったり，キャンプ飯など，自らつくって食べることを楽しむ人が増えてきている。将来的にも食生活の楽しみ方は多様化していくであろう。

● 気軽に自家栽培

　1 人暮らしやマンション住まいでも，プランターやペットボトルなどで気軽に野菜を自家栽培する人が増えている。家庭用の LED ライトが付いた水耕栽培や，きのこ栽培ができるキットなどが販売されており，家庭で栽培できる種類の幅も広がっている。

　自宅で直接収穫ができるため，新鮮なものが食べられるほか，野菜が成長する過程がみられるため，育てる楽しさも味わうことができる。

ペットボトルやプランターで自家栽培を楽しむ

足立己幸：『なぜひとりで食べるの』日本放送出版協会(1983)

五十嵐美香・川島啓：「代替肉（フェイクミート）・培養肉（クリーンミート）市場への参入可能性に関する調査」，
　『年次学術大会講演要旨集』33：345(2018)

一般社団法人　日本ジビエ振興協会
　https://www.gibier.or.jp/ (2020/8/30閲覧)

一般社団法人大日本水産会：「食材に関するアンケート調査」(2006)，「2019年度水産物消費嗜好動向調査」(2019)

岩田三代：『伝統食の未来』ドメス出版(2009)

岩田三代編：「世界の食文化　無形文化遺産」，『vesta』101号，味の素食の文化センター(2016)

岩村暢子：『普通の家族がいちばん怖い徹底調査！崩滅する日本の食卓』新潮社(2007)

岩村暢子：『変わる家族　変わる食卓』勁草書房(2003)

NHK：「調査からみえる日本人の食卓〜食生活に関する世論調査①」，『放送研究と調査』10月(2016)

NHK放送文化研究所世論調査部編：『崩食と放食 NHKの食生活調査から』NHK出版(2006)

江原絢子・秋永優子・伊藤美穂・宇都宮由佳・糟須海圭子・朴卿希：「学校給食を通した和食文化の保護・継承」，
　『2015年度和食文化の保護・継承に貢献する研究支援事業報告書』p.115-120，味の素食の文化センター(2016)

江原絢子：「食の伝承・教育・情報」，『食と教育』ドメス出版(2001)

江原絢子：「食生活の変化がもたらしたもの」，『都市生活』Vol.103，後藤・安田記念東京都市研究所(2012)

江原絢子・石川尚子・東四柳祥子：『日本食物史』吉川弘文館(2009)

江原絢子・東四柳祥子共編：『日本の食文化史年表』吉川弘文館(2011)

FAO 昆虫の食糧保障，暮らし，そして環境へ貢献(日本語)
　http://www.fao.org/3/c-i3264o.pdf

Ootoya Singapore
　https://www.ootoya.com.sg/ (2020.10.10閲覧)

岡崎光子編著：『食生活論』光生館(2018)

小川華奈：「イギリスの有機農業―土壌協会を訪ねて」神戸大学農業経済33，p.113-117(2000)

小川孔輔：「有機農産物の流通，安全性，消費者反応に関する既存研究の概観(上)：有機農業と有機農産物の流通」
　経営志林41，3，p.1-14(2004)

春日光長絵，寂蓮詞書：『病草紙』「日本絵巻大成7」中央公論社(1982)

カタジーナ・チフィエルトカ，安原美帆：『秘められた和食史』新泉社(2016)

株式会社ヤナギヤ：「カニ蒲の軌跡」
　https://ube-yanagiya.co.jp/publics/index/34/ (2020.10.10閲覧)

川島啓・五十嵐美香：「代替肉と培養肉に関する調査研究」日経研月報10月，p.1-8(2019)

環境庁：プラスチックを取り巻く状況と資源循環体制の構築に向けて
　https://www.env.go.jp/policy/hakusyo/r01/html/hj19010301.html (2020.8.16閲覧)

神成淳司：『IT と熟練農家の技で稼ぐ　AI農業』日経BP(2017)

神成淳司監修：『スマート農業―自動走行，ロボット技術，ICT・AIの利活用からデータ連携まで』エヌ・ティー・エ
　ス(2019)

木下安司：『コンビニエンスストアの知識』日本経済新聞社(2002)

熊倉功夫監修，江原絢子：『和食と食育』アイ・ケイコーポレーション(2014)

熊倉功夫・江原絢子：『和食とは何か』思文閣出版(2015)

小泉武夫：「漬物と日本人」，『vesta』109号，味の素食の文化センター(2018)

厚生労働省：HACCP
　https://www.mhlw.go.jp/stf/seisakunitsuite/bunya/kenkou_iryou/shokuhin/haccp/index.html (2020.08.30閲覧)

厚生労働省：新しいバイオテクノロジーで作られた食品について
　https://www.mhlw.go.jp/content/11130500/000657810.pdf (2020年3月作成)

厚生労働省：輸入食品監視業務
　https://www.mhlw.go.jp/stf/seisakunitsuite/bunya/0000072466.html

国立社会保障・人口問題研究所：「日本の世帯数の将来推計（全国推計）」(2018年推計)
　http://www.ipss.go.jp/pp-ajsetai/j/HPRJ2018/houkoku/hprj2018_houkoku_honbun.pdf (2020.8.28閲覧)

古島敏雄：『子供たちの大正時代―田舎町の生活誌』岩波書店(1982)

坂本裕子：「ライフスタイルと食生活」，岡崎光子編著：『食生活論』光生館(2018)

三冬社編著：『食生活データー総合統計年報2019年版』三冬社（2018）

品田知美：『平成の家族と食』晶文社（2015）

下村道子：『和食の魚料理のおいしさを探る―科学で見る伝統的調理法』成山堂書店（2014）

JAL：「お食事（日本航空ビジネスクラス）日本航空国際線」

   https://www.jal.co.jp/jp/ja/info/2020/inter/200901_08/

食品産業センター：『家族関係の変貌と食生活』食品産業センター（1984）

杉田浩一：「台所の変化と調理への影響」，山口昌伴，石毛直道編：『家庭の食事空間』ドメス出版（1989）

政府広報オンライン：「もったいない！食べられるのに捨てられる「食品ロス」を減らそう」（2019.12.14閲覧）

   https://www.gov-online.go.jp/useful/article/201303/4.html（2020.08.30閲覧）

政府広報：海のプラスチックごみを減らしきれいな海と生き物を守る！「プラスチック・スマート」キャンペーン

   （2019年5月14日）

   https://www.gov-online.go.jp/useful/article/201905/1.html

全国学校給食甲子園

   https://kyusyoku-kosien.net/（2021.5.7閲覧）

全日本漬物共同組合連合会ホームページ

   https://www.tsukemono-japan.org/about_tsukemono/tsukemono/tsukemono.pdf（2020.8.28閲覧）

象印マホービングループ「キッチン家電の購入に関する調査」

   https://www.zojirushi.co.jp/topics/kitchen_kaden.html（2020.10.8閲覧）

総務省統計局：「学校給食実施状況等調査平成28年度米飯給食実施状況調査」

   http://www.mext.go.jp/b_menu/toukei/chousa05/kyuushoku/kekka/k_detail/__icsFiles/

   afieldfile/2017/10/31/1387614_3.pdf（2020.3.1閲覧）

総務省統計局：「家計調査」

   https://www.stat.go.jp/data/kakei/index2.html#kekka（2020.8.28閲覧）

外山紀子・吉留里乃：「手作り料理」に対する認識の世代差，日本食生活学会31, p.39 - 46（2020）

第2次鶴岡市総合計画 鶴岡市（tsuruoka.lg.jp）（2019）

高田公理編：「世界を旅する和食の今」，『vesta』119号，味の素食の文化センター（2020）

高橋久仁子：『フードファディズム―メディアに惑わされない食生活』中央法規出版（2007）

高橋久仁子：「食生活を惑わせるジェンダーとフードファディズム」，『日本家政学会誌』71, 3, p. 200 - 205（2020）

高橋壮一郎：『寿命革命』日報事業社（2015）

武井秀夫編：「文化としてのレストラン」，『vesta』54号，味の素食の文化センター（2004）

田村真八郎・石毛直道編：『外食の文化』ドメス出版（1993）

土屋久美・佐藤理：「学校給食のはじまりに関する歴史的考察」，『福島大学総合教育研究センター紀要』(13) p.25 -

   28（2012）

東京ガス都市生活研究所ホームページ

   https://www.toshiken.com/report/food30.html（2020.8.28閲覧）

特殊法人 日本体育・学校健康センター学校給食部：『学校給食要覧平成9年版』254, 第一法規出版（1997）

内閣府経済社会総合研究所：「消費動向調査」（2014）

内閣府防災情報

   http://www.bousai.go.jp/kohou/kouhoubousai/h25/73/bousaitaisaku.html（2020.8.16閲覧）

内閣府：「第3次食育基本計画」

   http://www.maff.go.jp/j/syokuiku/kannrennhou.html（2020.3.1閲覧）

中澤弥子：「平成の家庭の食」，『vesta』114号，味の素食の文化センター（2019）

中村耕史・伊尾木将之・佐々木健太・村上雅洋：『クックパッドデータから読み解く食卓の科学』商業界（2017）

日経流通新聞2020年6月6日版

日清食品グループホームページ

   https://www.nissin.com/jp/about/chronicle/（2020.8.28閲覧）

日本アボガド生産者協会

   https://japanavocadogrowers.com/（2020.8.20閲覧）

日本気象協会ホームページ

   https://tokusuru-bosai.jp/stock/stock03.html（2020.1.1閲覧）

日本経済新聞2019年8月28日朝刊

竹内美代：「日本食文化における唐辛子受容とその変遷」，日本生活学会編：『食の100年』ドメス出版（2001）

日本生活習慣病予防協会ホームページ

 http://www.seikatsusyukanbyo.com/statistics/2020/010195.php (2020.8.28閲覧)

日本冷凍食品協会ホームページ

 https://www.reishokukyo.or.jp/statistic/ (2020.8.28閲覧)

農林水産省：「2019年農林水産物・食品の輸出実績（品目別）」

 https://www.maff.go.jp/j/shokusan/export/e_info/attach/pdf/zisseki-236.pdf (2020)

農林水産省：「海外における日本食レストランの数」

 https://www.maff.go.jp/j/press/shokusan/service/191213-1.html (2019)

農林水産省：「海外食料需給レポート2016」

 https://www.maff.go.jp/j/zyukyu/jki/j_rep/annual/2016/attach/pdf/2016_annual_report-48.pdf (2020.8.20閲覧)

農林水産省：国産ジビエ認証制度

 https://www.maff.go.jp/j/nousin/gibier/ninsyou.html (2020.8.30閲覧)

農林水産省：「食料需給表」(2019)

農林水産省：食料消費の動向

 https://www.maff.go.jp/j/wpaper/w_maff/h26/h26_h/trend/part1/chap1/c1_3_01.html (2020.8.27閲覧)

農林水産省：「第1回海外日本食レストラン認証有識者会議　議事録」

 https://www.maff.go.jp/j/shokusan/sansin/nihon_syoku/pdf/report1.pdf (2006)

農林水産省：「日本料理の調理技能認定取得者数（国籍別）」

 https://www.maff.go.jp/j/shokusan/syokubun/attach/pdf/tyori-18.pdf (2021)

農林水産省：「未利用魚って実はこんなに使える！」aff 5月号 p.12 - 13 (2018)

野崎漬物(株)ホームページ

 http://www.nozaki-p.com/blog/?p=158 (2020.8.28閲覧)

初田亨：『百貨店の誕生』筑摩書房 (1999)

藤本浩之輔：『聞き書き　明治の子ども遊びと暮らし』SBB出版 (1986)

平凡社＋未来社：『十代に何を食べたか』平凡社 (2004)

別府茂：「災害多発時代への新しい備え方，災害食」，『日本調理科学会誌』52, 3, p.204 - 209 (2019)

真島俊一・宮坂卓也：「都市・木材住宅と台所—昭和11 (1936)年の文化住宅から」，日本生活学会編：『生活学台所の100年』ドメス出版 (1999)

真島麗子：「1960年代からの台所革命—実用性から美観へ」，『vesta』91号，味の素食の文化センター (2013)

三越著編：「株式会社三越　85年の記録」(1990)

三橋淳：『世界の食用昆虫』古今書院 (1984)

宮本常一：『家郷の訓』岩波書店 (1984)

村瀬敬子：「高度成長期の料理番組」（『歴博』Vol.196）一般財団法人歴史民俗博物館振興会 (2016)

茂木信太郎：『現代の外食産業』日本経済新聞社 (1997)

文部科学省：「学校における米飯給食の実施について（通知）」

 http://www.mext.go.jp/b_menu/hakusho/nc/1283835.htm (2020.3.1閲覧)

八木浩平・高橋克也・薬師寺哲郎・伊藤暢宏：「多様な中食消費と個人特性，食品群・栄養素摂取の関係—カテゴリカル構造方程式モデリングによる分析—」農林水産政策研究, 32, p.1 - 15 (2020)

有限会社石橋屋：「海外展開　こんにゃくを世界へ」

 http://www.konjac.jp/world/index/ (2020.10.10閲覧)

読売新聞：「ミドリムシクッキー」人気　高栄養価で抹茶風味　2010年5月20日記事

読売新聞：食料確保へ　フードテック　代替肉や培養肉　普及目指し安全基準　農水省2020年6月8日記事

読売新聞：「未利用魚」利用してます　深海魚，ハンバーガーに　不ぞろい，ネットで人気　2010年7月31日付記事

笹ずし(長野県飯山市)
（撮影　江原）

付録 自然が育んだ日本の調理文化・日本の郷土食

自然が育んだ日本の調理文化・郷土食

2013年，ユネスコ無形文化遺産に「和食；日本人の伝統的な食文化─正月を例として─」が登録された。

このことは自然の尊重を基本精神として発展した日本の食文化の特徴が「人類の無形文化遺産の代表的な一覧表」に記載する価値があると認められたことを意味する。

四季折々の食材の多様性，自然の中に神を感じ，健康や豊作の祈りを込めた数々の行事，自然に即した食の営みは，各地に特徴的な食文化をつくり上げた。また，地下水など水に恵まれた日本では，豊かで良質な水を利用した食文化も発展した。水を利用した食文化の特徴と郷土食を中心に取り上げる。

笹ずし：各地の自然環境に合わせて発展して定着した郷土料理例の一つ。笹ずしは，長野県飯山市の代表的な郷土料理で，里人が上杉謙信に献上したと伝えられる。具は山のものを煮てのせている。

❧キーワード：日本の水の特徴，下処理に使う水，青菜の茹で方と処理，包丁と切り方，だしのとり方，自然を尊重した調理

1. 調理文化の特徴

（1） 豊富で良質な水が育んだ日本食

① 日本の水の特徴

　日本では比較的雨量が多く，また地下水による湧水も各地に点在している。世界の年間降水量は，平均約800mmであるのに対し，日本は，1,700mm（1971～2000年の平均）と約2倍となっている。

　一方，水質についてみると，安全性とおいしさの両面が考えられる。安全性が保証されないところでは，生水をそのまま用いた，さし身などの料理は発達しにくい。また，味や調理に影響を与える水もある。水中のカルシウム，マグネシウムなどの物質の濃度を示した値を水の硬度という。日本では，アメリカの方式を採用している。硬度0～100mg/L未満を軟水，硬度100～300mg/L未満を中程度の硬水，硬度300mg/L以上を硬水としている。日本の水は一般に軟水といわれるが，地域によってもその値は異なる（伏木　2014）。

　例えば，京都の水道水は硬度40mg/L程度であるが，東京は60～80mg/Lである。ヨーロッパの水は，硬度200mg/L以上にもなる硬水である。日本でも那覇の水の硬度は高い。一般においしい水は，硬度10～100mg/Lで，日本の各地は，この範囲にある軟水が多い。

　昆布やかつお節を使い，短時間でだしをとる日本の調理では，軟水により特に昆布のだしがよく出るが，硬水になるほど，だしが出にくくなる。京都では昆布だしの文化が普及したのに比べ，東京ではむしろかつお節を中心とした文化が定着したのも硬度の違いによるともいえよう。

② 食事づくりの下処理に使う水の違い

　日本の食事づくりに使われる水は，こめや野菜などを洗う処理用水が多い。食事の基本形が日本と類似するネパールの村の定食屋の食事をつくる際に使用された水量を調査した。日本の朝食を，「米飯，味噌汁，煮物，漬物」とすると，ネパールの定食は，「米飯，ダルスープ（砕いた豆のスープ），タルカリ（炒め煮），アチャール（トマトなどをすりつぶし，塩，香辛料を加えた即席漬様のもの）」で，構成は日本の食事に類似している。

　こめを洗う，野菜を洗うなど材料の前処理に使う水と，こめを炊くための水や汁物に使う

● 柿田川湧水群

　柿田川は，静岡県清水町を流れる一級河川。富士山などに降った雨や雪が地下水となり，遠く離れた南端から湧出した河川である。途中，1200mの間に大小数十か所の湧き間をもっている。年間を通じて水温約15℃を保ち魚類や水草類，近くに野鳥などが生息する。清冽な湧水は三島市など約35万人の飲料水となり工業用水，農業用水としても利用されている。柿田川周囲や三島市街では，湧水を飲める場所がある。

柿田川の湧水　　　　湧水の飲み場所
（撮影　江原）

水などに分け，4〜5人分を想定して，それぞれに使う水の分量を測定した(江原　2007)。

日本はこめを洗う場合に，無洗米を別にすれば何度か水を流して洗う。しかしネパールでは，一度水を加えてざっと洗う程度で，湯取り法(図1-1)で炊いていた。砕いた豆はごみをとる程度で洗わず，炒め煮の野菜も切った後に少ない水のなかでゆすぐ程度である。

図付・1-1　湯取り法(沸騰後余分な水を除去した後，蓋をして蒸らす)
(ネパールの村　撮影　江原)

詳細は省略するが，結果をみると，処理用の水はネパールが約3Lであったのに対して，日本食は約10Lと3倍以上となった。しかし，汁や飯に直接使われる水の量は日本とネパールは，ほとんど同量の2.1〜2.2Lである。つまり，口に入るための水の量はほぼ同じだが，処理用の水が大きく異なる。ネパールでは水が十分ではない地域が多く，処理に使う水をできるだけ節約する習慣となったと考えられる。

日本でも水汲みは厳しい労働の一つで，屋内に流しが設置されるのは，中世以降のことである。しかし，川，湖，池，泉，湧水などの比較的豊かな水や井戸に人びとが集まり，食材や食器を洗い，飲食に必要な水をかめなどに汲んで屋内に運んだ。その後もこの習慣は引き継がれ，「洗う，流す」が日常の食事づくりに定着していったと考えられる。

③　水の質により発展した日本食の特徴

ほうれんそうなど青菜を茹でる方法について日本，韓国，中国，ヨーロッパ，アメリカなど17種の料理書を調査したところ，興味深い結果が得られた(江原　2007)。

日本では，ほうれんそうを茹でた後，水で急冷してしぼる方法が一般的で，近世・近代の料理書でも同じである。しかし，ヨーロッパ，アメリカ，インド，中国などは，茹でた後，水で洗わず，単に搾るなどして水を切っていた。日本と同様，水で洗うのは，唯一韓国の料理書だった。

しかも，日本と韓国では，洗った後，ほうれんそうをそのまま，お浸しや和え物などに用いる場合が多い。もし，水の安全性が保証されず，安全であっても水がおいしくなければ，このような調理法と料理は発達しなかったと考えられる。

日本ではそばやそうめんを茹でた後，水で洗い，そのまま食べることが多い。さし身づくりにも水で洗う作業があり，水の安全性と水質が重視される。

●良質な水が育む日本の食文化

良質な水による食文化の例をあげる。ほかの例も探してみよう。

豆腐：中国から伝来した豆腐を絹ごしなどのやわらかな豆腐に改良し，冷たい水で冷やした冷ややっこを食べるようになるのは，江戸時代である。

ざるそば：そばはゆでて水で洗い，水けをきってそのままザルにあげる。そうめん，冷やし中華のそばなど，良質な水の存在が日本の食文化を育てた。

冷ややっこ
(撮影　江原)

ざるそば

（2） 食材を生かす包丁と切り方

　　包丁は，生活様式により様々な形がある。図1-2は，ネパールやインドなどで伝統的に使われてきた包丁で，地面に置き，膝でおさえながら押し切る包丁である。

図付・1-2　ネパール（手前）とインド（向こう側）の包丁（撮影　江原）

図付・1-3　立式調理の包丁とまな板（料理学校の実習）『四季毎日　三食料理法』（1909）（個人蔵）

　　日本の包丁は，まな板とセットとなって発展した。まな板は，「まな」（魚・鳥類）を調理する板という意味がある。古代以降，中国から伝来した刀子（とうす）とよぶ長い刃や幅の広い包丁が使われたが，今につながる用途別包丁の多くは，江戸時代に登場した。日本の包丁のほとんどは片刃で，鋼でつくられ切れ味がよい。そのため，千切りやだいこんのかつらむきなど切る技術が発展し，見て美しい料理を発達させた（p.39参照）。

　　魚をおろし骨をたたく出刃包丁，さし身用のタコ引き（関東型）または柳刃（関西型），野菜用の薄刃などが各家庭にあったが，現在は，洋包丁とよばれる両刃の牛刀が多い。

　　日本では，木製の床の台所で座って調理する時代が長く続き，足のあるまな板が使われていたが，立式調理が発達する近代以降，足のないやや厚みのあるまな板が使われ，時々削って長く使われた（図1-3）。現在，外食施設，給食施設などでは，衛生管理上，合成樹脂製のまな板が使われている。キッチン用はさみは，日本では昆布や海苔などを切ることが多い。しかし国によっては，肉などの食材をはさみで切るところもある。

（3） 海と山の自然が生んだ「だし」と調味

　　日本食のだしは，海産物が中心であるが，しいたけ，かんぴょうなど山のものや野菜類を乾燥したものもあり，全国には，様々な食材がだしに使われている。

　　だしとして最も広く使われてきたのは煮干しで，西日本では，いりこやじゃことよぶ地域

● だしと地域性

　1941年の食生活調査から，だしの地域性の一部を紹介する（江原1999）。煮干は，焼干，じゃこ，いりこ，だしぐわ（煮干粉）など地域名がある。かつお節・削り節も広く使用されていたが，客用もある。昆布は富山，石川，京都など地域が限られ，客用が多い。現在，昆布は料理屋で多く使われ，フランス料理にも使われる。その他，魚のあら，炙り鮎，油揚，しいたけ，飛び魚（あご）などがある。

昆布だし

だしを使った吸物

（撮影　江原）

自然が育んだ日本の調理文化・郷土食

が多い。煮干しは，かたくちいわしを釜揚げにして干したものが一般的だが，九州には，とびうおを干したあごだしなどもある。ほかにも，魚のあら，干し鮎や干しえび，鶏肉などもあり，福島県会津地方の婚礼などに継承されている「こづゆ」には，干し貝柱が使われている。

　食材とだしを兼ねて使われるものも多い。はまぐりやしじみなどを使った潮汁や味噌汁もだしの一種である。大豆の加工品（うち豆）やにんじん，ごぼうなどの根菜類からもだしが出る。このことを経験的に知っていた人びとは，けんちん汁，豚汁，筑前煮など具だくさんの煮物や汁物をつくることで，だしと具材を兼ねた味のよい料理を工夫してきた。

（4）　自然を尊重した調理

　日本食の調理操作，調理法は，現在につながるほとんどが江戸時代に登場している。例えば，洗う，浸す，切る，つぶす，たたく，おろす，しぼる，する，さらす，包む，ねかすなどのほか加熱調理は，茹でる，蒸す，煮る，炊く，焼く（炙る），揚げる，いぶすなどがある。

　さらに，江戸時代の料理書（嘯夕軒，冷月庵　1979）には，現在に継承されている調理，料理に関する留意点が述べられている。5点を紹介する。

A.　食材の季節感を重視する。

　「饗応の法第一時節相応なるべし」（『料理網目調味抄』）。

B.　色と味の取り合わせと盛り方を重視する。

　「青，黄，赤，白，黒の五つを取りはずさぬよう，五味をふまえ，盛り方は山水をかたどりたる心」と自然をイメージする盛り方をすすめている（『歌仙の組糸』）。

C.　熱いものは熱いうちに供す。

　「羹のにえばなを失なひ焼ものの冷たきは無下の下手なり」（『料理網目調味抄』）。

D.　客の心を知り，場の状況を感じとる感性

　「包丁まな箸を達者にこなし切形正しくしても，客の心をさとらず，その座の諸体を見らずしては，かならず料理は不出来するもの也」（『歌仙の組糸』）

E.　五感で食べること。

　「料理の法按排（あんばい）第一なりといへども又口ばかりにて喰うものにあらず。切りかた，仕ざまもりかた椀の内器物等に心付べし。亭主の疎略ならぬは感じて心の喰ふ也。奇麗に仕ざまのよきは目の喰ふ也。香のよきは鼻喰ひ味は舌喰ふ。何れ欠けても悪かるべし」『料理網目調味抄』と，口で食べるばかりでなく，目，鼻も使い，さらに心を使うことも述べられている。

● 自然を取り入れた料理

　自然を尊重しながらつくり上げてきた日本の料理は，料理に季節感をもたせ，「五感」で食べることができるよう，器や料理の盛り方など，目でも自然の季節などを感じることができるよう，その精神は現在まで継承されてきた。江戸時代に成立した料理屋の会席料理は，その後さらに洗練されて現在に至っており，ユネスコ無形文化遺産に「和食」文化が登録され，海外から注目されるようになっている。

桜を散らした折敷

（撮影　江原）

器の工夫

♣キーワード：郷土食の保護・継承の取り組み，郷土食とは，郷土食の分類，郷土食の継承方法，郷土食の課題，郷土食の記録

2. 郷土食の特徴

（1）郷土食とは

① 郷土食の定義

　郷土食の定義については古家晴美が「『歴史性』と『地域性』に基づいて人びとが形成してきた食に関するゆるやかな合意とそれによってつくられた食」としている（古家　2010）。また，南　直人は定義を考える要因として郷土食の時代を明治期以前／明治～昭和初期／戦後～高度経済成長期に分けることを提唱している。そして提供される場面の要因として日常食（ケ）と行事食（ハレ），それに関わる食の内容を主食的・副食的・食間の菓子的な区別，地域・場所，地理的広がり，知名度をあげている（南　2016）。郷土食をきっちり定義することは難しく，地域性に根差しているが，使われている食材が必ずしもその地域の産物ではないものも多く，海から遠い地域でも海魚を用いた料理が伝承されているケースは多々みられる。この場合は歴史性が大きな要因になっている。つまり郷土食は，地域の自然条件に加えて歴史的条件が融合されて培われてきたものといえる。

② 郷土食の流れ

　1940年（昭和15）代は第二次世界大戦で日本が苦境に立たされた時代である。『郷土食と調理法』（1944年刊）（図2-1）のまえがきに「郷土食というと，何となく聞えがよくない。しかし，実際には主としてその地方の作物の新鮮なもの，完熟したものを調理するので栄養に富み，味もよく驚かされる。云々」とある。そして米飯を主食としなくても立派に栄養がとれるとあり，郷土食が食料不足を解消するための手立てであったことが明白になる。

　その後の社会的背景の変動は地域の生活に変化を及ぼし，最近は地域の特産品や郷土食を活性化の糸口にする活動も盛んに行われている。2013年にはユネスコ無形文化遺産に「和食」が登録され，郷土食は継承される文化的要素として重要なジャンルになった。郷土食の伝承活動は各地で地道に行われ，伝統食や郷土食な

図付・2-1　『郷土食と調理法』の表紙（1944）（個人蔵）

● 郷土料理の背景

　伊勢の「てこねずし」の発祥は，志摩海岸の漁師がとれたてのかつおを薄切りにし，酢飯に載せて醤油をかけて食べた説と豊漁祝いにふるまった説があるという。東京の「深川飯（あさり）」も漁師考案である。
　宮崎県椎葉村の菜豆腐は，旬の菜の葉や花を彩りよく散らした豆腐である。かつおのように，新鮮な食材の利用と，豆腐のように加工する過程での工夫が，それぞれの地域で継承され，郷土料理として親しまれている。

伊勢志摩のてこねずし
（撮影　大久保）

宮崎県椎葉村の菜豆腐

どの書籍も出版されており，その流れをみることができる。

（2）　郷土食の展開例

　郷土料理は限られた地域でその土地の環境に応じて特徴ある食が営まれた結果生まれたものであるが，現在の情報化社会を背景に地域をこえて注目されるようになった。地域社会の活性化と共に郷土料理の保護・継承を目的とした活動例をあげる。

①　山形県の芋煮会

　東北地方には公園や河原で鍋料理を調理しながら共食する行事があり，例としては秋田：「なべっこ遠足」，福島県会津地域：「きのこ山」，宮城県県北から岩手県内陸：「芋の子会」または「芋っこ」などがある。観光に一役買っているのが「芋煮会」で，山形県の河川敷でのフェスティバル開催がその後の各地の芋煮会に続いていく。1989年に始まり，今やインターネットを活用した広報戦略もあって全国各地から人びとが集まり，3万食をつくる規模となっている。原材料も砂糖以外は県内産にこだわって，大鍋で煮る規模や，ギネスに登録など付加価値をつけて成功している。

②　長野県「飯山食文化の会」の活動

　飯山食文化の会は『信州いいやま　食の風土記』を出版し，その内容をもとに，飯山の郷土料理を次世代に継承する活動をしている。啓発書籍の発行，加工品の販売，郷土料理を提供する店の運営，食の文化祭の開催などで実績をあげ，観光にも「体験学習」などを取り入れ，地域以外にも対象範囲を広げている（中澤　2016）。

表付・2-1　うどんの郷土料理

北海道	下川うどん
東北地方	稲庭うどん，あんかけうどん，しっぽこうどん，ひっぱりうどん
関東地方	耳うどん，おっきりこみ，ひもかわうどん，水沢うどん，加須うどん，煮ぼうとう，冷や汁うどん，武蔵野うどん，ねじ
中部地方	氷見うどん，小松うどん，ほうとう，吉田うどん，おしぼりうどん，お煮かけ，味噌煮込みうどん
近畿地方	伊勢うどん，うどんすき，きつねうどん
中国地方	倉敷ぶっかけうどん，しのうどん，備中うどん
四国地方	讃岐うどん，しっぽくうどん，たらいうどん
九州地方	小倉焼うどん，かしわうどん，博多うどん，五島うどん地獄炊き，胡麻だしうどん，釜上げうどん，魚うどん，神楽うどん，皿うどん

●郷土料理を継承していくための取り組み①

　東京の奥多摩町では「食の文化祭」を開き，郷土料理の継承活動を行っている。食材を決めたテーマで家庭での料理を募集して参加者が料理といわれを展示する。

　また，行政が協力して郷土料理を得意とする年配者を講師にして，開催する料理講習会などもある。講師の手慣れた料理の技術には手づくりの良さが伝わるということで，このような企画は各地でも行われている。地域外への呼びかけで企画されることも多い。

食の文化祭

おっ切り込み講習会
（撮影　大久保）

③　各地に広がるうどん料理

　麺類は素麺・うどん・ひや麦・そばなど日本人には欠かせない食材といえるが，その食べ方は地域によって特徴がある（表2-1）。

（3）　郷土料理の分類と継承方法

① 　郷土料理の分類

　郷土料理を分類すると，①食材・調理法など伝承形態によるもの，②気候・風土など生活環境によるもの，③歴史的背景や宗教の影響によるものに分類できる（冨岡 2016）。

1）　食材・調理法の例：京都には京野菜を利用した漬物（例「千枚漬け」「すぐき漬け」）や，えびいもと棒鱈の煮物，秋田の「きりたんぽ鍋」はこめどころのきりたんぽが特徴の鍋料理など。

2）　気候・風土など生活環境の例：冬になると雪深い地域などでは，具材がたくさん入ったとろみのついた「のっぺい汁」

3）　歴史的背景や宗教などの例：北陸の浄土真宗の開祖の法要料理を報恩講料理という（図2-2）。献立は決まっており，地場産の山菜料理が並ぶ。中央の白い豆腐は持ち帰る。棒状のごぼうは「親鸞さまの杖」であるという。

付図・2-2　報恩講料理（福井県）
（撮影　大久保）

② 　地域における郷土料理の継承方法

　各地で食生活改善推進委員制度などを通して活動し，効果をあげている例は数多くある。いくつかの例を挙げると

1）　長野県は1975年頃からふるさとの味を見直す動きがみられ，1983年に5品目を「味の文化財」に登録する県独自の行政の制度をつくっている。

2）　東京都奥多摩町は2010年に「奥多摩町身近なまちづくり推進事業」の助成を受けて「たまもの食」を発刊したり，年配者を対象に郷土料理の聞き書きを記録している。

3）　群馬県上野村では郷土料理の冊子を全戸に無料配布して好評を得ている。また県主導で外食店にはたらきかけ，「おっ切り込み」キャンペーンを展開して県内に広めている。

　以上，一部の活動を紹介したが他にも各地で様々な形で継承活動が行われている。生活環

● 郷土料理を継承していくための取組み②

　郷土料理が継承されていくには，その料理の誕生背景を知ることが重要となる。日本の料理には物語があったが，最近は語る人も時間もないという。

　右の写真の鯰料理屋は，神社に来て立ち寄るのを楽しみにしている人たちのために存続している。

　レシピカードは，教育を通じて郷土の料理を物語とともに伝える。家族での継承が，教育の場でなされることが多くなっている。

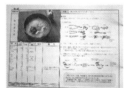

群馬県板倉町の鯰料理屋　　宮崎の高校のレシピカード
（撮影　大久保）

境がめまぐるしく変化する時代に対処すべく，知恵を出すことが望まれている。

（4）これからの郷土食

① 郷土食の保護継承に向けた課題

郷土食にはその土地の歴史を背景にその土地に住む人たちの思いが込められている。料理だけではなくその背景・要因も継承するにはどうすればよいのか，模索が続いている。

1）広島県の備北地域（三次市，庄原市など）の郷土食としてワニ（鮫）料理（さし身，湯引き，煮こごりなど）がある。サメ肉はトリメチルアミン N－オキシドおよび尿素の含有量が高いため，食中毒の原因となるヒスタミンの生成が抑制されるうえ，酸化による脂質の変敗も起こりにくい。このため2週間程生食可能という。山間部に運ばれ，さし身として食べられており，秋例や正月の行事にかかせないという。ところが熟成すると尿素がアンモニアを生成するので鮮度の低下したサメ肉は，特有の臭いを発揮する。現在は輸送や保管が適宜行われており，臭いのない状態で食されており，子どもや若者向けに，わにまんやワニバーグなどにして食べ方を工夫している。

2）福井県の鯖食には鯖すし，焼き鯖すし，鯖のへしこ，半夏生の焼き鯖などが有名だが，そのなかの一つ，大野地域などを中心とする「半夏生の焼き鯖」は，半夏生（夏至から数えて11日目，7月2日頃）になると一尾の焼き鯖を一人一匹食べるというものである。鯖が福井県の近海で簡単に手に入らなくなっても，東北やノルウェーから仕入れ，半夏生になると焼き鯖を食べるという習慣は，今なお継承されている。

② 郷土食の記録

郷土食の記録として，1980年に週刊朝日百科「世界の食べもの」140巻が出版され，81～97巻には日本の都道府県別の料理文化の特徴が掲載されている。また1984～1993年には『日本の食生活全集』（農文協出版）全50巻が発行されている。

その後2007年に農林水産省選定の「郷土料理百選」があり，2014年度には（一社）日本調理科学会が「次世代に継ぐ日本の家庭料理」として会員による聞き書きの全国調査の報告を発表している。また，新しいものでは2021年より農林水産省が各都道府県別に約30種類の「うちの郷土料理」を WEB 上に開示している。

これらを基にして，これからの郷土食のありかたを考える必要がある。

● 食生活の記録

1984～1993年に発刊された『日本の食生活全集』50巻は大正～昭和初期に主婦として家事に携わった人たちを対象に聞き書きしたものである。47都道府県別に地域の特徴，救荒食，病人食，妊婦食，通過儀礼の食，冠婚葬祭の食事などについて記録した貴重な資料である。同じ県でも地域環境の差が大きいことを配慮して調査地域を区分している。全国を統一した方法で調査しており，地域の特徴の把握にも興味ある内容を見つけることができる。

『日本の食生活全集』
農山漁村文化協会（1984～1993）

参考文献 ＊ ＊ ＊ ＊ ＊

『朝日百科　世界の食べもの』81〜93号，朝日新聞社(1983)

江原絢子：「水と伝統食」，『食を育む水』ドメス出版(2007)

江原絢子：「味つけの地域性」，『地域と食文化』放送大学教育振興会(1999)

嘯夕軒宗堅：『料理網目調味抄』，『翻刻江戸時代料理本集成』4，臨川書店(1979)

冨岡典子：「行事と地域の食文化」，『日本の食文化　和食の継承と食育』アイ・ケイコーポレーション(2016)

中澤弥子：「九州における郷土食の保護・継承の取り組み調査報告」，『2015年度和食文化の保護・継承に貢献する研究支援事業報告書』味の素食文化センター(2016)

『日本の食生活全集』50巻，社団法人農山漁村文化協会(1984〜1993)

伏木亨：「日本の日常の食事と味わいの特徴」，『和食と食育』アイ・ケイコーポレーション(2014)

古家晴美編：「郷土食の読み方」，『vesta』18号，味の素食の文化センター(2010)

南直人：「郷土食に関する文献研究」，『2015年度和食文化の保護・継承に貢献する研究支援事業報告書』味の素食文化センター(2016)

冷月庵谷水：『歌仙の組糸』，『翻刻江戸時代料理本集成』4，臨川書店(1979)

索　引

執筆者紹介

編著者

江原　絢子（えはら　あやこ）

　　　　東京家政学院大学 名誉教授・客員教授
　　　　お茶の水女子大学家政学部食物学科卒業　博士（教育学）
　　　　主要図書
　　　　　『高等女学校における食物教育の形成と展開』雄山閣出版
　　　　　『家庭料理の近代』吉川弘文館
　　　　　『日本の食文化』アイ・ケイコーポレーション（編著）
　　　　　『近代日本の乳食文化』中央法規（編著）

分担執筆者

荒尾　美代（あらお　みよ）　実践女子大学・和洋女子大学　非常勤講師，昭和女子大学国際文化
研究所　客員研究員

阿良田麻里子（あらた　まりこ）　立命館大学食マネジメント学部　教授

石川　尚子（いしかわ　なおこ）　元　都立短期大学　助教授

伊藤　有紀（いとう　ゆき）　東京家政学院大学現代生活学部現代家政学科　助教

宇都宮　由佳（うつのみや　ゆか）　学習院女子大学国際文化交流学部日本文化学科　准教授

大久保　洋子（おおくぼ　ひろこ）　元 実践女子大学　教授

竹内　由紀子（たけうち　ゆきこ）　女子栄養大学栄養学部食文化栄養学科　准教授

東四柳　祥子（ひがしよつやなぎ　しょうこ）　梅花女子大学食文化学部食文化学科　教授

福留　奈美（ふくとめ　なみ）　東京聖栄大学健康栄養学部食品学科　准教授

（五十音順）

224

日本食の文化

―原始から現代に至る食のあゆみ―

初版発行	2021年7月30日
2版発行	2022年9月30日

編著者Ⓒ　　江原　絢子

発行者　　森田　富子

発行所　　株式会社 アイ・ケイ コーポレーション

東京都葛飾区西新小岩 4 - 37 - 16
メゾンドール I&K ／ 〒124 - 0025

Tel 03 - 5654 - 3722（営業）
Fax 03 - 5654 - 3720

表紙デザイン　㈱エナグ　渡部晶子

組版　㈲ぷりんてぃあ第二／印刷所　㈱エーヴィスシステムズ

ISBN978 - 4 - 87492 - 375 - 7 C3077